Power BI
商业数据分析项目实战

武俊敏◎编著

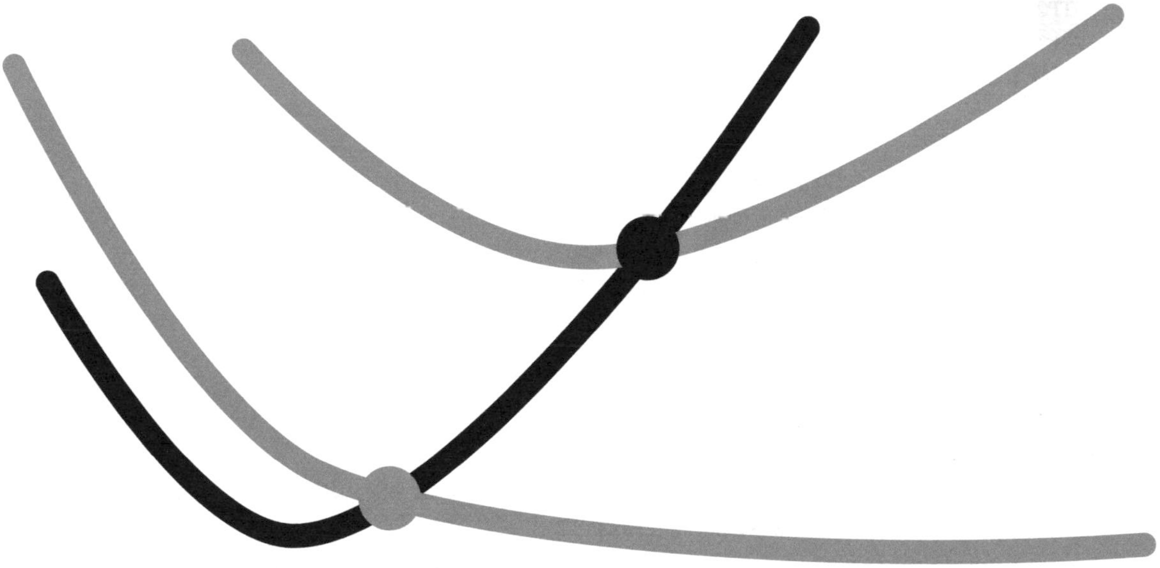

電子工業出版社
Publishing House of Electronics Industry
北京•BEIJING

内 容 简 介

本书从 Power BI 的基础功能讲起，逐步深入到 Power BI 进阶实战，以业务案例为导向，以 Power BI 桌面版操作为基础进行讲解，深入讲述 Power BI 在各个业务部门的应用。

本书包括 7 篇共 21 章内容，分业务场景进行讲解。第 1 篇用 1 章内容讲述 Power BI 基础操作，方便读者快速入门；第 2 篇用 4 章内容讲述如何用 Power BI 爬取天气、电影、销售、股票等数据；第 3 篇用 4 章内容讲述销售部门如何用 Power BI 分解销售目标，分析业绩达成、会员 RFM 和业绩构成；第 4 篇用 5 章内容讲述产品相关应用，包括存货分析、帕累托分析、关联分析、畅销款分析和数据化陈列；第 5 篇用 2 章内容讲述在财务方面的应用，包括盈亏平衡分析和上市公司利润表分析；第 6 篇用 3 章内容讲述人力资源应用，包括人员结构及离职率分析、新员工分析和考勤分析；第 7 篇用 2 章内容讲述简化报告的技巧。

本书内容通俗易懂，案例丰富，实用性强，既适合 Power BI 的入门读者和进阶读者，也适合销售、产品、财务、人力资源等岗位的从业人员。

图书在版编目（CIP）数据

Power BI 商业数据分析项目实战 / 武俊敏编著. —北京：电子工业出版社，2019.4
ISBN 978-7-121-36084-8

Ⅰ. ①P… Ⅱ. ①武… Ⅲ. ①可视化软件－应用－商业信息－数据处理 Ⅳ. ①F713.51-39
②TP274

中国版本图书馆 CIP 数据核字（2019）第 038572 号

责任编辑：高洪霞
印　　刷：北京盛通数码印刷有限公司
装　　订：北京盛通数码印刷有限公司
出版发行：电子工业出版社
　　　　　北京市海淀区万寿路 173 信箱　邮编：100036
开　　本：787×980　1/16　印张：21　字数：403 千字
版　　次：2019 年 4 月第 1 版
印　　次：2025 年 1 月第 16 次印刷
定　　价：79.80 元

凡所购买电子工业出版社图书有缺损问题，请向购买书店调换。若书店售缺，请与本社发行部联系，联系及邮购电话：（010）88254888，88258888。

质量投诉请发邮件至 zlts@phei.com.cn，盗版侵权举报请发邮件至 dbqq@phei.com.cn。

本书咨询联系方式：（010）51260888-819，faq@phei.com.cn。

前　言

又到年底，总经理交代小明，明年各店铺的费用预算已经交上来了，去汇总一下做份报告出来，有两点基本要求：

- 既能看到整个公司的费用结构，也能看到单个店铺的详细状况。
- 第二天下班前发到总经理邮箱。

时间紧迫，小明立即开始行动。小明打开资料包后傻眼了：100 多个预算工作表密密麻麻地出现在眼前（如图 Q.1 所示）。

图 Q.1　所有店铺费用预算工作表

小明任意打开一家店铺的预算表，发现有更加复杂的情形需要面对：数据源总包含很多合并单元格，不利于进行汇总处理（如图 Q.2 所示）。

因此小明面临三个难题：

- 如何将这么多店铺的数据源汇总到一起？手工粘贴显然不现实，听说 Excel VBA 可以实现，可是又没有学过，现学来不及。
- 表格格式非常复杂，如何快速处理成方便汇总的样式？
- 更加重要的是，一份报告如何才能做到既能体现整体状况，又可查看单店明细？

××年费用预算表														
分类	项目	1月	2月	3月	4月	5月	6月	7月	8月	9月	10月	11月	12月	合计
固定费用	员工基本薪资	30000	30000	30000	30000	30000	30000	30000	30000	30000	30000	30000	30000	360000
	水电费	10000	10000	10000	10000	10000	10000	10000	10000	10000	10000	10000	10000	120000
	差旅费	5000	5000	5000	5000	5000	5000	5000	5000	5000	5000	5000	5000	60000
	交际费	3000	3000	3000	3000	3000	3000	3000	3000	3000	3000	3000	3000	36000
	通信费	2000	2000	2000	2000	2000	2000	2000	2000	2000	2000	2000	2000	24000
	租赁费	30000	30000	30000	30000	30000	30000	30000	30000	30000	30000	30000	30000	360000
	物业费	600	600	600	600	600	600	600	600	600	600	600	600	7200
变动费用	员工奖金	24014	20104	23617	27674	29897	27942	24288	27098	28816	21550	22318	23094	300412
	促销推广费	2779	4251	1259	2837	3807	4428	1451	3794	4856	4339	2761	2427	38989
	运输费	5348	5787	3963	5013	3621	3159	4570	5782	4460	5170	4747	5280	56900
	店铺管理费	5353	8011	6858	8270	8536	5764	5779	7204	6935	7116	8456	5865	84147
	合计	118094	118753	116297	124394	126461	121893	116688	124478	125667	118775	118882	117266	1447648

图 Q.2　单店费用预算表

我相信很多职场人士都遇到过类似的困境。本书第 1 章即讲解了类似的问题，小明花费两个小时学习第 1 章介绍的 Power BI 基础知识，就可以很快地进行数据汇总与处理，并生成动态的可视化报告。那么，什么是 Power BI？

Power BI 的前身最早可以追溯到 Excel 2010 时代的插件，随后在 Excel 2013/2016 中不断进化。在这些插件中，Power Query 用来进行数据获取与处理，Power Pivot 用来分析建模，Power View 用来进行图表展现。Power BI 则后来居上，全面地整合了以上插件的功能，并且其功能大幅度扩展。Power BI 还支持在各个场景使用，你可以使用 Power BI Desktop 在 PC 端编辑模型、查看报告，也可以不安装任何软件在云端建模与查看，还可以安装手机 App 进行报表浏览。

笔者先后在休闲和运动服饰零售业从业多年，基本上每天都与数据打交道。使用 Power BI 极大地提升了工作效率，从数据处理、报告制作到聚焦分析业务都有涉及。从 2017 年开始，笔者在集团内部为多个分公司同事做 Power BI 培训，受到了广泛好评。笔者在第一财经旗下数据侠平台分享的 Power BI 应用于球鞋大数据的课程也收到了不错的反响。另外，笔者长期在微信公众号等平台分享相关文章，传递 Power BI 应用知识。

本书是笔者对过往 Power BI 使用经验的一些总结，聚焦于 Power BI 核心组件——Power BI Desktop 的使用。本书有以下特点：

- 案例多，本书不堆砌功能，而是以案例为导向，从第 1 章到第 19 章全部为单独案例。
- 覆盖面广，本书涉及多个职能岗位的应用，包含销售、货品、财务、人力资源等。
- 技巧足，除了操作步骤以外，本书还包含上百条实用小贴士。

具体来说，本书分为 7 篇共 21 章。

第 1 篇为 Power BI 基础，供零基础的读者快速入门，简要介绍了三大核心组件

Power Query、Power Pivot、Power BI Desktop，说明了各个组件的应用场景。另外以销售报告为案例，讲解了 Power BI Desktop 从数据处理到分析建模、图表制作的基础功能。

第 2 篇共 4 章，为 Power BI 的爬虫案例。提到爬虫，人们一般会想到需要大段的代码，而 Power BI 可以实现用很少的公式抓取各种网络数据。第 2 章以天气数据为例讲解如何抓取表格类型的数据。第 3 章以电影数据为例讲解如何抓取非结构化数据。第 4 章以球鞋销售数据为例讲解如何抓取 JSON 数据。第 5 章以股票数据为例讲解如何抓取不能单页完全显示的表格数据。

第 3 篇共 4 章，为销售相关案例。第 6 章讲解如何对销售目标进行分解。第 7 章讲解如何对业绩达成进行分析，包括完成率、同期对比等。第 8 章讲解如何在 Power BI 中进行 RFM 分析。第 9 章说明如何通过层层指标细分进行杜邦分析，以找到业绩增长点。

第 4 篇共 5 章，为货品相关案例。第 10 章从三个角度对货品进行分析。第 11 章为经典的帕累托分析，也称“二八原则”。第 12 章为关联分析。第 13 章为畅销款分析。第 14 章讲解如何使卖场陈列更好地与店铺销售状况、库存状况、新品到货状况相结合。

第 5 篇共 2 章，为财务相关案例。第 15 章讲解盈亏平衡分析，找到盈亏平衡的影响因子。第 16 章以国内两个休闲服饰公司财报为例讲解如何分析利润表。

第 6 篇共 3 章，为人力资源相关案例。第 17 章讲解如何动态分析人员结构及离职状况。第 18 章重点关注新员工的结构及培训状况。第 19 章从考勤数据中挖掘有效信息，以防不良状况发生。

第 7 篇共 2 章，讲解如何用更少的界面呈现更丰富的内容。第 20 章讲解从界面的角度进行优化，并给出了 5 种优化方案。第 21 章讲解从后台的角度进行优化，指导如何使用 Power Query 及动态度量值使一个图表千变万化。

零基础的读者建议从第 1 章开始读起，有一定基础的读者可跳过第 1 章，选择自己感兴趣的案例阅读。

本书适合对爬虫感兴趣但是又没有编程基础的各行业人员，用少量公式快速掌握爬虫技巧。也适合实体或电商企业销售部门人员，进行销售目标制定及业绩跟踪。如果你从事货品相关工作，本书有丰富的货品案例供你参考。如果你是初创公司，本书的盈亏平衡分析案例会给你一定启发。如果你炒股，利润表分析案例会对你有一定用处。如果你从事人力资源相关岗位，相信本书所讲的如何用数据掌握人员动态的内容会让你感兴趣。总之，只要你的工作涉及数据，本书就会带给你一定收获。

读 者 服 务

微信扫码回复：36084

- 获取本书配套数据文件及视频
- 加入“数据分析”读者交流群，与更多同道中人互动
- 获取【百场业界大咖直播合集】（永久更新），仅需 1 元

目　　录

第 1 篇　Power BI 基础

第 2 篇　爬虫案例

第 3 篇 销售案例

第 4 篇 货品案例

第 6 篇　人力资源案例

第 7 篇　简化报告的技巧

1

第 1 篇

Power BI 基础

第 1 章

Power BI 基础操作

Power BI 是微软推出的一套商业分析工具，目前在自助式商业智能工具中处于领先地位。使用 Power BI 可以快速连接多种数据源，进行数据处理及分析建模，生成动态图表。Power BI 可在电脑端、网页端、移动设备端等多个场景使用。本章将对 Power BI 的三个主要组件进行介绍，并通过一个销售案例讲述 Power BI 的主要功能，方便读者快速入门。

1.1 Power BI的主要组件及功能

Power BI 有一系列组件，最主要的有三个：Power Query, Power Pivot, Power BI Desktop。这三个组件分别适用于不同场景，Power Query 和 Power Pivot 基于 Excel，Power BI Desktop 独立存在。本节将分别对这三个组件进行介绍。

1.1.1 Power Query 简介

Power Query 是一个 Excel 插件，它用来获取文件、文件夹、数据库、网页等数据并进行深度加工处理，然后把这些处理步骤进行保存，后期数据更新时无须再次重复操作。Power Query 有可视化的操作界面，同时支持用 M 语言进行高级编辑。Power Query 大幅度扩展了 Excel 的数据处理能力，它可以处理超越单个 Excel 文件行数上限的数据量。

- 安装需求：Excel 2016 版内置，2013 版需到微软官网下载。
- 下载地址：https://www.microsoft.com/zh-cn/download/details.aspx?id=39379
- Power Query 界面（Excel 2013 版）：如图 1.1 所示。

图 1.1　Power Query 界面

1.1.2　Power Pivot 简介

Power Pivot 同样集成在 Excel 当中，它可以利用 Power Query 处理好的数据或其他数据建立分析维度，实现模型搭建。Power Pivot 使用 DAX 语言进行函数编辑，DAX 具有与 Excel 函数相似的编辑方式。

- 安装需求：Excel 2013 及以上版本（专业增强版）内置。
- Power Query 界面（Excel 2013 版）：如图 1.2 所示。

图 1.2　Power Pivot 界面

1.1.3　Power BI Desktop 简介

Power BI Desktop 整合了 Power Query 及 Power Pivot 的功能，可以对数据进行动态图表展现，实现智能分析。

- 安装需求：脱离 Excel，需单独下载。
- 下载地址：https://www.microsoft.com/zh-cn/download/details.aspx?id=45331
- Power BI Desktop 界面：如图 1.3 所示。由于 Power BI 升级频率很高，不同

时期的界面细节可能略有区别，但总体框架一致。

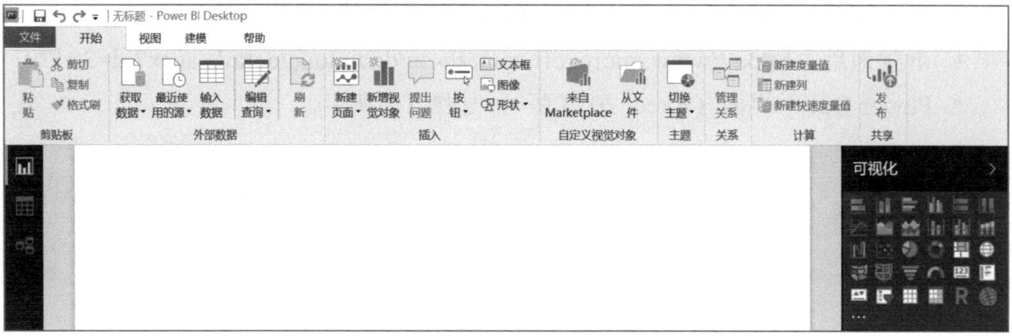

图 1.3 Power BI Desktop 界面

1.1.4 各组件应用场景

Power BI 各组件可按需选择，以应用于不同的业务场景：如果仅需要对原始数据进行处理，达到使用需求，则在 Excel 中直接使用 Power Query 即可；如果原始数据很整齐，仅需要建立模型/分析体系，则在 Excel 中直接使用 Power Pivot 即可；如果既有数据处理需求，又需要建模，则在 Excel 中联合使用 Power Query、Power Pivot 即可；如果需要有更好的图表展现，那么尽管 Excel 中有 Power View，然而建议选择更为强大的 Power BI Desktop；如果需要建立复杂的报表体系，并且需要用图表展现，则使用 Power BI Desktop。

1.2 一个入门案例——搭建动态销售报告

本节将以浙江省某零售企业若干店铺虚拟的销售数据为例，讲解如何从零开始使用 Power BI Desktop 制作一份销售报告，帮助读者快速入门 Power BI 操作。图 1.4 是销售报告样例。

- 左上角的切片器，可以切换各个城市、各个督导、各个店铺的数据，默认情况下是所有店铺数据。
- 右上角的卡片图可以直观地显示重点指标。
- 中间的图表分别显示业绩金额/业绩完成率状况、业绩贡献度状况、业绩增长率状况。

- 左下角的散点图显示每个销售人员的附加推销能力与高单价产品推荐能力，十字虚线将所有人员分成四个象限，右上角人员两项指标俱佳，左下角人员两项指标都比较差，需要加强业务能力。圆圈大小代表业绩金额大小。
- 右下角用表格展现数据明细。

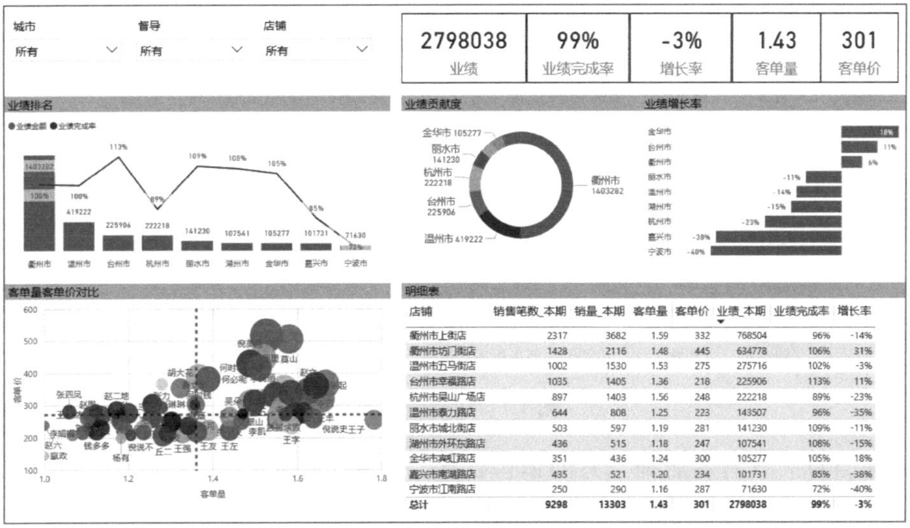

图 1.4　销售报告样例

1.2.1　数据源结构

本案例的数据分布如图 1.5 所示。

名称	修改日期	类型
销售明细	2018/7/12 16:31	文件夹
店铺资料	2018/7/11 17:20	Microsoft Excel 工
销售目标	2018/6/16 17:55	Microsoft Excel 工

图 1.5　数据分布

销售明细数据在同一文件夹的不同工作簿内，格式如图 1.6 所示。

店铺资料表中含有店铺所在城市、店铺编号、店铺面积、督导等信息，如图 1.7 所示。

销售明细表

店铺	销售单编号	员工工号	销售员	销量	业绩金额	吊牌额
杭州市吴山广场店	C001S001-2018-05-01-001	SS0048	王见	1	82.7	138
	C001S001-2018-05-01-002	SS0048	王见	1	347.2	395
	C001S001-2018-05-01-003	SS0048	王见	3	329.1	374
	C001S001-2018-05-01-004	SS0133	倪说史	1	108.4	217
	C001S001-2018-05-01-005	SS0048	王见	4	325.3	370
	C001S001-2018-05-01-006	SS0048	王见	3	527.2	599
	C001S001-2018-05-01-007	SS0048	王见	2	246.4	493
	C001S001-2018-05-01-008	SS0049	李凯	1	138.7	158

图 1.6　销售明细表

城市	城市编码	店铺编号	店铺	开业时间	店铺面积	督导
衢州市	C003	C003S001	衢州市上街店	2011/12/1	347	张小侠
衢州市	C003	C003S002	衢州市坊门街店	2014/3/1	298	张小侠
台州市	C004	C004S001	台州市幸福路店	2013/3/23	392	鲁清泉
金华市	C005	C005S002	金华市宾虹路店	2009/6/1	120	张小侠
杭州市	C001	C001S001	杭州市吴山广场店	2010/10/1	591	楚香香
宁波市	C006	C006S001	宁波市江南路店	2016/10/1	230	楚香香
温州市	C002	C002S001	温州市泰力路店	1995/5/1	270	鲁清泉
嘉兴市	C007	C007S001	嘉兴市南湖路店	2016/1/1	200	楚香香
湖州市	C008	C008S001	湖州市外环东路店	2017/1/1	310	李欢欢
温州市	C002	C002S003	温州市五马街店	2013/12/24	600	鲁清泉
丽水市	C009	C009S002	丽水市城北街店	2014/2/28	160	李欢欢

图 1.7　店铺资料表

销售目标表含有各店铺当月的销售目标，如图 1.8 所示。

店铺名称	销售目标
杭州市吴山广场店	250000
湖州市外环东路店	100000
嘉兴市南湖路店	120000
金华市宾虹路店	100000
丽水市城北街店	130000
宁波市江南路店	100000
衢州市坊门街店	600000
衢州市上街店	800000
台州市幸福路店	200000
温州市泰力路店	150000
温州市五马街店	270000

图 1.8　销售目标表

在实际业务中，以上数据可能从不同渠道或信息系统获取，取得数据后需要将数据进行处理及合并，整合成需要的样式，方便后期分析。

1.2.2　导入销售数据

本期数据和去年同期数据分散在不同的工作簿中，需要进行汇总。并且销售明细数据源并不规范，如图 1.6 所示，后期需要合并单元格及表头进行处理。将销售数据放置在同一文件夹下，Power BI 可直接合并导入。

（1）新建空白的 Power BI 文件，按照图 1.9 所示的路径选择从文件夹获取数据

图 1.9　从文件夹获取数据

在弹出的对话框中选择销售数据所在文件夹后单击“确定”按钮，如图 1.10 所示。

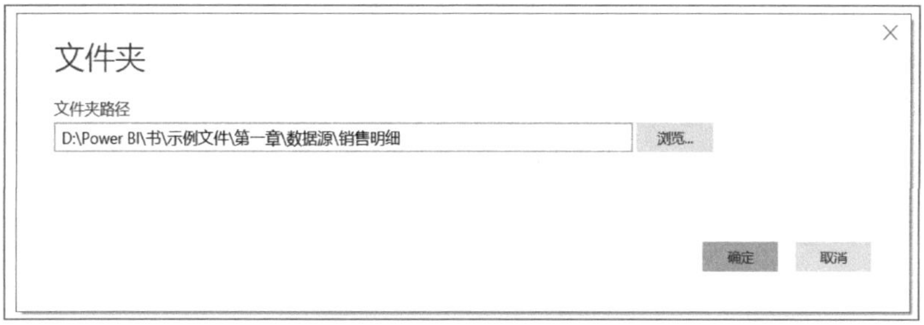

图 1.10　选择文件夹路径

贴士

数据源的路径并非一成不变，若模型搭建好后，后期数据位置有变更，则可通过主界面“编辑查询”中的“数据源设置”变更路径。类似地，本书所有案例文件路径可能与读者电脑路径不同，读者变更数据路径后可刷新运行模型。

（2）删除其他列

导入的工作簿列表含有文件名、扩展名、文件建立时间、修改时间等信息，但大部分信息是我们不需要的。选中需要的数据，通过图 1.11 的“删除其他列”功能可以将多余的列删除。

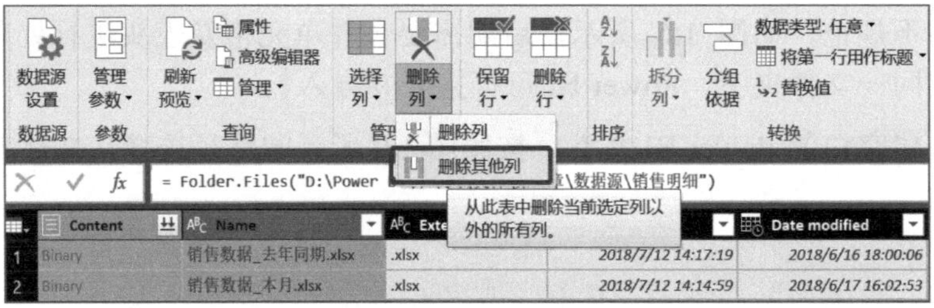

图 1.11　删除其他列

贴士

当需要保留的列较多时，选择“删除列”较为方便；当需要删除的列较多时，选择“删除其他列”较为方便。

1.2.3　合并销售数据

在 Excel 中的 Power Query 出现之前，合并多工作簿数据需要写复杂的宏，效率非常低。Power Query 面世以来，只需要一个公式就可以实现该功能，当然，作为 Power Query 的进一步发展产品，用 Power BI 也可以快速实现。

（1）添加自定义列

通过添加自定义列的方式导入每个工作簿中的明细数据，如图 1.12 所示。

图 1.12　添加自定义列

贴士

该环节对大小写敏感，错误的字母大小写将导致公式无法正确运行；Excel.Workbook 可提取 Excel 数据源中的内容，本例中该函数仅使用了一个参数，添加另外一个参数 true 后变为 Excel.Workbook([Content],true)，代表识别第一行为标题，自动对每个工作簿标题进行识别，本例的第一行并非我们想要的标题行，后期需要进行处理，因此未添加参数 true。

（2）展开 Table

单击新增的“数据”自定义列右侧，在弹出的界面中只选择“Data”复选框，将数据展开。注意要将“使用原始列名作为前缀”复选框取消勾选，否则会影响字段命名，如图 1.13 显示。

图 1.13　展开 Table

在本例中，每个销售工作簿中只有一张工作表，因此只选择 Data，当数据中包含多张工作表，且需要选择其中的数据时，可将“Name”字段也进行勾选，如图 1.14 所示，可以展开 Name 及 Data，从而方便快速定位相应工作表。

图 1.14　展开 Name 及 Data

贴士

在本例中，工作表名称没有实际作用，因此没有被添加。在实际工作中，如果不同店铺的销售数据分散在同一工作簿的不同工作表中，并且数据中没有相应的店铺名称字段，则工作表名称（图 1.13 中的 Name 字段）需要被保留，作为店铺的识别依据。

1.2.4 筛选行去除重复表头

在图 1.6 中我们可以看到销售数据中含有“销售明细表”字样的表头。该字样需被去除。单击图 1.15 中第一列的下拉按钮，取消对“销售明细表”的勾选即可。该界面看上去与 Excel 的筛选界面相似。

图 1.15 筛选行

贴士

我们不仅可以通过勾选保留或去除不需要的值来进行筛选，也可以像在 Excel 中那样进行条件筛选，文本条件筛选有等于、不等于、开头为、开头不是、结尾为、结尾不是、包含、不包含等方式，数字条件筛选有等于、不等于、大于、小于和介于等方式。

1.2.5　将第一行用作标题

在“开始”选项卡中，选择“将第一行用作标题”，可以将“店铺”“销售单编号”等字段提升到标题位置，如图 1.16 所示。由于在销售数据源中每张工作表都有“店铺”等字段，重复 1.2.4 节所介绍的操作可以将多余标题删除，只保留相应数据。

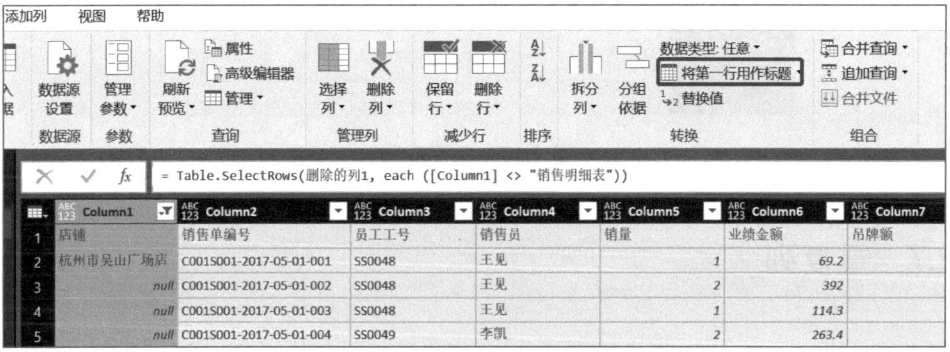

图 1.16　将第一行用作标题

贴士

当 Power BI 错误地将数据内容识别为标题时，可下拉“将第一行用作标题”列表框，选择“将标题作为第一行”进行调整。

1.2.6　向下填充补充空白内容

数据源中的店铺名称列是合并单元格，如果在 Excel 中进行数据填充，则需要使用公式。在 Power BI 中，通过图 1.17 中所示的向下填充功能（操作：在“填充”下拉列表中选择“向下”），可以将空白处快速填充，以便进行后期的各种运算。

贴士

在 Excel 中当需要对合并单元格进行填充时需要使用公式，Power BI 进行了简化，只需要单击一个按钮，并且按方向选择即可，实现结果类似于数据透视表中的“重复所有项目标签”。

图 1.17　向下填充

1.2.7　重复列

使用“重复列”功能可以将数据中不需要的字段删除。在本列中仅保留店铺、销售单编号、员工工号、销售员、销量、业绩金额信息。我们注意到在“销售单编号”中含有“2017-05-01”字样的销售日期。通过重复与分列功能可以将日期信息提取出来以备后用。

选中“销售单编号”列，按照图 1.18 的方式可以将该列复制一份。

图 1.18　重复列

贴士

不仅可通过图 1.18 上方的功能区选择相应功能实现数据处理，也可在数据区直接操作。例如，可以直接选中“销售单编号”列，单击鼠标右键对重复列进行操作。

1.2.8　按字符数和分隔符拆分列

日期是销售报表中的重要字段，可以用来查看业绩的时间趋势。但是，在本案例的原始数据中，并没有日期相关字段。然而可以注意到“销售单编号”中含有日期。使用拆分列功能就能将日期提取出来。

（1）按字符数拆分列

在“销售单编号”中，日期左侧的信息需要去除，按照图 1.19 中的“按字符数”拆分列。输入字符位数“9”之后，日期左侧的信息将会被拆分，结果如图 1.20 所示。“销售单编号-复制.1”已无用处，可以将其删除。

图 1.19　按字符数拆分列

销售单编号	销售单编号 - 复制.1	销售单编号 - 复制.2
C001S001-2017-05-01-001	C001S001-	2017-05-01-001
C001S001-2017-05-01-002	C001S001-	2017-05-01-002
C001S001-2017-05-01-003	C001S001-	2017-05-01-003
C001S001-2017-05-01-004	C001S001-	2017-05-01-004
C001S001-2017-05-01-005	C001S001-	2017-05-01-005
C001S001-2017-05-01-006	C001S001-	2017-05-01-006
C001S001-2017-05-01-007	C001S001-	2017-05-01-007

图 1.20　按字符拆分列后的结果

贴士

拆分列与 Excel 中的分列功能类似。按字符数拆分列仅适用于字符完全规整的情况，本例中销售单编号左侧为店铺编码，所有店铺编码具有相同字符数，因此可以按字符数拆分列。

（2）按分隔符拆分列

选中“销售单编号-复制.2”列，按照图 1.19 中的路径选择“按分隔符”。拆分位置注意设置为“最右侧的分隔符”，这样就可以去除日期最右侧的“001”等编号字样，如图 1.21 所示。

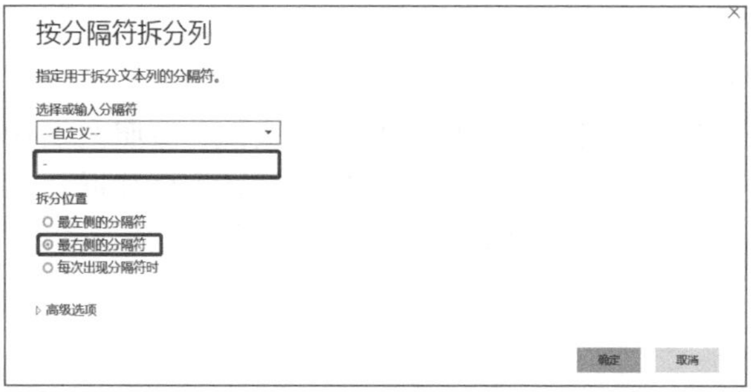

图 1.21 按分隔符拆分列

贴士

按分隔符拆分列适用于数据中有相同规律的分隔符。按分隔符拆分列有三种拆分位置方式，选择“最左侧的分隔符”和“最右侧的分隔符”都会把该列拆分为两列，而如果选择“每次出现分隔符时”单选按钮，则该列将会被拆分为多列（假设该列分隔符重复）。

1.2.9 重命名列

如果分列提取的日期字段名称不符合我们的常规习惯，则可以双击日期上方的标题，将生成的日期列命名为可识别的形式，如图 1.22 所示。

店铺	销售单编号	销售日期	员工工号	销售员	销量
杭州市吴山广场店	C001S001-2017-05-01-001	2017/5/1	SS0048	王见	1
杭州市吴山广场店	C001S001-2017-05-01-002	2017/5/1	SS0048	王见	2
杭州市吴山广场店	C001S001-2017-05-01-003	2017/5/1	SS0048	王见	1
杭州市吴山广场店	C001S001-2017-05-01-004	2017/5/1	SS0049	李凯	2
杭州市吴山广场店	C001S001-2017-05-01-005	2017/5/1	SS0048	王见	2
杭州市吴山广场店	C001S001-2017-05-01-006	2017/5/1	SS0048	王见	3
杭州市吴山广场店	C001S001-2017-05-01-007	2017/5/1	SS0048	王见	3
杭州市吴山广场店	C001S001-2017-05-01-008	2017/5/1	SS0048	王见	2
杭州市吴山广场店	C001S001-2017-05-01-009	2017/5/1	SS0048	王见	1
杭州市吴山广场店	C001S001-2017-05-01-010	2017/5/1	SS0048	王见	1

图 1.22 重命名列

1.2.10　添加年、月等形式的日期列

年、月都是重要的销售统计区间单位，在 Excel 中，将日期转换为年、月、周等形式需要多种公式，不方便记忆。在 Power BI 的 Query 后台，只需要按照如图 1.23 所示单击，进行相应添加即可。

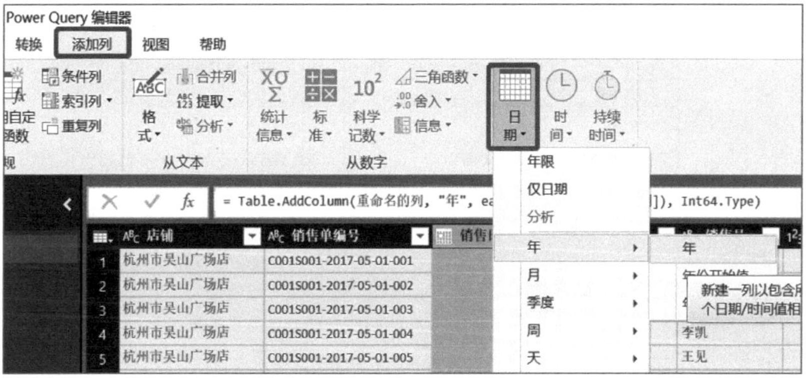

图 1.23　添加多种形式的日期列

添加完成后，即生成年、月份、星期几等信息，如图 1.24 所示。

店铺	销售单编号	销售日期	年	月份	星期几
杭州市吴山广场店	C001S001-2017-05-01-001	2017/5/1	2017	5	星期一
杭州市吴山广场店	C001S001-2017-05-01-002	2017/5/1	2017	5	星期一
杭州市吴山广场店	C001S001-2017-05-01-003	2017/5/1	2017	5	星期一
杭州市吴山广场店	C001S001-2017-05-01-004	2017/5/1	2017	5	星期一
杭州市吴山广场店	C001S001-2017-05-01-005	2017/5/1	2017	5	星期一
杭州市吴山广场店	C001S001-2017-05-01-006	2017/5/1	2017	5	星期一
杭州市吴山广场店	C001S001-2017-05-01-007	2017/5/1	2017	5	星期一
杭州市吴山广场店	C001S001-2017-05-01-008	2017/5/1	2017	5	星期一

图 1.24　添加的年、月、星期等日期列

贴士

日期字段是销售报表中常用的字段，在 Excel 中添加年、月、日等日期形式往往需要不同的公式。在 Query 中已经提供了基础的日期字段，只需单击即可实现。如果读者不使用该功能，那么也可以在 Power BI 主界面新增列，使用 DAX 函数的方式实现，DAX 函数实现基础日期字段的方式与 Excel 相同。

1.2.11 导入店铺资料及销售目标数据

店铺资料及销售目标都是 Excel 形式，也是我们最常用的数据源格式。选择“获取数据-Excel”可以直接将数据添加到 Power BI 查询当中，如图 1.25 所示。

图 1.25 添加 Excel 形式的数据

通过以上操作，就完成了所有数据源的添加及整理，生成了如图 1.26 所示的三个查询。

图 1.26 生成的三个查询

贴士

不仅可在主界面“获取数据”实现获取数据，当界面停留在 Query 后台时，也可通过“新建源”获取新的数据。

1.2.12　合并销售明细与销售目标

目前销售明细数据与销售目标数据分散在两个独立的查询中，我们需要将二者进行合并，方便进行销售完成率的计算。同时可以注意到销售明细是以天为单位统计的数据，但是销售目标是按全月的，因此在合并之前，需要将销售数据按月进行汇总。

（1）复制查询

选择“销售明细”查询，按照图 1.27 所示复制一份，重命名为“销售业绩合并”，供后续汇总使用。

图 1.27　复制查询

贴士

复制查询和引用查询都可以将当前查询重新生成一份，但二者的功能是不同的。复制查询后，新查询将与原查询脱离关联，原查询后续进行的任何变更都对新查询没有影响；引用查询后，新查询将与原查询保持关联，原查询后续如果有别的动作，都会作用于新查询。

（2）对查询进行分组

选中“销售业绩合并”查询，在“开始”选项卡下选择“分组依据”，切换到图 1.28 中的高级选项，对“分组依据”和“聚合”分别进行设置，从而实现类似

Excel 当中数据透视表的功能。

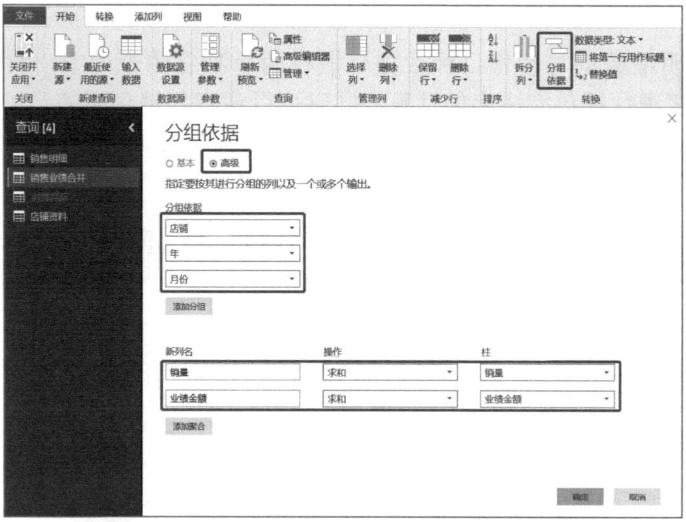

图 1.28　分组

在得到的汇总数据中，年份只选择 2018，以便与 2018 年的本期销售目标进行合并，如图 1.29 所示。

	店铺	年	月份	销量	业绩金额
1	杭州市吴山广场店	2018	5	1403	222218.4
2	湖州市外环东路店	2018	5	515	107541
3	嘉兴市南湖路店	2018	5	521	101730.7
4	金华市宾虹路店	2018	5	436	105277.3
5	丽水市城北街店	2018	5	597	141230.3
6	宁波市江南路店	2018	5	290	71630
7	衢州市坊门街店	2018	5	2116	634777.8
8	衢州市上街店	2018	5	3682	768504.3
9	台州市幸福路店	2018	5	1405	225906.2
10	温州市泰力路店	2018	5	808	143506.7
11	温州市五马街店	2018	5	1530	275715.6

图 1.29　筛选保留 2018 年数据

贴士

本例对数据聚合采用了求和的方式，但 Power Query 聚合不仅仅是求和，还可以将数据按照平均值、中值、最小值、最大值、计数、非重复行计数等方式将数据进行聚合。其中，非重复列计数在统计店铺数量、人员数量等场景中有非常重要的作用，这也是 Excel 透视表所不具备的。

（3）合并查询

通过合并查询的方式将销售目标导入销售业绩。按图 1.30 所示选择对应的“合并查询”。

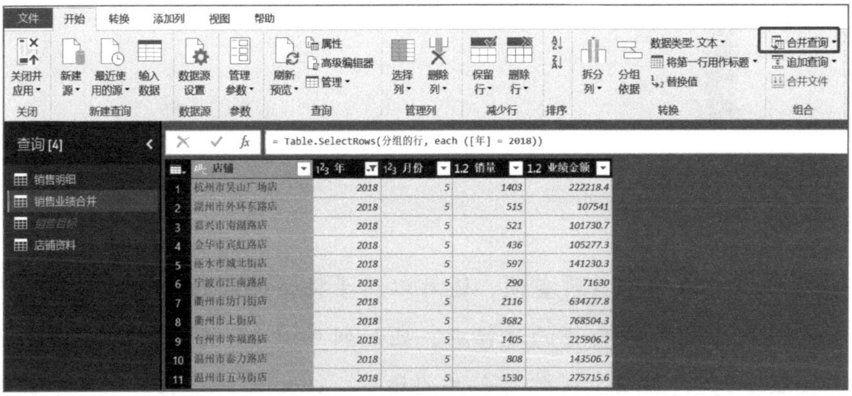

图 1.30　合并查询

在弹出的对话框中，将“销售业绩合并”与“销售目标”按照店铺进行匹配，实现与 Excel 当中 VLOOKUP 类似的功能，如图 1.31 所示。

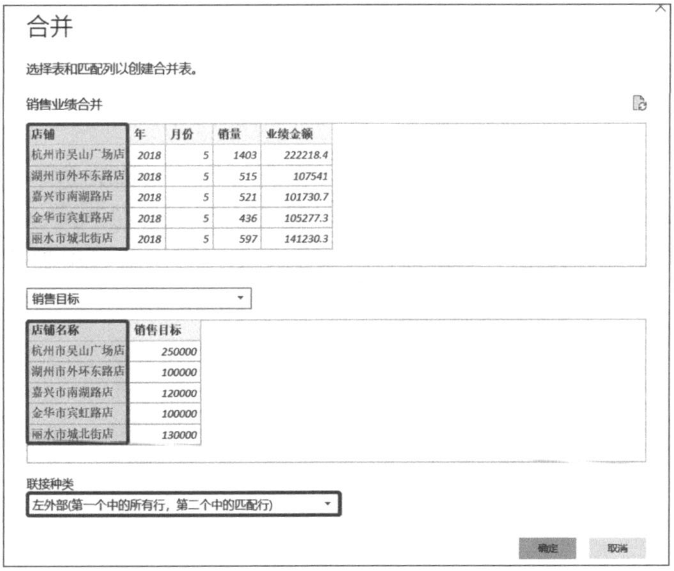

图 1.31　按店铺匹配

展开“销售目标”即可得到合并后的结果，如图 1.32 所示。

图 1.32　展开销售目标

贴士

合并查询不仅适用于当前查询，还可以用于将合并后的查询生成新的查询，读者可按需选择使用。在合并的过程中，匹配列可以是一列，也可以是多列，在 Excel 中按照多列 VLOOKUP 需要合并列操作，此处只需分别选中两个表中对应的多列即可。连接的总类有多种形式，最常用的是本例中的“左外部”，即按照上方的表格进行 VLOOKUP，“右外部”功能相反，“完全外部”会对两表中所有列进行合并，“内部”则只显示两表能够完全匹配的值。

1.2.13　禁用“启用加载”

销售目标已在业绩查询中体现，因此“销售目标”查询只是中间计算过程，按照图 1.33 所示取消对“启用加载”的勾选，该查询即不会在 Power BI 主界面显示，从而保持页面整洁。如果后期该查询作用发生变化，则重新启用加载即可。

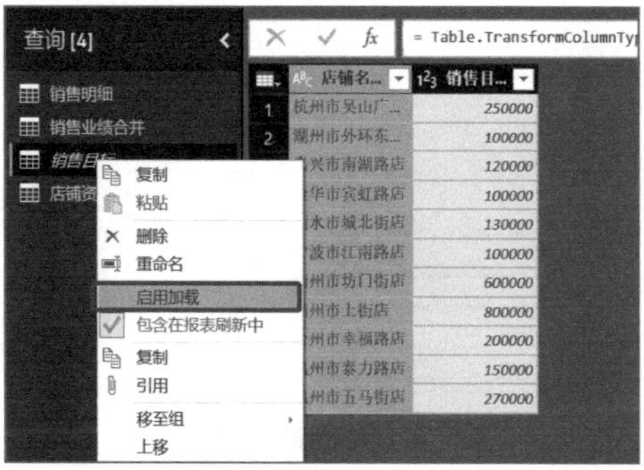

图 1.33　禁用“启用加载”

贴士

禁用加载并不影响其他查询对该数据的调用。在日常工作中，应保持良好的习惯，将所有过程数据的“启用加载”取消勾选。禁用“启用加载”保持了前台的清爽整洁，如果查询较多，则 Power Query 后台整洁同样重要，可选中任意查询对查询进行分组，存放于不同文件夹，有利于快速找到需要处理的数据源。

通过以上操作，就完成了数据处理的全部工作。单击“关闭并应用”即可进入 Power BI 主界面，如图 1.34 所示。

图 1.34　关闭并应用

在数据处理环节需要重点关注以下几个方面：

- 单个表格的数据源可直接导入；具有相同格式的数据源可通过文件夹形式导入。
- 数据格式不规范，可通过删除行、提升标题等功能找到真实标题；通过筛选过滤掉非数据内容；通过填充对合并单元格进行处理。
- Power Query 界面有丰富的日期形式，无须公式，可灵活使用。
- 当需通过单个字段提取信息时，可灵活进行分列、替换等动作。
- 分组可实现与 Excel 的透视类似的功能，对数据进行汇总。
- 合并查询可以将不同查询的字段进行合并。

1.2.14　建立关系

在数据处理环节结束后，开始进入模型搭建环节。模型搭建的第一步是建立关系。销售数据与店铺信息分散在不同的查询当中，将 Power BI 切换到关系视图，可以看到三个查询中共用的字段是店铺名称，并且店铺名称在“店铺资料”查询中属于非重复字段。

通过鼠标拖曳即可建立如图 1.35 所示的关系模式。“店铺资料”中的相关字段可引用其他查询当中的数据。例如，将“城市”设置为切片器，在进行数据选择之后，与业绩相关的卡片图数据也会发生变化。

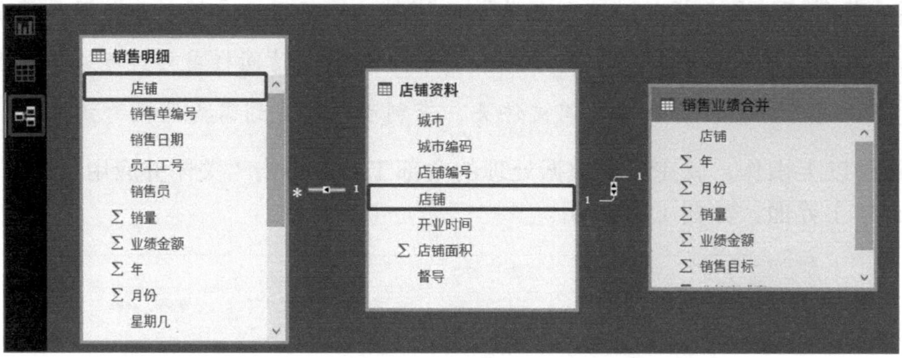

图 1.35 建立关系

贴士

标准的关系是一对多的方式，如本例中的店铺资料对销售明细，店铺资料中的店铺具有唯一值，销售明细中的店铺为重复值。Power BI 同样支持多对多的关系，即两边都具有重复值。另外，关系是有方向的，如一对多的关系箭头方向由一端指向多端。方向也可以是双向的，通过点击关系连接线可以修改方向。一般情况下，交叉筛选器方向不建议设置为“两个”，因为在模型复杂的情况下可能会引发一些错误。

1.2.15 新建列

Power BI 中的新建列方式与 Excel 当中类似。切换到数据视图，选择“店铺资料”查询，按照图 1.36 所示的路径新建列，输入以下公式，即可对店铺按照面积进行分组：

```
按面积分组 =
SWITCH (
    TRUE (),
    '店铺资料'[店铺面积] < 200, "200 平以下",
```

```
        '店铺资料'[店铺面积] < 500, "200-500 平",
        "500 平以上"
    )
```

城市	城市编码	店铺编号	店铺	开业时间	店铺面积	督导	按面积分组
衢州市	C003	C003S001	衢州市上街店	2011年12月1日	347	张小侠	200-500平
衢州市	C003	C003S002	衢州市坊门街店	2014年3月1日	298	张小侠	200-500平
台州市	C004	C004S001	台州市幸福路店	2013年3月23日	392	鲁清泉	200-500平
金华市	C005	C005S002	金华市宾虹路店	2009年6月1日	120	张小侠	200平以下
杭州市	C001	C001S001	杭州市吴山广场店	2010年10月1日	591	楚香香	500平以上
宁波市	C006	C006S001	宁波市江南路店	2016年10月1日	230	楚香香	200-500平
温州市	C002	C002S001	温州市泰力路店	1995年5月1日	270	鲁清泉	200-500平
嘉兴市	C007	C007S001	嘉兴市南湖路店	2016年1月1日	200	楚香香	200-500平
湖州市	C008	C008S001	湖州市外环东路店	2017年1月1日	310	李欢欢	200-500平
温州市	C002	C002S003	温州市五马街店	2013年12月24日	600	鲁清泉	500平以上
丽水市	C009	C009S002	丽水市城北街店	2014年2月28日	160	李欢欢	200平以下

图 1.36　新建列

贴士

SWITCH 函数语法为

```
SWITCH(<expression>, <value>, <result>[, <value>, <result>]…[, <else>])
```

第一个参数为表达式，根据表达式的值返回不同的结果，与 Excel 中的 IF 用法类似，当条件较多时，SWITCH 比 IF 表达更加简洁高效，并且易懂。

1.2.16　新建度量值

度量值类似于 Excel 数据透视表中的计算字段，但拥有比计算字段更加强大的功能。度量值是 Power BI 进行模型搭建的核心。本案例通过使用度量值，可以计算业绩完成率、销售增长率、客单价、客单量等。

（1）计算业绩完成率

选中“销售业绩合并”查询，在“建模”选项卡中，单击“新建度量值”，输入以下公式，如图 1.37 所示。

```
业绩完成率 =
DIVIDE ( SUM ( '销售业绩合并'[业绩金额] ), SUM ( '销售业绩合并'[销售目标] ) )
```

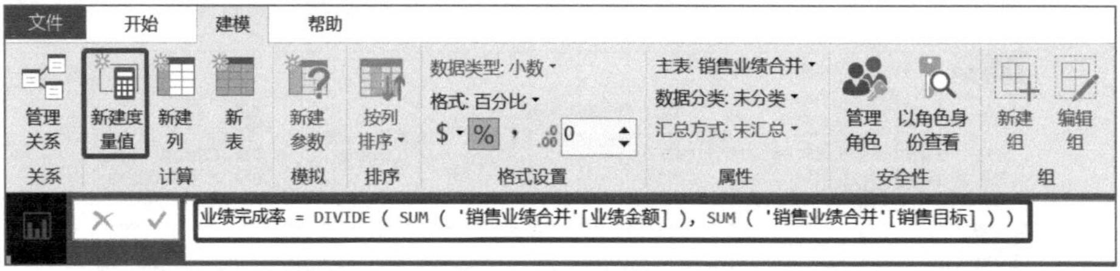

图 1.37　业绩完成率公式

此处 DIVIDE 表示除法，等价于

```
业绩完成率 = SUM('销售业绩合并'[业绩金额])/SUM('销售业绩合并'[销售目标])
```

但一般建议使用 DIVIDE，这样可以规避分母是 0 等异常错误。

贴士

DIVIDE 函数语法为 DIVIDE(<numerator>, <denominator> [,<alternateresult>])

第一个参数为分子，第二个参数为分母，第三个参数可不填，当分母为 0 时默认返回空值，当第三个参数填写数字时，返回第三个参数的值。

（2）计算销量、业绩

在“销售明细”中，前期我们进行了数据合并，含有两年销售数据。如果需要计算本期销量（2018 年），则需要使用 CALCULATE 进行筛选，如图 1.38 所示。

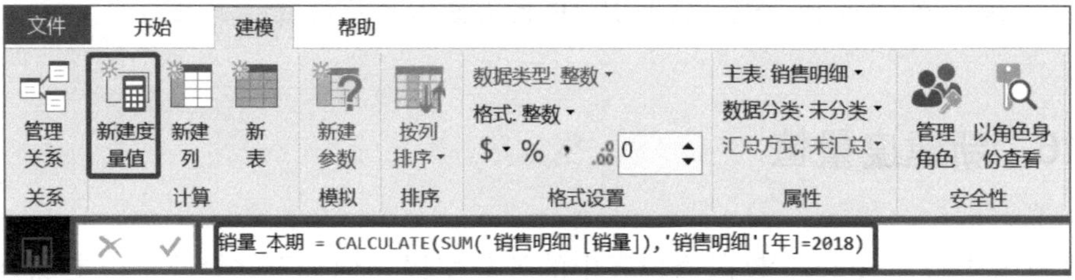

图 1.38　本期销量计算

图 1.38 计算了本期的销量，类似地可以计算业绩：

```
业绩_本期 = CALCULATE(SUM('销售明细'[业绩金额]),'销售明细'[年]=2018)
业绩_去年同期 = CALCULATE(SUM('销售明细'[业绩金额]),'销售明细'[年]=2017)
```

贴士

CALCULATE 函数的语法为 CALCULATE(<expression>,<filter1>, <filter2>…)

通过指定筛选条件修改上下文，计算返回表达式的值，第一个参数为表达式，后面的参数为条件，条件可以是一个，也可以是多个。

CALCULATE 语法看似简单，却是 Power BI 最重要的一个 DAX 函数，地位高于 Excel 中的 VLOOKUP，在后续章节中会陆续使用该函数。

（3）计算本期销售笔数

在“销售明细”中有“销售单编号”字段，使用 DISTINCTCOUNT 对销售单编号进行非重复计数即可得到销售笔数，如图 1.39 所示。

```
销售笔数_本期 =
CALCULATE(DISTINCTCOUNT('销售明细'[销售单编号]),'销售明细'[年]=2018)
```

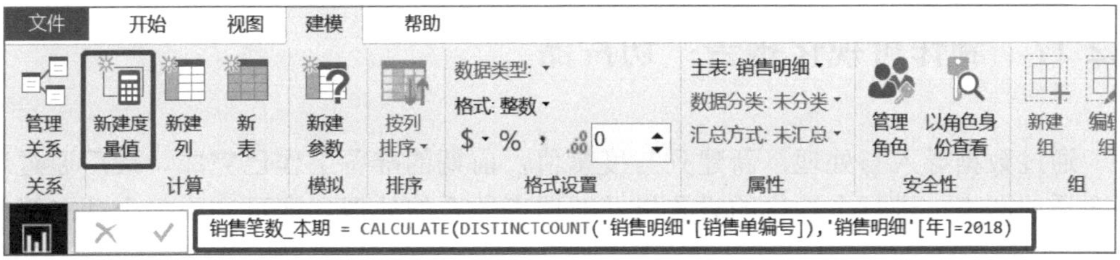

图 1.39　计算销售笔数

贴士

DISTINCTCOUNT 函数语法为 DISTINCTCOUNT(<column>)

参数只有一个，返回某列的非重复值。在 Excel 中不使用 Power 系列插件时，不重复计数将会比较麻烦，前文提到了 Power Query 中非重复计数的方法，此处为 DAX 函数实现方案。此外，在后续设置图表时也可不使用任何公式，而直接将显示值设置为非重复计数值，但建议优先使用 DAX 函数实现。

（4）计算业绩增长率、客单量、客单价

除了数据源中的数据之外，度量值之间也可以相互引用进行计算。通过这种方式，可以新增增长率、客单量、客单价度量值：

```
客单量 = DIVIDE([销量_本期],[销售笔数_本期])
客单价 = DIVIDE ([业绩_本期],[销售笔数_本期])
增长率 = DIVIDE ('[业绩_本期]-[业绩_去年同期] ,[业绩_去年同期])
```

通过以上操作即完成了模型的搭建。本节需要注意以下几点：

- Power BI 会自动识别各个查询之间的联系，建立相应的关系视图，但有时识别并不准确，或者不是想要的关系。建议在模型复杂的情况下，全部手动建立关系。
- 新建列与新建度量值需要灵活选择使用，一般情况下对于需要参与计算的字段建议全部度量值化。
- 所有除法相关的运算全部使用 DIVIDE，以规避可能的错误。
- 本例中计算业绩增长率时使用除法，在 Power BI 中内置相关时间智能函数，后续章节将讲述计算业绩增长的高级用法，通过构建日期表来实现。

1.2.17　制作可视化报告：切片器

通过数据导入与处理，新建列与度量值，前期的准备工作已完成。最后通过选择合适的图表、进行个性化的设置以及对图表关系的处理，即可完成整个动态销售报告。

切片器用来动态切换数据范围，使相应图表发生改变。如图 1.40 所示，在可视化区域选择切片器图表后，将店铺资料“城市”字段拖曳入切片器的“字段”，即可生成对应图表。

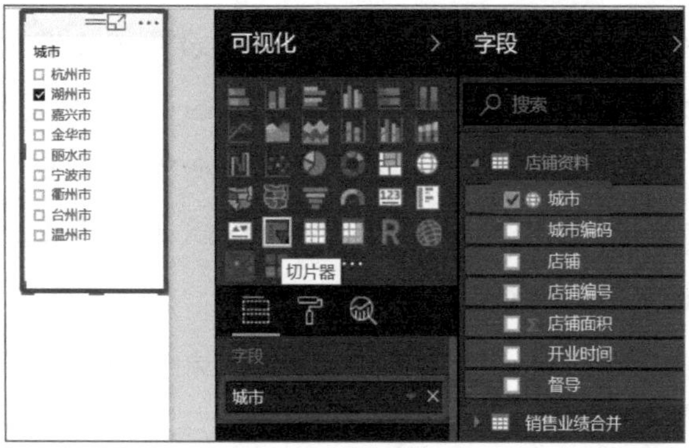

图 1.40　切片器

但该切片器与图 1.4 所示的销售报告样例中的切片器显然有所不同，本切片器为列表式，当切片内容较多时，会占用较多空间。可通过切片器右上方的设置按钮，调整为“下拉”式，如图 1.41 所示。

图 1.41　切片器下拉设置

另外，可在“设置”区域的“选择控件”中，对是否支持全选及单选进行设置，以满足不同的数据范围选择需求，如图 1.42 所示。

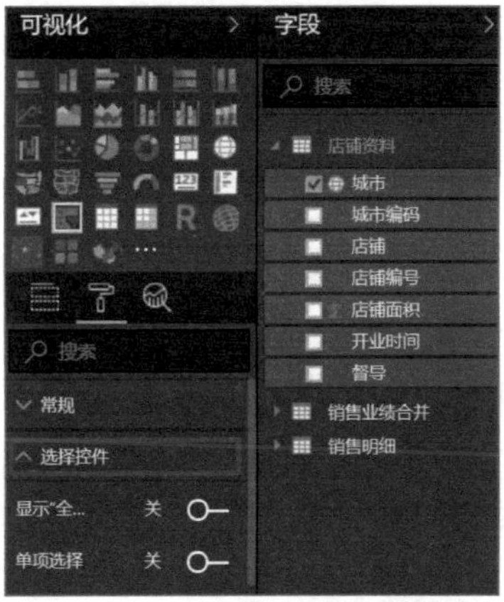

图 1.42　切片器全选、单选设置

通过类似的方式，分别设立督导与店铺相关的切片器，如图 1.43 所示。

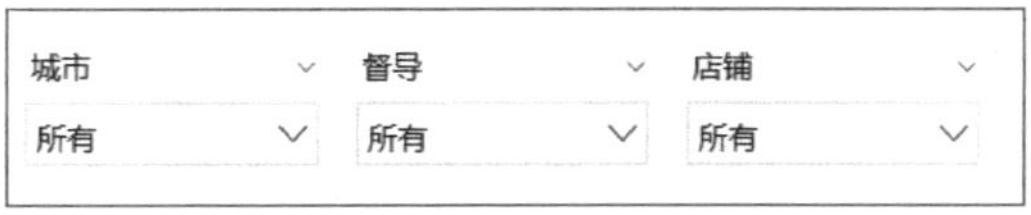

图 1.43　城市、督导、店铺相关切片器

贴士

当报告页面较多时，可通过视图选项卡下的“同步切片器”功能将切片器同步到其他页面。同步时可以去除“可见”，达到一个切片器多页起作用并节约空间的目的。

1.2.18 制作可视化报告：卡片图

卡片图用来显示单个数据，重要 KPI 使用卡片图罗列会有非常不错的效果。如图 1.44 所示，选择卡片图后，将业绩拖曳入字段区域即可生成业绩卡片图。

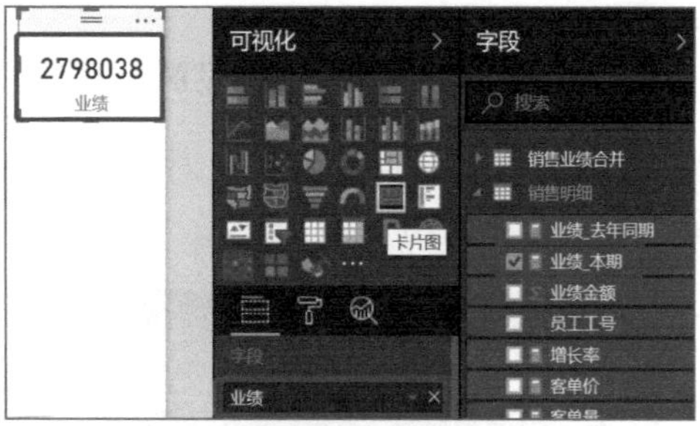

图 1.44 卡片图

细心的读者可能会发现图表字段区域和卡片图显示的是业绩，但度量值名称是“业绩_本期”。这是由于大家可以自行修改字段名称，将其显示为需要的名称。按图 1.45 所示的方式即可进行自定义修改。

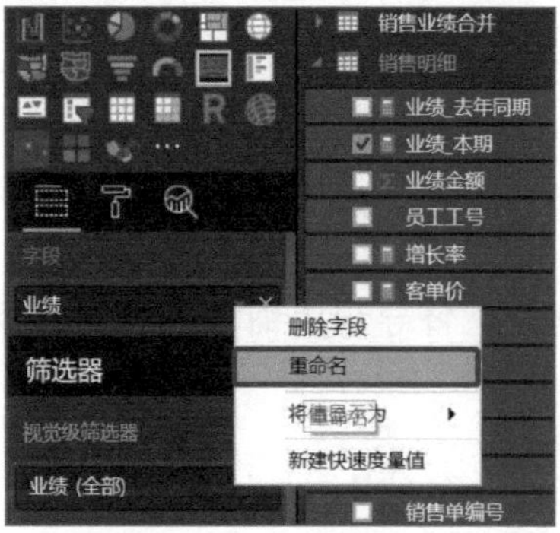

图 1.45 修改字段名称

同样，可对其他关键指标进行卡片图设置，如图 1.46 所示。

图 1.46　所有卡片图

贴士

默认在卡片图下方显示诸如业绩、增长率等标签，如需在上方显示，则关闭图表格式设置中的类别标签，将标题打开，填写相应文字即可。

1.2.19　制作可视化报告：条形图与柱形图

选择折线和簇状柱形图，通过调用“店铺资料”中的“城市”字段，以及“销售业绩合并”中的“业绩完成率”和“业绩金额”字段，可以对销售状况进行排名。行列字段按照图 1.47 进行设置。

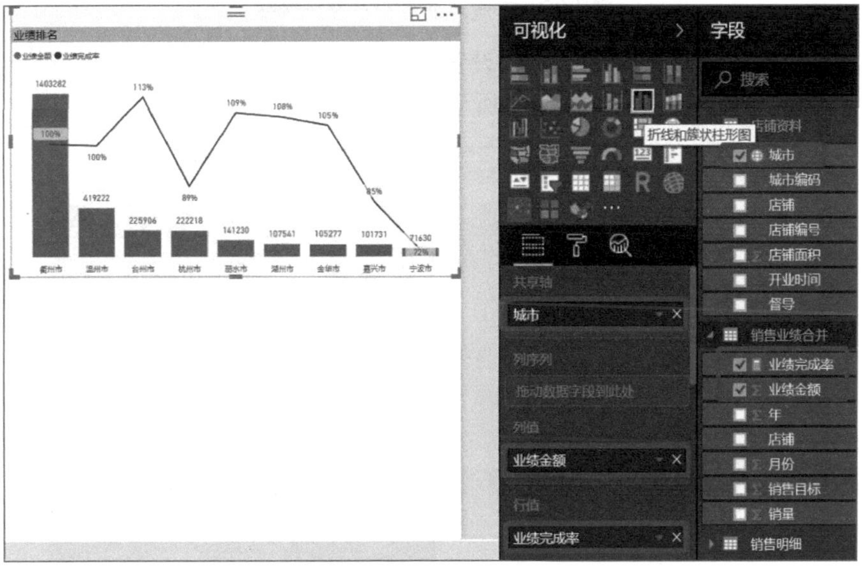

图 1.47　折线和簇状柱形图

我们可以看到在图 1.47 中，没用 *Y* 轴，并且每个城市都有数据标签。在可视化区域切换到“格式”界面，可以选择关闭 *Y* 轴，并将数据标签打开，如图 1.48 所示，字号大小、图表颜色、边框等都可在此界面进行设置。

图 1.48　关闭 *Y* 轴并打开数据标签

类似地，选择簇状条形图，将轴设置为店铺资料中的“城市”，将值设置为“销售明细”中的“增长率”，如图 1.49 所示。

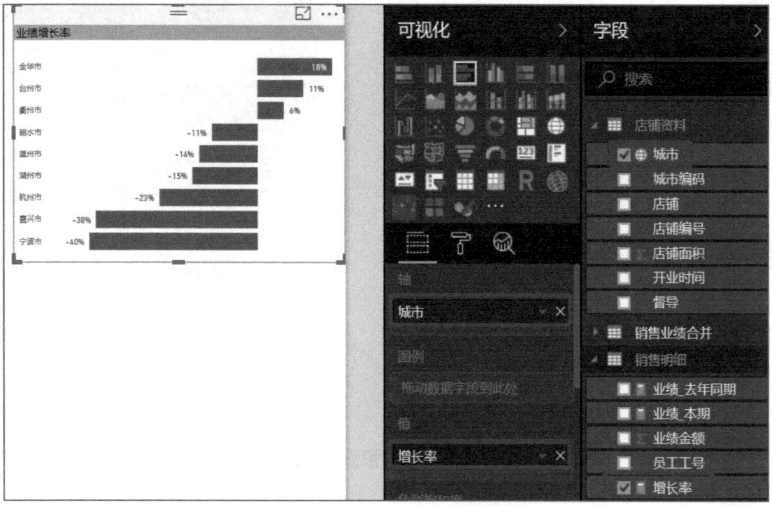

图 1.49　簇状条形图

1.2.20　制作可视化报告：环形图

在本案例中，环形图可以较好地显示业绩贡献度，设置起来也非常简单，如图 1.50 所示。

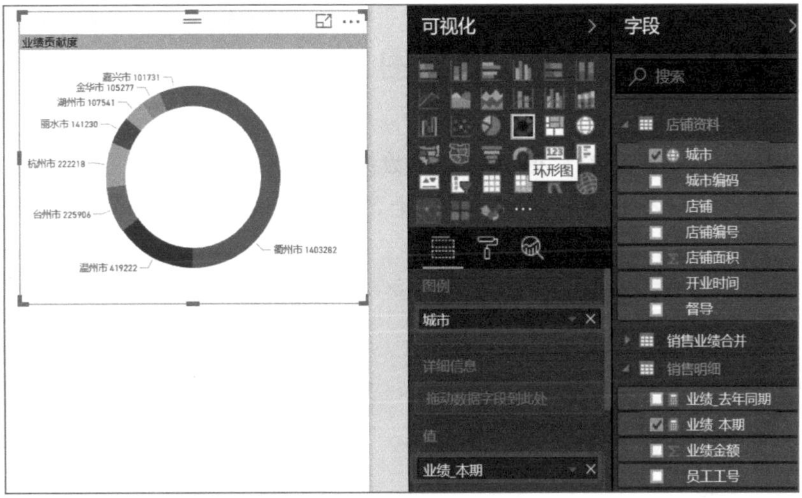

图 1.50　环形图

Power BI 的环形图格式中有“形状”选项，如图 1.51 所示，可以灵活调整环形的内半径，以达到美观或者实用的效果。

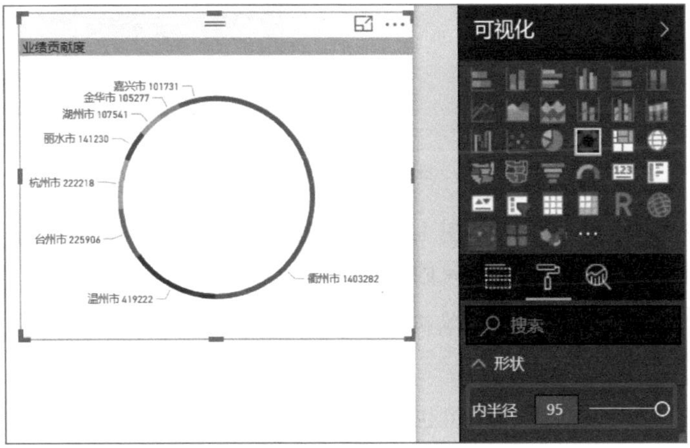

图 1.51　调整内半径

贴士

环形图内半径被调高之后，内部有一定空间，可以与卡片图叠加结合使用，体现更多内容。

1.2.21　制作可视化报告：散点图

散点图可以容纳丰富的数据信息，使数据呈现出规律。如图 1.52 所示，每个圆圈代表一个销售员，*X* 轴是客单量，*Y* 轴是客单价，圆圈的大小表示业绩的好坏。

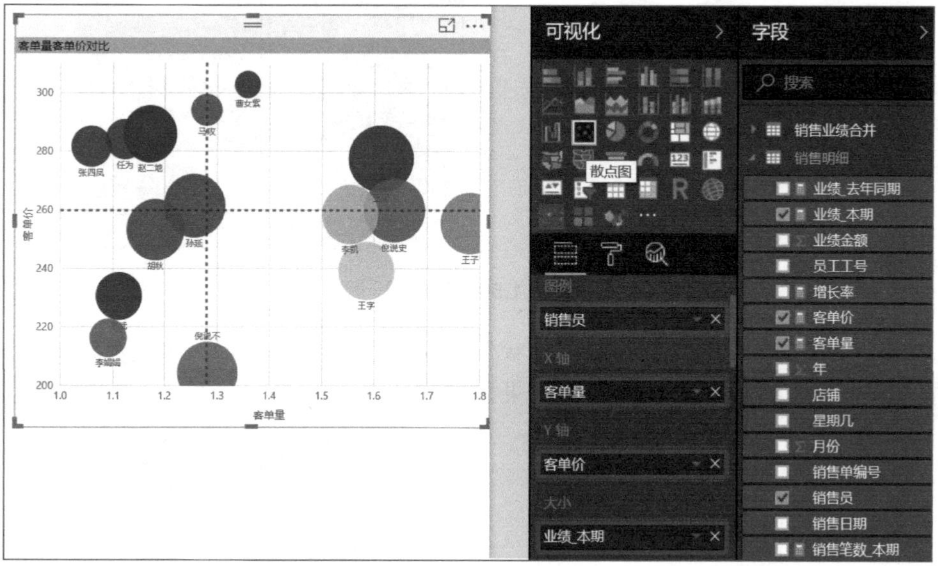

图 1.52　散点图

散点图有很多分析功能，在图 1.53 中，我们为散点图添加客单量和客单价两条中线，可以将所有人员划分为四象限。

右上角销售员客单量高、客单价也高，代表销售能力强，容易促成附加销售和高单价产品的销售；

左下角人员客单量低、客单价也低，销售能力相对较弱。

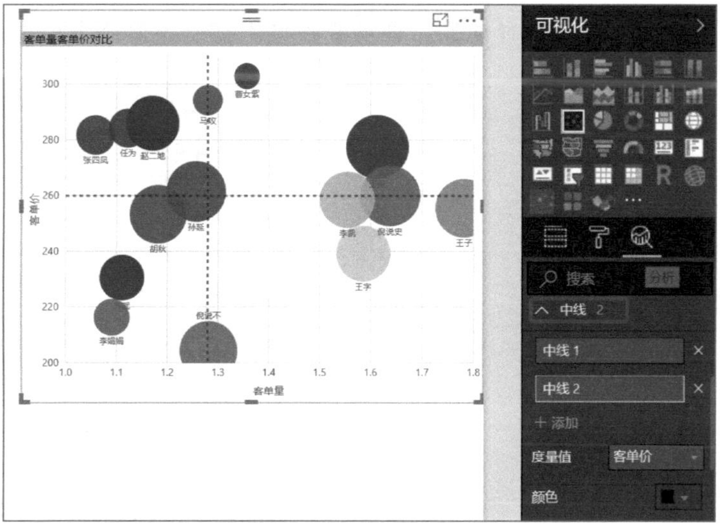

图 1.53　散点图的分析功能

类似地，在散点图中还可以添加恒线、最小值线、最大值线、平均线、百分位数线、对称底纹、比率线等，可按照业务需求灵活地进行选择。

贴士

中线、平均线是常用的分析对比分割线，当某指标有达成目标时，恒线是最好的选择，将恒线值设置为目标值即可。横/纵坐标轴的分析线并不一定要相同，可以按实际情况区别使用。

1.2.22　制作可视化报告：表

除支持各种图表之外，Power BI 也支持表格，方便我们看到明细数字。拖动相应字段到“值”区域即可完成基础设置。相比 Excel，其方便之处在于，表可以快速跨数据源生成，如图 1.54 所示。

贴士

与 Excel 当中的表格相似，Power BI 中的表也可以设置条件格式，条件格式有三种，分别是背景色、字的颜色和数据条。格式的模式也有三种，可以按色阶、规则或者自定义的字段值进行设置。设置条件格式可以方便地突出重点。

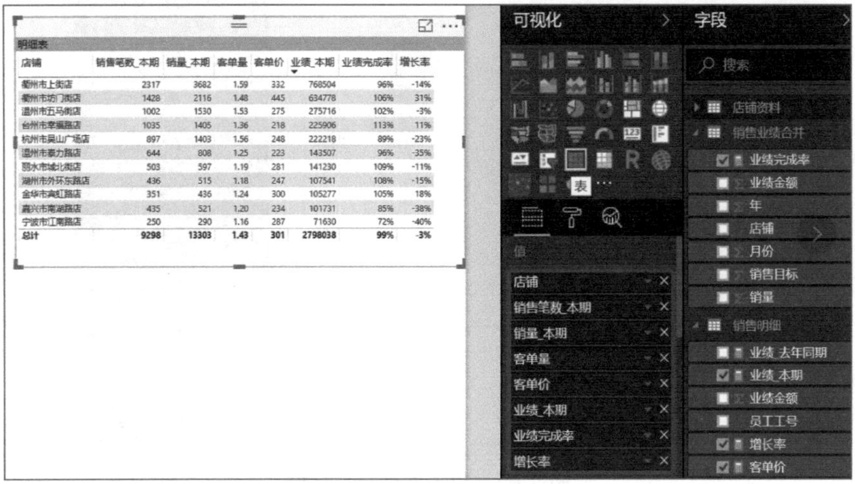

图 1.54　表

1.2.23　制作可视化报告：编辑交互

前面的章节已经完成了所有报告的制作工作。但是，当选择“城市”切片器，任意选择一个城市，比如衢州时，我们看到报告发生了如图 1.55 所示的变化。

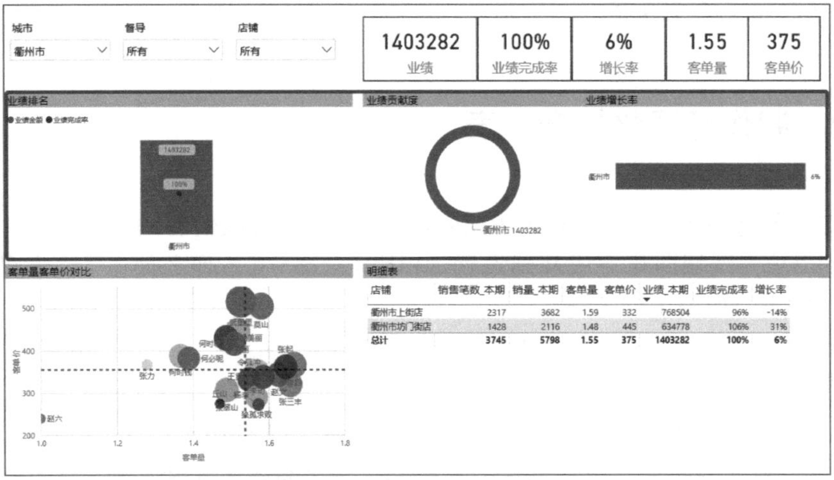

图 1.55　切片衢州后的界面

整个页面都变成了衢州市的数据，卡片图、散点图、表是我们想要的结果。但是方框处的业绩排名、业绩贡献度、业绩增长率只针对一个城市，没有对比意义，图表失去了价值。这是由于 Power BI 默认本页所有图表具有交互关系，在本例中，如果条形图、柱形图、环形图不需要随着城市变化而变化，则需要我们对交互格式进行设置。

（1）选中“城市”切片器，单击“格式”→“编辑交互”。

可以看到，除“城市”切片器之外，其他图表上方出现了对应按钮，如图 1.56 所示。

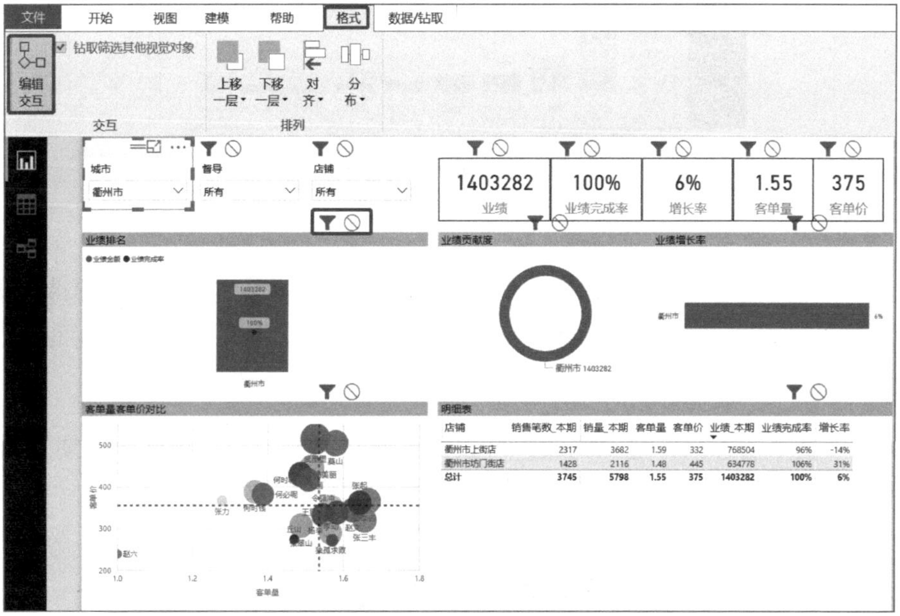

图 1.56　编辑交互

（2）选择交互方式

单击业绩排名柱形图上方的“无”按钮，可以看到，“城市”切片器不再和“业绩排名”条形图产生交互，所有城市的业绩排名都可以显示，如图 1.57 所示。

类似地，我们可以针对每一个图表设置交互方式，设置完成后，再次单击“编辑交互”按钮，恢复到非编辑状态。

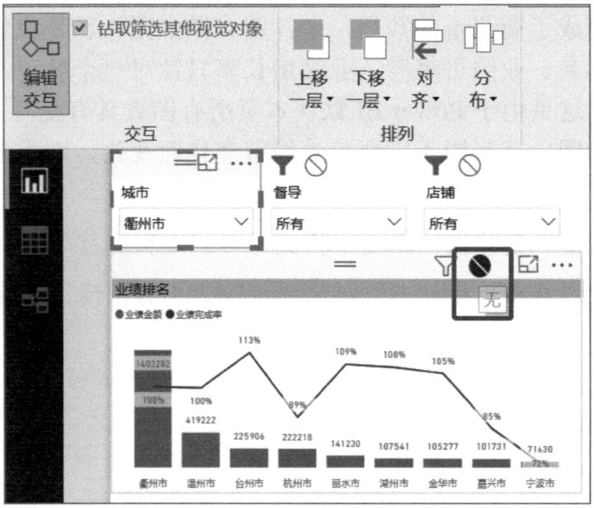

图 1.57 编辑交互方式

贴士

同一个报告界面的交互方式不宜太过复杂，否则不易于读者理解报告内容。图表的交互是相互的，甲和乙取消交互并不意味着当乙图表条件发生变化时，甲不发生变化。

至此，整个动态报告建立完成，可按需选择自己要的查看维度。后期数据更新后，单击“刷新”按钮，整个报告的数据即发生变化。

1.2.24 制作可视化报告：典型自定义图表介绍

除了默认的图表之外，可在 Power BI 市场找到丰富的扩展图表。

（1）Infographic Designer 可将条形图、柱形图转换为自定义形状，如服饰从业者可按照鞋服样式展示图表，房地产行业可按照房屋展示。图 1.58 为该图表获取界面。

（2）Chiclet Slicer 可以将图片设置为切片器，切片器格式也有更丰富的选择。该图表同时具有强制切片功能。图 1.59 为该图表获取界面。

图 1.58　Infographic Designer 获取界面

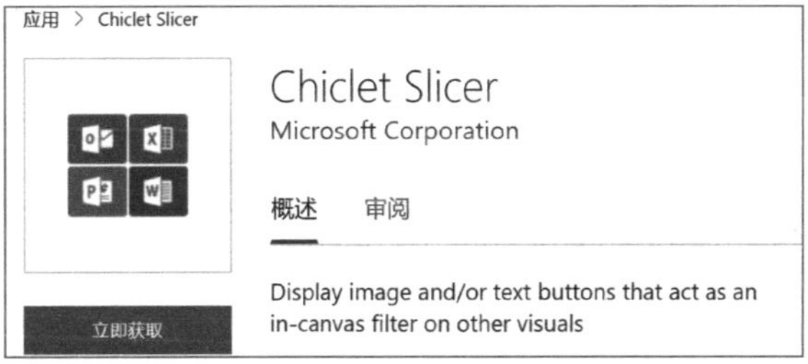

图 1.59　Chiclet Slicer 获取界面

（3）Enhanced Scatter 是加强版散点图，可将散点中的圆圈变更为多种形状。图 1.60 为该图表获取界面。

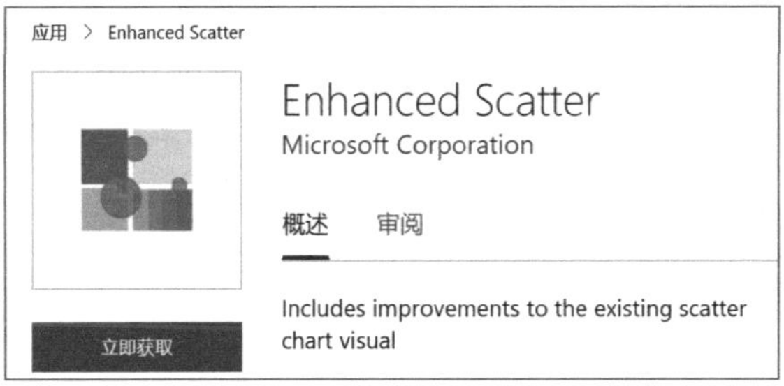

图 1.60　Enhanced Scatter 获取界面

1.3　总结

本章介绍了 Power BI 的主要组件，并以构建动态销售报告为例讲解了 Power BI Desktop 的基础操作。

在数据处理环节，通过获取文件夹数据可以导入相同格式的数据，通过获取

Excel 数据可以导入不同格式的数据；通过删除列、筛选、提升标题、填充、分列、插入日期等对数据源进行处理，达到使用需求；通过合并查询调用不同数据源中的字段；通过分组对数据进行透视汇总。

在模型搭建环节，通过建立关系可以在数据源之间进行调用，无须所有字段在同一个数据源；使用 DIVIDE 进行安全除法；使用 CALCULATE 进行度量值内部信息提取；使用 DISTINCTCOUNT 进行非重复计数。

在图表设置环节，数据范围的选择可使用切片器实现；单个指标重点显示可使用卡片图实现；散点图可以显示较多的数据维度并具备丰富的分析功能；当内置图表不能满足使用需求时，可在市场中寻找更多的自定义图表；必要时进行编辑交互设置，以防部分图表异常显示。

1.4 延伸阅读：DAX函数索引

DAX 是 Power Pivot 和 Power BI 建模的核心，本章使用的 SUM、CALCULATE、DISTINCTCOUNT 等都属于基本的 DAX 函数，后续章节还会讲到更多函数的应用。与 Excel 函数类似，DAX 函数种类非常广泛。有没有途径可以快速对 DAX 函数进行查询？2018 年 9 月，意大利的 SQLBI 团队上线了 DAX.GUIDE 网站，可以达到我们的使用需求。

1. 索引方式

DAX.GUIDE 的索引方式有三种，可以按字母顺序查看函数内容，也可以分组查询，还可以自定义搜索，如图 1.61 所示。

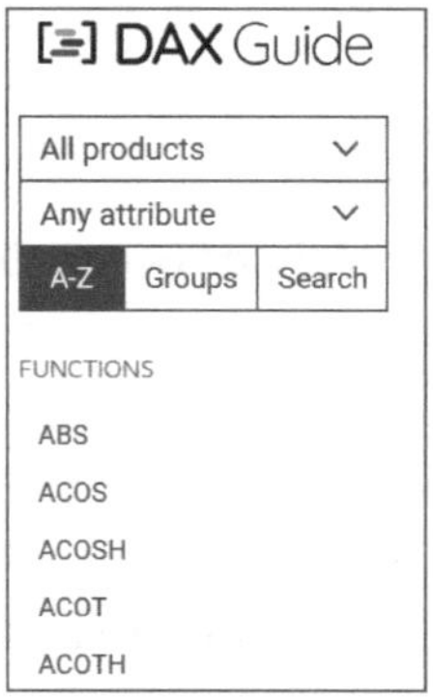

图 1.61　DAX.GUIDE 的索引方式

2．包含内容

以 ALLEXCEPT 这个函数为例，网站内容包含该函数的语法、范例及相应的介绍文章，如图 1.62～图 1.64 所示。

Syntax

```
ALLEXCEPT ( <TableName>, <ColumnName> [, <ColumnName> [, … ] ] )
```

PARAMETER	ATTRIBUTES	DESCRIPTION
TableName		The name of an existing table.
ColumnName	Repeatable	A column whose filtering is to be retained. It can be part of the expanded table. A table of the expanded table can be specified, too.

图 1.62　DAX 语法

Examples

Remove filters from all the columns of the Customer table but City.

```
ALLEXCEPT ( Customer, Customer[City] )
```

COPY　DAX CONVENTIONS　FORMAT CODE WITH DAX FORMATTER

图 1.63　DAX 范例

Related articles

Learn more about ALLEXCEPT in the following articles:

- **Managing "all" functions in DAX: ALL, ALLSELECTED, ALLNOBLANKROW, ALLEXCEPT**
  This article provides a complete explanation of the behavior of the ALLxxx functions in DAX. When used as filters in CALCULATE, ALLxxx functions might display unexpected behaviors. » Read more
- **Using ALLEXCEPT versus ALL and VALUES**
  This article describes the semantic difference between ALLEXCEPT and the joint use of ALL and VALUES, showing practical examples of the different results in Power BI and SSAS 2016. » Read more
- **Expanded tables in DAX**
  Expanded tables are the core of DAX; understanding how they work is of paramount importance. This article provides a theoretical foundation of what expanded tables are, along with fundamental concepts useful when reading DAX code. » Read more

图 1.64　DAX 相关介绍文章

Power BI 用户不妨把它作为常备工具，随时进行检索。

2

第 2 篇

爬虫案例

第 2 章

抓取历史天气数据

许多行业受天气影响较大。如果知道某地区的历史天气状况，就可以给销售数据赋予更多内涵，给我们今天判断问题做出更好的参考。本章将以陕西省主要城市为例，讲解如何通过 Power BI 构建爬虫抓取历史天气数据。本案例的数据形式也是网页数据中最简单的一种——表格，读者通过学习可以制作如图 2.1 所示的天气报告。

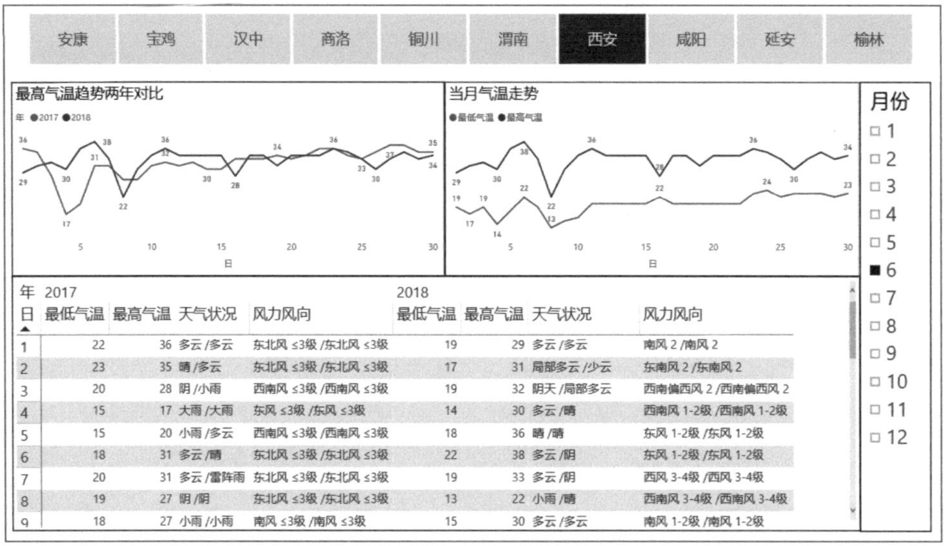

图 2.1 天气报告

2.1　分析URL结构

2.1.1　确定城市列表

我们分析的是陕西省主要城市的天气，因此首先要找到该省的城市列表在网站的哪个页面。然后，需要确定每个城市的链接和页面内容有什么相同之处和不同之处，并找到其中的规律。

（1）确定城市列表

打开天气预报的“历史天气”栏目，可以看到陕西省的城市列表，如图 2.2 所示。

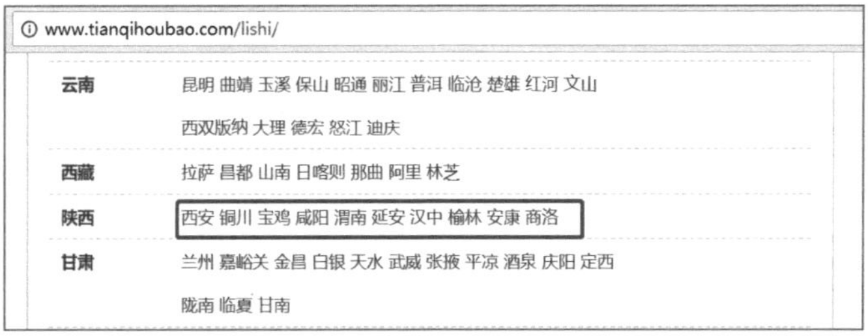

图 2.2　陕西省主要城市列表

（2）确定城市链接

打开以上列表中的任意城市界面，可以看到页面内容为西安市各年度历史天气列表，URL 有西安的拼音“xian”字样，如图 2.3 所示。由此我们可以确定每个城市的链接规律。

图 2.3　西安市历史天气界面

2.1.2　确定单月 URL

确定了单个城市的规律后，需要把规律进行进一步深挖，直到具体时间段。单击图 2.3 中的任意月份链接，进入单月天气，可以看到：

- URL 发生了变化，如末尾增添了“201701”字样；
- 当月每天的日期以表格形式规范呈现，如图 2.4 所示。

www.tianqihoubao.com/lishi/xian/month/201701.html

西安历史天气预报 2017年1月份

日期	天气状况	气温	风力风向
2017年01月01日	阴 /多云	8℃ / 0℃	东风 ≤3级 /东风 ≤3级
2017年01月02日	霾 /霾	8℃ / 2℃	东风 ≤3级 /东风 ≤3级
2017年01月03日	霾 /霾	8℃ / 0℃	东风 ≤3级 /东风 ≤3级
2017年01月04日	霾 /霾	10℃ / 4℃	东北风 ≤3级 /东北风 ≤3级
2017年01月05日	小雨 /小雨	6℃ / 4℃	东风 ≤3级 /东风 ≤3级
2017年01月06日	小雨 /小雨	5℃ / 2℃	东风 ≤3级 /东风 ≤3级
2017年01月07日	阴 /多云	6℃ / -1℃	东风 ≤3级 /东风 ≤3级
2017年01月08日	多云 /多云	6℃ / -2℃	东北风 ≤3级 /东北风 ≤3级

图 2.4　西安市单月每天天气状况

由此可以判断，各个城市的历史天气有两个变量：城市拼音及年月。变化这两个因子即可得到各个城市各个月份每天的日期状况。

贴士

当抓取天气预报信息时，分析 URL 结构的思路与分析历史天气 URL 的思路相同，历史天气用来回顾过去，天气预报信息也可被抓取，应用于受天气影响的行业报告中。

2.2　构建爬虫主体

由 2.1 节我们确定了不同城市、不同日期的网页页面规律。由此可知，我们建立一个城市列表及一个日期列表，将这两个列表设置为变量参数，并将这两个参数引入 URL，即可抓取多个城市、多个月份的天气数据。

2.2.1　建立城市列表

城市列表可以通过导入 Excel 文件建立，当更新 Excel 文件时，在 Power BI 中刷新即可得到最新城市数据。但这样会导致 Power BI 有一个外置文件，显得很烦琐。此处介绍一种直接在 Power BI 内部新建城市列表的方法。

（1）输入数据

在“开始”选项卡下，选择“输入数据”，在第一列输入“西安”，单击下方的星号即可新增一行输入下一个城市，单击右侧的星号即可新增一列输入拼音，如图 2.5 所示。

图 2.5　输入数据

贴士

可以手工输入数据，当外部有数据源时，也可直接将数据源中的数据复制到图 2.5 所示的表格中。

（2）更改标题及名称

双击“列 1”“列 2”，可将标题更改为“城市名称”和“拼音”，在左下方可对表格名称进行变更，如图 2.6 所示。变更完成后单击“编辑”按钮进入下一步，添加日期。

图 2.6　更改标题及名称

2.2.2　建立日期列表

日期列表同样可以使用外部 Excel 文件新建，但也会面临烦琐的问题。不同于城市列表，日期涉及范围可能非常大，导致有非常多的列，手工输入并不高效。通过 M 函数我们可以快速高效地生成指定日期段的每一个日期。

（1）添加开始日期和结束日期

通过添加自定义列，添加需要提取数据的时间段。图 2.7 所示为添加开始日期，类似地，结束日期可通过添加自定义列#date(2018,6,30)来实现。

图 2.7　添加开始日期

添加后的结果如图 2.8 所示。

	城市名...	拼音	开始日期	结束日期
1	西安	xian	2017/1/1	2018/6/30
2	铜川	tongchuan	2017/1/1	2018/6/30
3	宝鸡	baoji	2017/1/1	2018/6/30
4	咸阳	xianyang	2017/1/1	2018/6/30
5	渭南	weinan	2017/1/1	2018/6/30
6	延安	yanan	2017/1/1	2018/6/30
7	汉中	hanzhong	2017/1/1	2018/6/30
8	榆林	yulin	2017/1/1	2018/6/30
9	安康	ankang	2017/1/1	2018/6/30
10	商洛	shanglv	2017/1/1	2018/6/30

图 2.8　开始日期和结束日期

贴士

首次搭建时建议缩小数据范围，先以较小的数据量进行测试，后续再对范围进行变更。

（2）添加每一天

按照图 2.9 所示添加设定日期段的每一天，注意在提取时需要用 Number.From 将日期转换为数值。提取完成后，再将格式变更为日期。

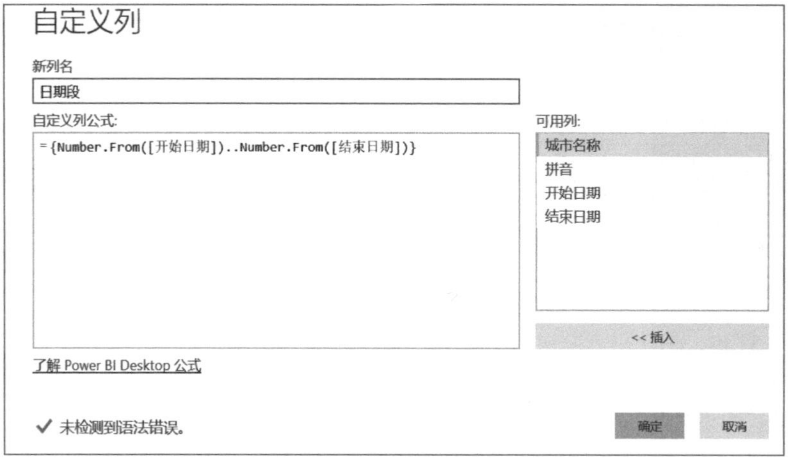

图 2.9　添加每一天

贴士

日期之间如需运算，请注意格式转换问题。Number.From 将参数值转换为数值。

将表展开，得到如图 2.10 所示的结果。

	城市名...	拼音	开始日期	结束日期	日期段
1	西安	xian	2017/1/1	2018/6/30	2017/1/1
2	西安	xian	2017/1/1	2018/6/30	2017/1/2
3	西安	xian	2017/1/1	2018/6/30	2017/1/3
4	西安	xian	2017/1/1	2018/6/30	2017/1/4
5	西安	xian	2017/1/1	2018/6/30	2017/1/5
6	西安	xian	2017/1/1	2018/6/30	2017/1/6
7	西安	xian	2017/1/1	2018/6/30	2017/1/7
8	西安	xian	2017/1/1	2018/6/30	2017/1/8
9	西安	xian	2017/1/1	2018/6/30	2017/1/9
10	西安	xian	2017/1/1	2018/6/30	2017/1/10

图 2.10　完整日期结果

（3）转换日期格式

若日期格式并不是 URL 中的形式，则可通过添加自定义列，使用 Date.ToText 对格式进行转换，如图 2.11 所示。

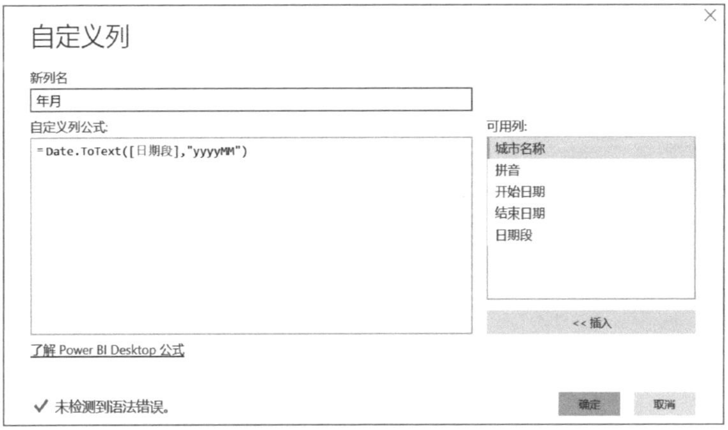

图 2.11　转换日期格式

贴士

在 Query 中使用 Date.ToText 可以将日期灵活地变更为想要的格式。

（4）添加年、月列

按照图 2.12 所示的路径分别添加年、月列，以备后期筛选使用。

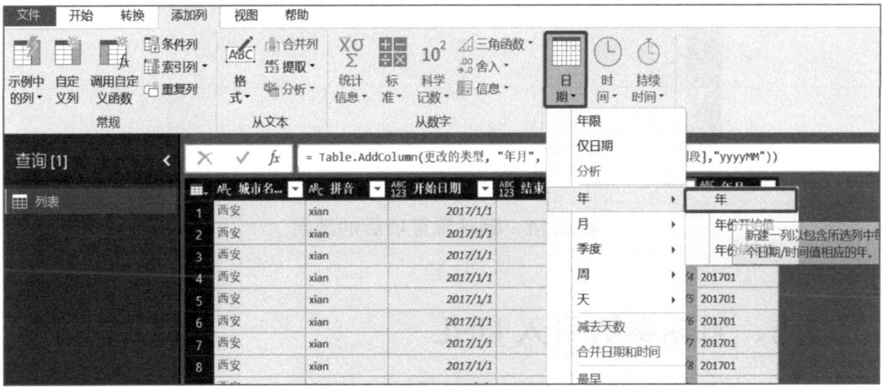

图 2.12　添加年、月列

（5）删除重复项

要想删除“开始日期”“结束日期”“日期段”这些中间字段，可选中整张表，然后单击“删除行”→“删除重复项”，如图 2.13 所示。

这样，每个城市就保留了唯一月份值。图 2.14 显示了西安市的最终列表。注意检查“拼音”与“年月”字段的格式，URL 要求这两个字段是文本格式的。

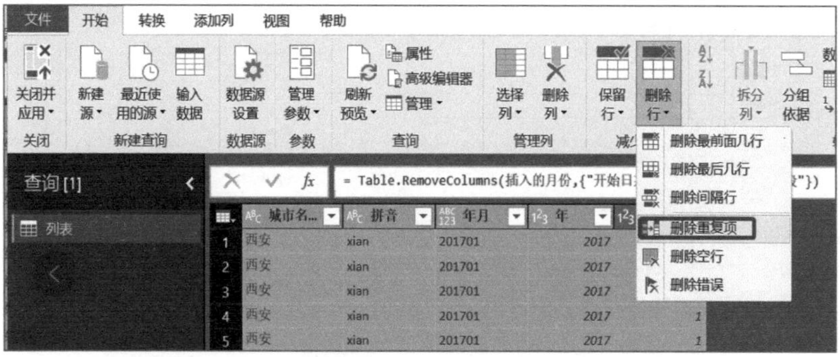

图 2.13　删除重复项

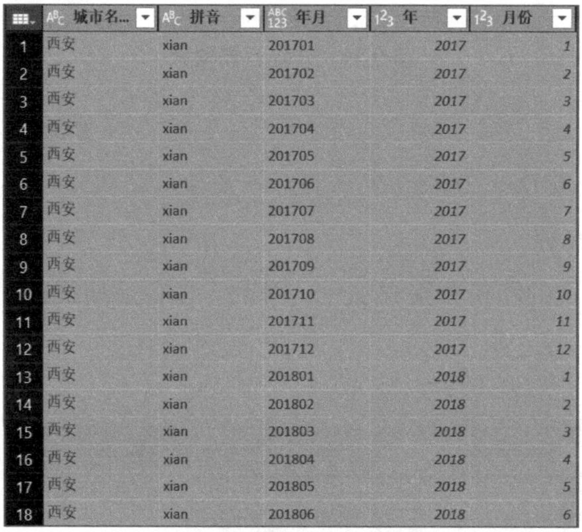

	城市名...	拼音	年月	年	月份
1	西安	xian	201701	2017	1
2	西安	xian	201702	2017	2
3	西安	xian	201703	2017	3
4	西安	xian	201704	2017	4
5	西安	xian	201705	2017	5
6	西安	xian	201706	2017	6
7	西安	xian	201707	2017	7
8	西安	xian	201708	2017	8
9	西安	xian	201709	2017	9
10	西安	xian	201710	2017	10
11	西安	xian	201711	2017	11
12	西安	xian	201712	2017	12
13	西安	xian	201801	2018	1
14	西安	xian	201802	2018	2
15	西安	xian	201803	2018	3
16	西安	xian	201804	2018	4
17	西安	xian	201805	2018	5
18	西安	xian	201806	2018	6

图 2.14　删除重复项后的结果

2.2.3　城市、日期参数引入 URL

城市列表和日期列表有了，下一步是使这两个列表与 URL 发生关联，将一个固定的 URL 转换为动态 URL。通过自定义列可以快速实现这种关联，并提取指定城市和日期对应网页的天气数据。

（1）新建自定义列

将 URL 的城市及年月部分替换为查询中的城市拼音及年月列表，并使用 Web.Page 和 Web.Contents 提取网页内容，如图 2.15 所示。

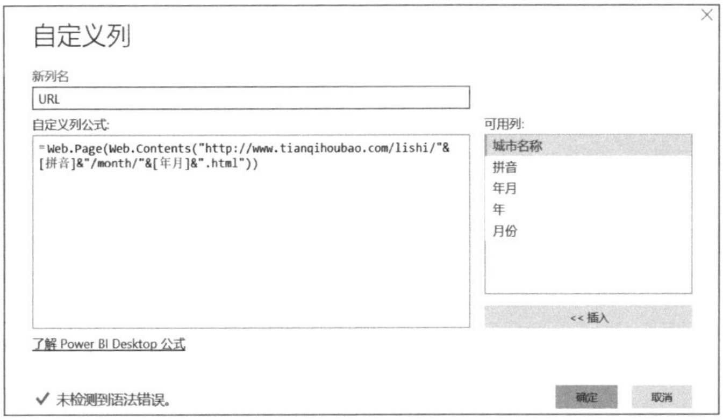

图 2.15　Web 信息提取自定义列

如果过程中提示隐私信息，则按图 2.16 进行相应设置即可。

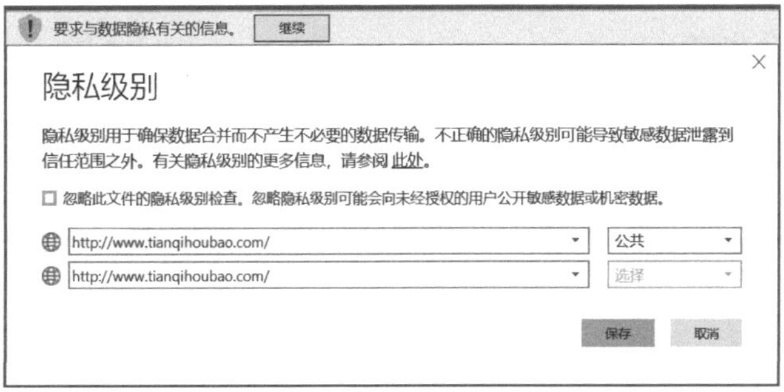

图 2.16　隐私提示

（2）将 URL 列展开

展开新建的 URL 列，如图 2.17 所示，只选择“Data”和“Source”，“Source”只选择“Table”。

图 2.17　展开 URL

（3）展开 Data

展开“Data”列，将四列全部选中，如图 2.18 所示。

图 2.18　展开 Data

（4）删除多余内容

选中日期列，通过筛选去掉标题、空白行等多余的行，只保留日期，并手动更改“Column1”等字样，如图 2.19 所示。

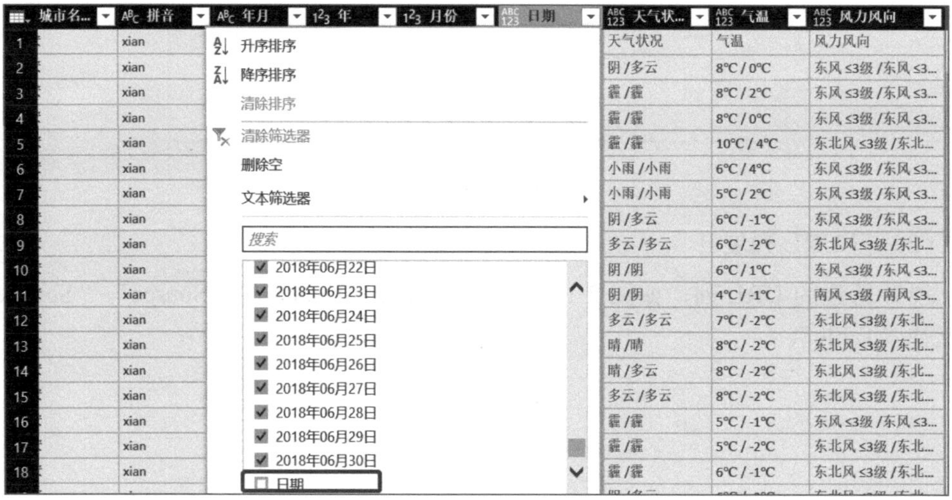

图 2.19　删除多余内容

（5）最高气温、最低气温的拆分

要将最高气温和最低气温用“/”隔开，可按照图 2.20 所示方式，用分隔符进行拆分。

图 2.20　拆分气温列

拆分后用替换的方式将摄氏度符号去掉，并将气温格式调整为数值，如图 2.21 所示。

图 2.21　去掉摄氏度符号

贴士

替换不仅可以用来替换正常的值，而且当数据源中有一些错误显示时，可在“替换值”下拉列表中选择“替换错误”，将错误显示为 0 值或空值，以便后面的操作继续进行。

通过以上步骤，爬虫主体即构建完成，我们获取了 2017 年 1 月 1 日到 2018 年 6 月 30 日的全部数据。关闭并应用后即可进行图表制作。

2.3 制作可视化报告

本章全部使用内置的可视化图表完成报告制作。使用不同形式的切片器切换城市和月份，查看对应城市、月份的天气走势；使用折线图进行气温时间趋势上的展示；使用矩阵查看具体明细。

2.3.1 隐藏不需要的字段

当字段太多时，会影响字段选择效率，可切换到数据视图，按照图 2.22 所示的方式将不需要的字段隐藏。

图 2.22 隐藏字段设置

隐藏后报表视图将不会显示对应的字段，如图 2.23 所示。

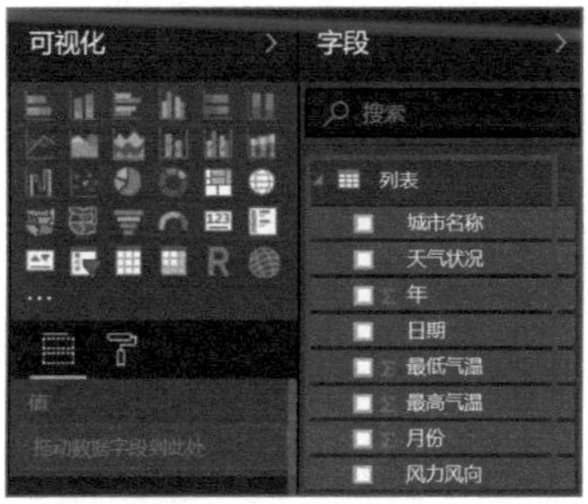

图 2.23　隐藏“拼音”和“年月”字段

2.3.2　制作城市和月份切片器

将城市名称设置为切片器字段，并将方向设置为水平，如图 2.24 所示。

将月份设置为另外一个切片器字段，将方向设置为垂直，如图 2.25 所示，并将切片器按照图 2.1 排版。

图 2.24　城市切片器设置

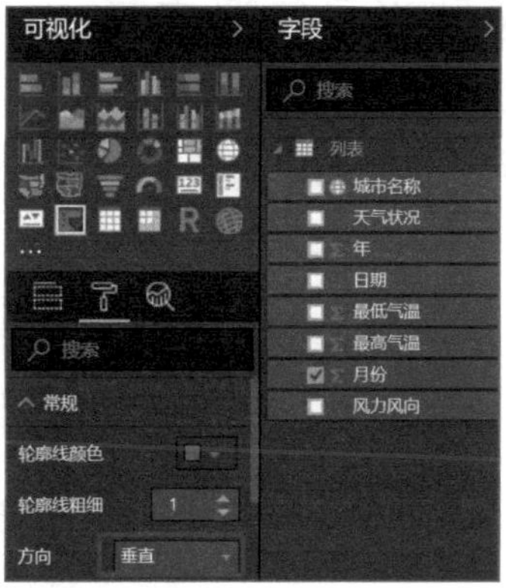

图 2.25　月份切片器设置

2.3.3　设置最高气温走势两年对比

选择折线图，按照图 2.26 设置字段，轴为“日期”，图例为“年”，值为“最高气温。注意日期层级结构选择“日”。

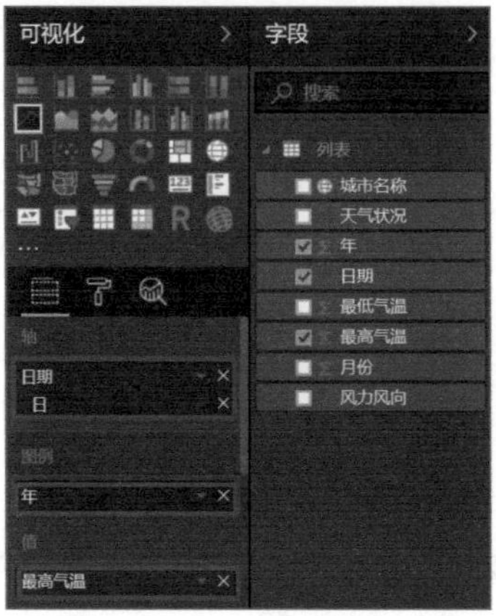

图 2.26　最高气温走势

贴士

Power BI 可以将日期自动进行层次显示，分为年、季度、月、日。报表制作者可以按需保留相应层级，或直接按日期显示。

2.3.4　设置当月气温走势

选择折线图，按图 2.27 设置字段。轴为“日期”，值为“最低气温”和“最高气温”。

图 2.27　当月气温走势设置

贴士

灵活使用日期层级格式可减少后台处理工作。

需要注意将当月气温年份在视觉级筛选器中进行如图 2.28 的设置。

图 2.28 视觉筛选器设置

贴士

当图表需要局部数据时，可通过视觉级筛选器、页面级筛选器或报告级筛选器进行筛选，视觉级筛选器筛选条件作用于当前图表，页面级筛选器筛选条件作用于当前页面，报告级筛选器筛选条件作用于整个报告。

2.3.5 设置气温明细矩阵

通过矩阵对两年气温、风向、天气状况明细进行对比，按照图 2.29 进行字段设置。将行设置为“日期”，列为“年份”，值为“最低气温”“最高气温”“天气状况”和“风力风向”。这样，日期按纵向排列，时间按横向排列，可以方便对比两年的不同状况。

贴士

矩阵的作用类似于 Excel 中的数据透视表，行、列可以有多个字段。

通过以上操作即完成了全部动态报告的制作。

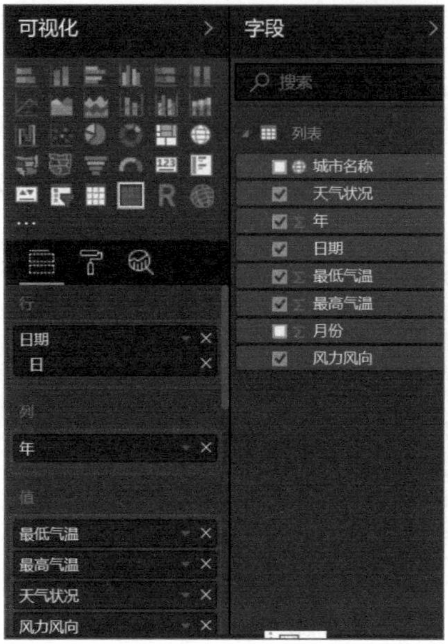

图 2.29　矩阵设置

2.4　总结

通过前面的学习，我们顺利抓取了陕西省各城市一年半的天气数据：

- URL 规律的识别是整个爬虫的开端；
- 通过 Power BI 的输入数据功能建立虚拟的城市列表表格，通过日期的计算建立完整的日期列表，这两个列表合起来构成爬虫的阶梯；
- 将城市与日期列表引入 URL，通过 Web.Contents 提取网页内容是爬虫的核心。

2.5　延伸阅读：常用的日期型M函数

在实际工作中，有时业务逻辑比较复杂，或者数据源不规范，仅凭点击鼠标无法满足对时间维度的分析需求，需要我们使用函数进行处理。下面介绍几种常用的日期型 M 函数，这些函数的使用方式与 Excel 公式的操作方式有所区别。

2.5.1　动态提取当前日期

假设我们每天需跟踪截止到前一天的销售数据，前一天是个相对的位置。12 月 17 日的前一天是 12 月 16 日，12 月 16 日的前一天是 12 月 15 日。如何脱离手工，使当前日期动态变化？

图 2.30 通过 DateTime.Date 与 DateTime.LocalNow()嵌套抓取了当前日期。在 Power BI 中可以通过建立卡片图的方式告知用户数据截取时间，还可以与其他数据进行关联以便下一步建模及图表展现，如图 2.31 所示。

图 2.30　DateTime.Date(DateTime.LocalNow())

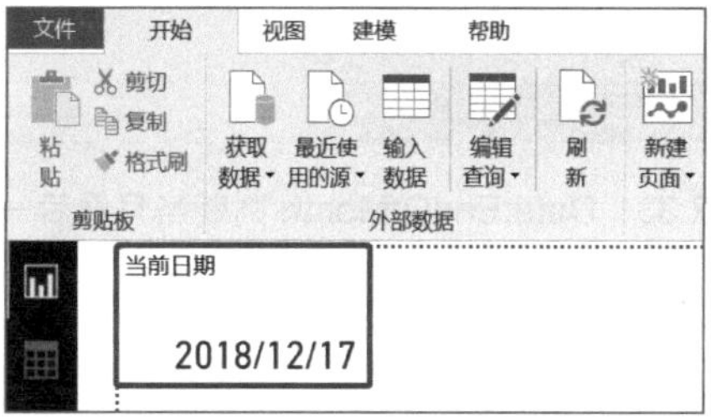

图 2.31　今日卡片图

2.5.2　计算上月月底

在每个月月初，我们都要回顾上个月的销售数据，数据截止到月底最后一天。如果数据中有完整的日期列，那么可以直接单击鼠标找到最后一天。但有时候，数据源不会这么规整，或者我们需要更灵活地使用。结合上一节产生的当前日期可以试试。

在上一节我们用函数生成了当前日期，即假定为 12 月 17 日。要想判断上个月最后一天是几日，需先判断上个月是哪个月，如图 2.32 所示。

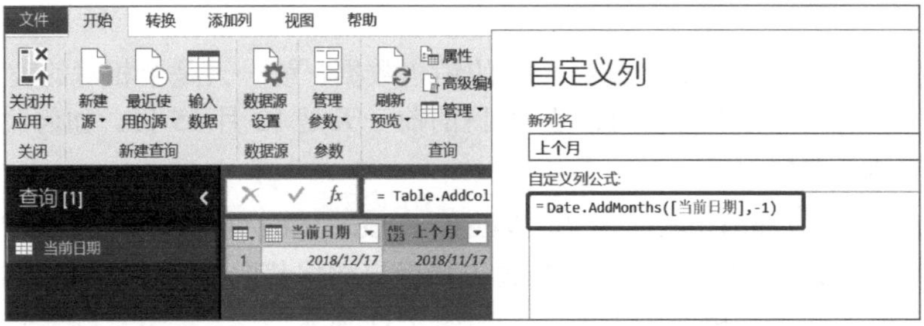

图 2.32　用 Date.AddMonths 倒推上个月是几月

接下来判断当月最后一天是哪一天，如图 2.33 所示。

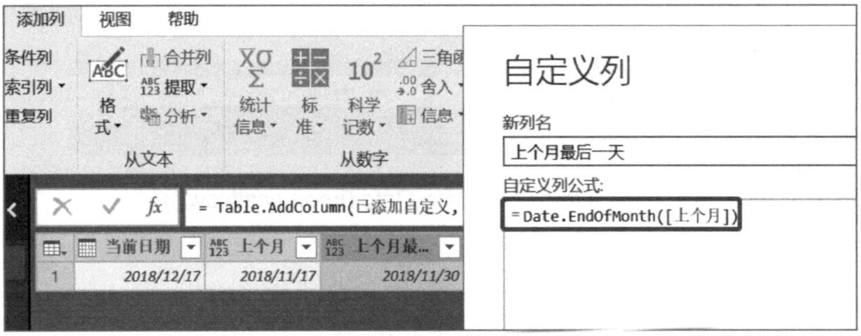

图 2.33　Date.EndOfMonth 判断当月最后一天

这样就完成了上个月最后一天的提取，以上过程进行了分拆，实际可嵌套使用，一步完成。

更为复杂的情况是数据源不规范的情况，我们需要按图 2.34 所示提取上个月和上上个月的最后一天，进行环比对比。

图 2.34　不规范的日期描述

可以借助 if 语句将以上提到的公式嵌套实现，如图 2.35 所示。

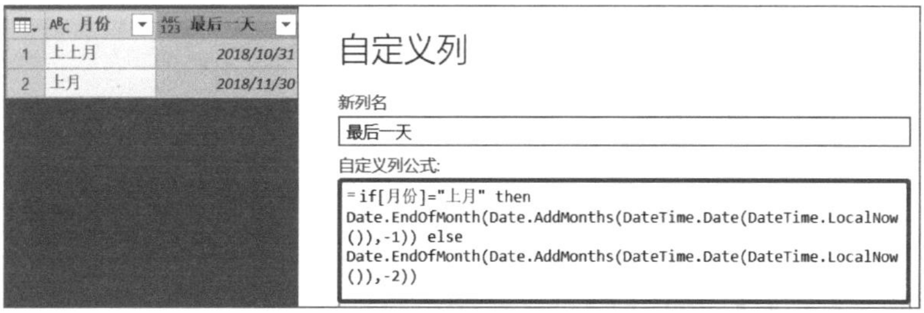

图 2.35　对不规范月份描述的处理

第 3 章

抓取豆瓣电影数据

除规范的表格数据之外，互联网上绝大部分数据都是非结构化的。本章以豆瓣电影 Top250 为例，讲解如何抓取非结构化数据。图 3.1 所示是抓取结果。使用切片器可以查看不同排名区间与评分区间的电影详细状况。

图 3.1　豆瓣电影 Top250 抓取结果

3.1　分析网页结构

通过分析豆瓣电影 Top250 网址规律及内容规律确认抓取方向，即：从哪里抓取，抓取的网址有什么特点，是否有统一的规律；抓取什么，抓取的内容分布在页面的什么位置，有什么规律。这是后续进行 Power BI 操作的基础。

3.1.1　分析 URL 规律

打开豆瓣电影 Top250 首页，我们可以观察到图 3.2 所示的信息。

- 可观测到网址。
- 可观测到页面分为 10 页，每页显示 25 部电影。

图 3.2　豆瓣电影 Top250 首页

我们将页面切换到第二页后，发现 URL 发生了变化，变为图 3.3 中所示。

切换到第三页，“start”后面的数字变为了 50。由此，我们确定每一页的页面 URL 中的数字按照等差数列变化。

图 3.3 第二页 URL

贴士

有时第一页的 URL 无法反映所有页面状况，需多次翻页寻找规律。

3.1.2 分析页面内容

由图 3.3 可知，每条内容左侧为电影海报，上方为电影名称，中间是导演、演员、上映年份、所属国家等信息，往下是目前豆瓣评分以及评价人数，最后是一句话评论。我们可以选择全部或者部分信息进行抓取。

3.2 创建爬虫主体

由 3.1 节我们确定了豆瓣电影 Top250 URL 和页面内容的规律。不同于天气数据，电影数据为非结构化数据，因此我们首先需要使 Power BI 识别单页内容规律，然后依据页面变化规律构建爬虫主体。

3.2.1 构建爬虫函数

电影内容并不是表格，可首先将第一页数据导入 Power BI，使用“示例提取表”功能将第一页中每部电影相关内容转换为表格。然后将固定 URL 转换为动态 URL，使用参数功能逐一提取每一页内容。

（1）打开预览功能

打开空白 Power BI 文件，在“文件”→“选项”设置中，按照图 3.4 勾选“新的通过 Web 体验”（2018 年 6 月版本，微软对 Power BI 更新比较频繁，后续路径可能有所变化，或取消预览直接内置）。

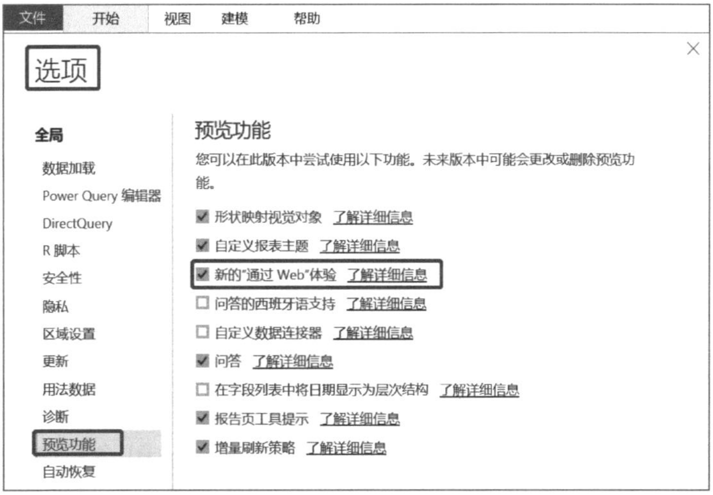

图 3.4　打开 Web 预览

（2）从 Web 获取数据

选择从 Web 获取数据，URL 填写豆瓣电影 Top250 首页链接，如图 3.5 所示。

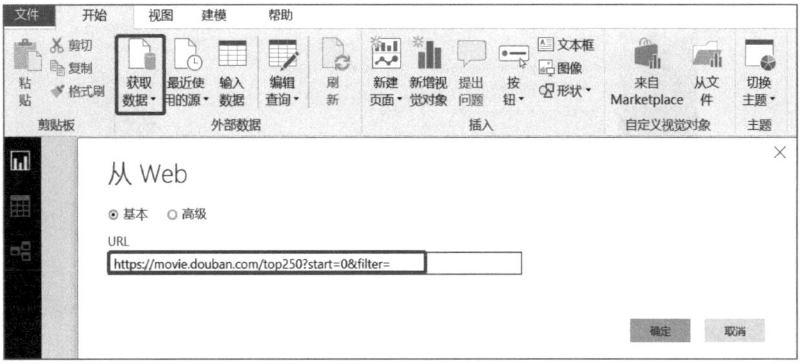

图 3.5　从豆瓣电影 Top250 首页获取数据

（3）使用示例提取表

在弹出的导航器中选择“使用示例提取表”，如图 3.6 所示。

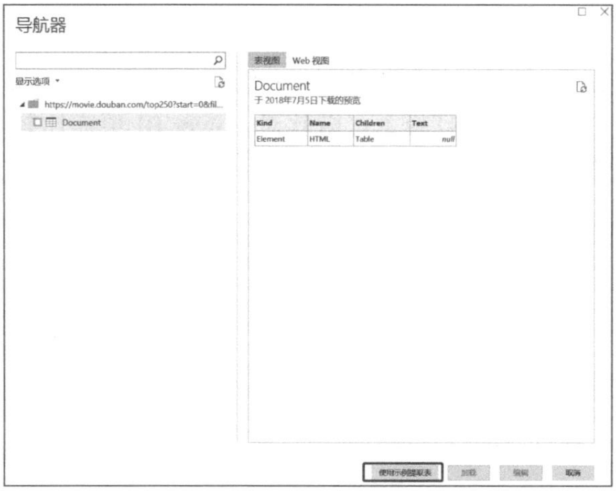

图 3.6　使用示例提取表

（4）手动输入若干提取内容

在图 3.7 所示的对话框中，新建四列，并输入标题（本例提取电影名称、评分、评价数量、评语四项信息）。输入矩形框中的内容，Power BI 会自动识别其他内容。例如输入排名第一和第二的电影名称，该页后续的电影名称会自动显示。需要注意的是，需要检查每个字段是否显示完全。比如本案例会发现电影抓取数量不足 25，经检查发现《千与千寻》未抓取，在相应行次输入“千与千寻”后，所有数据识别完全。

	名称	评分	评价数量	评语
1	肖申克的救赎	9.6	1070844人评价	希望让人自由。
2	霸王别姬	9.5	780850人评价	风华绝代。
3	这个杀手不太冷	9.4	997703人评价	怪蜀黍和小萝...
4	阿甘正传	9.4	849415人评价	一部美国近现...
5	美丽人生	9.5	496460人评价	最美的谎言。
6	泰坦尼克号	9.3	788635人评价	失去的才是永...
7	千与千寻	9.3	795388人评价	最好的宫崎骏...
8	辛德勒的名单	9.4	450514人评价	拯救一个人，...
9	盗梦空间	9.3	883396人评价	诺兰给了我们...
10	机器人总动员	9.3	579867人评价	小瓦力，大人...
11	三傻大闹宝莱坞	9.2	796194人评价	英俊版憨豆，...

图 3.7　手动输入若干内容

贴士

在输入内容时，如果内容较长，则可直接在浏览器复制，粘贴到 Power BI 中。另外有可能遇到无法识别内容的情况，可以多输入几个内容以便系统识别规律。最后，页面显示的单个内容可能是由若干部分组成的，可适当对输入进行拆分测试，检查识别状态。

（5）创建页码参数

在 Power Query 后台将查询更改为可识别的“电影”，新建页码参数，注意须将参数设置为文本格式，如图 3.8 所示。

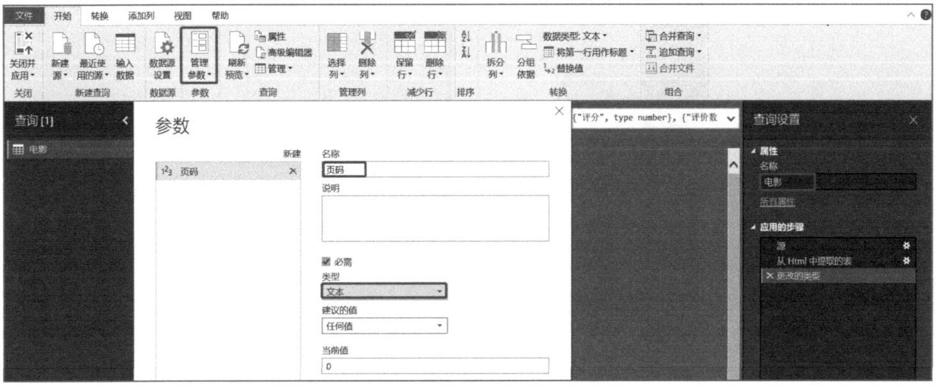

图 3.8　新建页码参数

（6）将页码参数插入 URL

单击“电影”查询“源”右侧的“设置”按钮，切换到“高级”，将整个 URL 拆分为三段，将数值“0”变更为上一步新建的页码参数，如图 3.9 所示。

图 3.9　页码参数插入 URL

贴士

本例 URL 只有一个页码变量，当 URL 结构比较复杂、有多个变量时，可新建多个参数添加到 URL 中。

（7）创建函数

选中“电影”查询，单击鼠标右键创建函数，取名为“Top 电影提取”，如图 3.10 所示。

图 3.10　创建函数

3.2.2　构建页码列表

页码列表可使用 Excel 工作簿导入，也可手动输入，但二者都不简便。用 Power Query 中的 List 相关函数可以方便地新建等差数列，适用于类似豆瓣电影 0, 25, 50, … 这类序列。这种方式可以作为最优选择。

（1）新建空白查询

按照图 3.11 所示的方式新建一个空白查询。

（2）构建页码列表

使用 List.Numbers 构建页码列表，第一个参数代表从 0 开始，第二个参数代表

10 个值，第三个参数代表间隔 25，如图 3.12 所示。

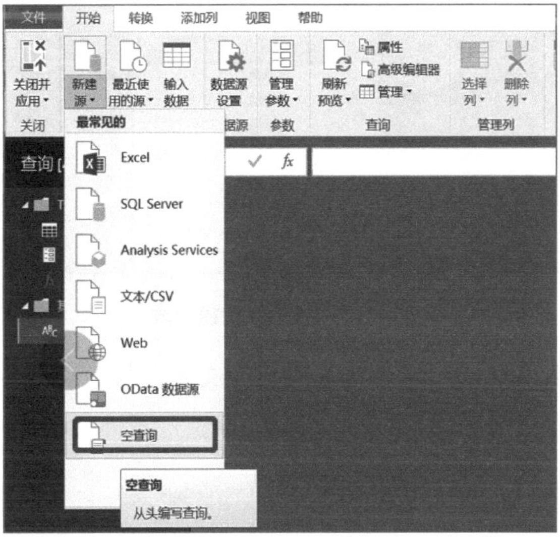

图 3.11　新建空白查询

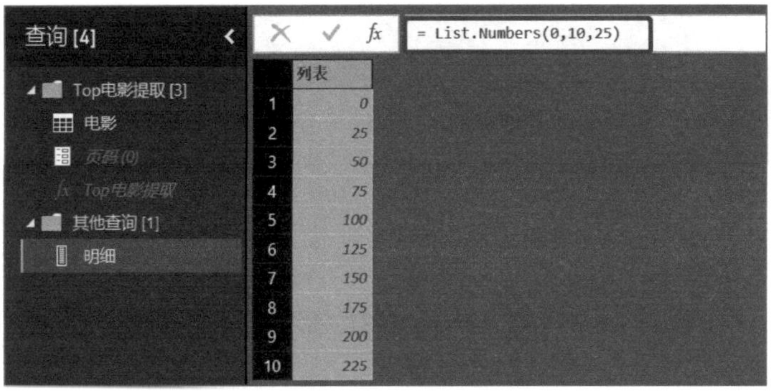

图 3.12　构建页码 List

贴士

页码 List 除可以在 Query 中使用函数构建外，还可以在 Power BI 主界面使用输入数据的方式直接列出。

（3）将 List 转换为表

List 不能直接应用，单击鼠标右键将其转换为表，如图 3.13 所示。

图 3.13　将 List 转换为表

转换后的表为数值形式，注意将其变更为文本，与“Top 电影提取”函数中的参数格式保持一致，如图 3.14 所示。

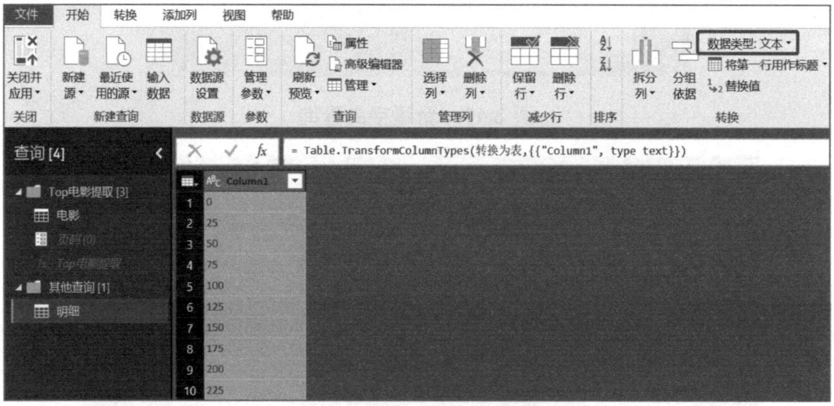

图 3.14　将数值转换为文本

3.2.3　页码列表引入函数

页码列表需要与上一节提取的单页内容发生关联，调用自定义函数可以实现这一需求。另外，提取每页内容后，可在 Query 中直接使用索引的方式对电影进行排名，不需要在主界面使用 DAX 函数进行再次排序。

（1）调用自定义函数

在“明细”查询中，调用“Top 电影提取”函数，页码对应 Column1，如图 3.15 所示。

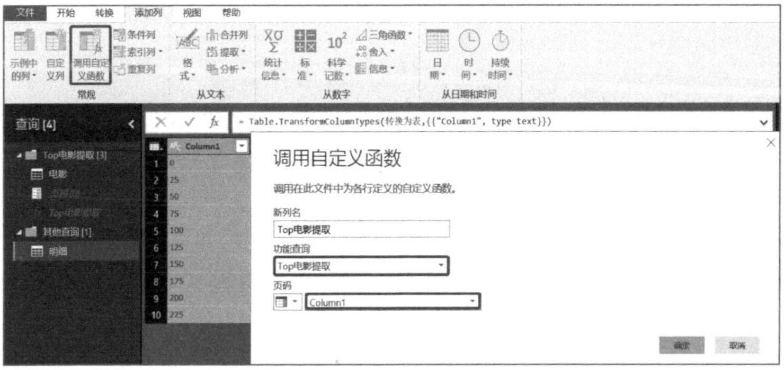

图 3.15　调用自定义函数

（2）展开自定义函数

按如图 3.16 所示展开“Top 电影提取”，即可得到所有 250 部电影数据。

图 3.16　展开自定义函数

（3）添加“排名”列

如图 3.17 所示，添加一个从 1 开始的索引列，并更名为“排名”。

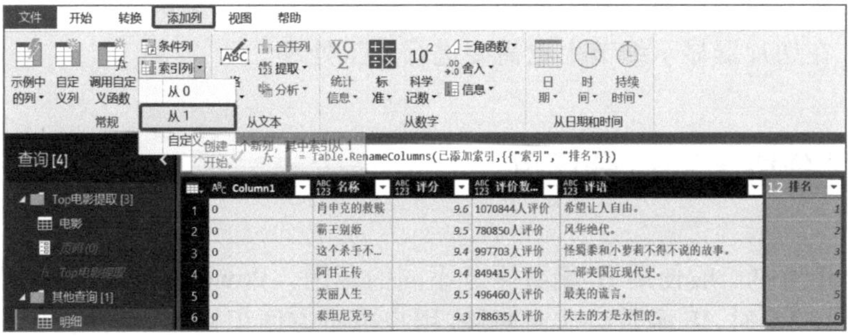

图 3.17　添加索引列

贴士

索引列有多种形式，除最常用的可以从 1 开始添加之外，还可以从 0 开始。另外，自定义索引列可以设置增量形成等差数列，增量可按需选择。

（4）去除评价数量中的文字

使用“转换-替换值”进行替换，并将该列格式调整为整数，如图 3.18 所示。

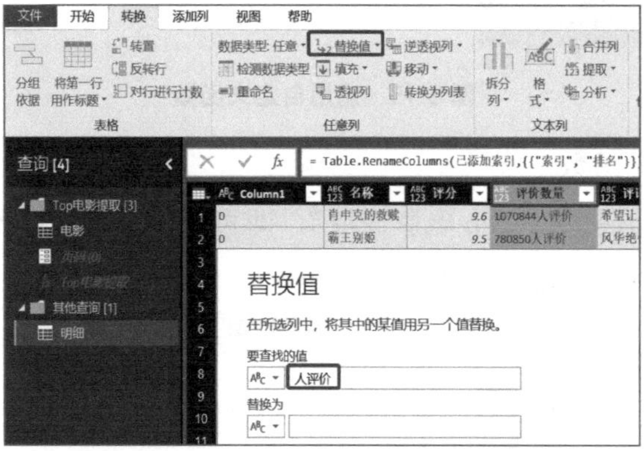

图 3.18 去除评价数量中的文字

这样整个爬虫主体即构建完成。关闭并应用后即进入 Power BI 主界面，可进行下一步操作。

3.3 制作可视化报告

本例涉及的图表非常简洁，用两个横向切片器对排名区间和评分区间进行选择，用表格体现电影明细内容。在制作图表前，需要分别对排名区间和评分区间进行定义。另外，在切片器显示细节上也需要进行人工处理。

3.3.1 区分排名和评分区间

在 Excel 当中一般使用 IF 函数区分不同的范围，Power BI 同样可使用 IF 函数。但是，当条件较多时，IF 函数会非常臃肿，用户也不方便识别其中的逻辑，而 SWITCH 函数则相对简洁。新建列，使用 SWITCH 函数对排名和评分进行区间划分：

```
排名区间 =
SWITCH (
    TRUE (),
    '明细'[排名] <= 50, "1-50",
    '明细'[排名] <= 100, "50-100",
    '明细'[排名] <= 150, "100-150",
    '明细'[排名] <= 200, "150-200",
    "200-250"
)
评分区间 =
SWITCH (
    TRUE (),
    '明细'[评分] >= 9.5, "9.5-10",
    '明细'[评分] >= 9, "9-9.5",
    '明细'[评分] >= 8.5, "8.5-9",
    '明细'[评分] >= 8, "8-8.5",
    "<8"
)
```

图 3.19 和图 3.20 分别是对排名区间和评分区间分组的显示结果。

名称	评分	评价数量	评语	排名	排名区间
控方证人	9.6	121537	比利·怀德满分作品。	39	1-50
美丽人生	9.5	496460	最美的谎言。	5	1-50
霸王别姬	9.5	780850	风华绝代。	2	1-50
肖申克的救赎	9.6	1070844	希望让人自由。	1	1-50
无间道	9.1	478146	香港电影史上永不过时的杰作。	23	1-50
乱世佳人	9.2	308950	Tomorrow is another day.	22	1-50
触不可及	9.2	433035	满满温情的高雅喜剧。	21	1-50
熔炉	9.2	325594	我们一路奋战不是为了改变世界，而是为了不让世界改变我们	20	1-50
星际穿越	9.2	586402	爱是一种力量，让我们超越时空感知它的存在。	19	1-50
教父	9.2	399435	千万不要记恨你的对手，这样会让你失去理智。	18	1-50
龙猫	9.1	493054	人人心中都有个龙猫，童年就永远不会消失。	17	1-50

图 3.19　对排名区间分组

名称	评分	评价数量	评语	排名	排名区间	评分区间
控方证人	9.6	121537	比利·怀德满分作品。	39	1-50	9.5-10
美丽人生	9.5	496460	最美的谎言。	5	1-50	9.5-10
霸王别姬	9.5	780850	风华绝代。	2	1-50	9.5-10
肖申克的救赎	9.6	1070844	希望让人自由。	1	1-50	9.5-10
无间道	9.1	478146	香港电影史上永不过时的杰作。	23	1-50	9-9.5
乱世佳人	9.2	308950	Tomorrow is another day.	22	1-50	9-9.5
触不可及	9.2	433035	满满温情的高雅喜剧。	21	1-50	9-9.5
熔炉	9.2	325594	我们一路奋战不是为了改变世界，而是为了不让世界改变我们	20	1-50	9-9.5
星际穿越	9.2	586402	爱是一种力量，让我们超越时空感知它的存在。	19	1-50	9-9.5
教父	9.2	399435	千万不要记恨你的对手，这样会让你失去理智。	18	1-50	9-9.5
龙猫	9.1	493054	人人心中都有个龙猫，童年就永远不会消失。	17	1-50	9-9.5

图 3.20　对评分区间分组

3.3.2 按列排序

当使用排名区间或者评分区间直接生成切片器时，会发现切片器顺序并不是我们想要的从小到大的顺序，如图 3.21 所示。我们需要对排序方式进行进一步处理。按列排序可以解决这一问题。

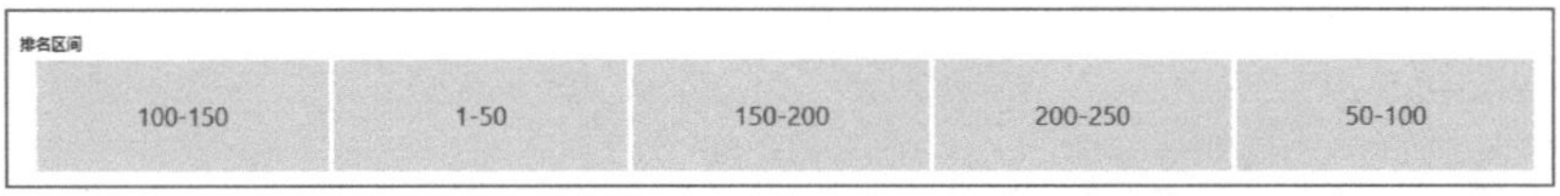

图 3.21 默认切片顺序

（1）按照图 3.22 所示的方式创建一个排名区间顺序表。

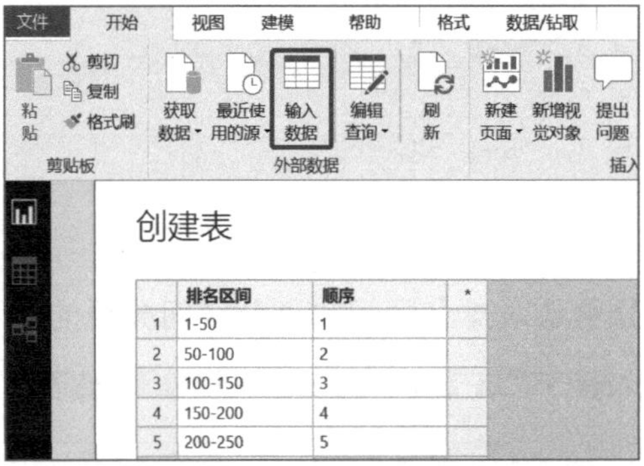

图 3.22 排名区间顺序表

（2）在关系视图中，将“明细”与“排名区间顺序”建立关系，如图 3.23 所示。

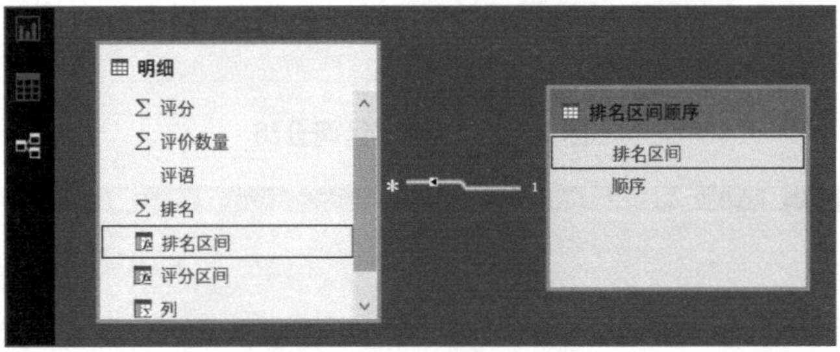

图 3.23 将“明细”与“排名区间顺序”建立关系

（3）使用 RELATED 函数新增列，将排名区间顺序引入“明细”中，如图 3.24 所示。

```
排名区间顺序 = RELATED('排名区间顺序'[顺序])
```

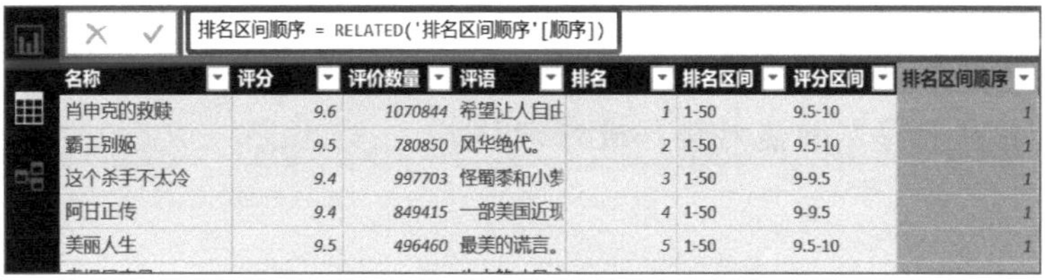

图 3.24　RELATED 跨查询引用数据

贴士

RELATED 函数语法为 RELATED(<column>)。

从另一个表返回一个相关值，功能类似于 Excel 中的 VLOOKUP，使用 REALTED 的前提是两表之间建立关系，并且数据是从一端引入多端的。

（4）在“建模”选项卡中，选择“按列排序”，如图 3.25 所示。

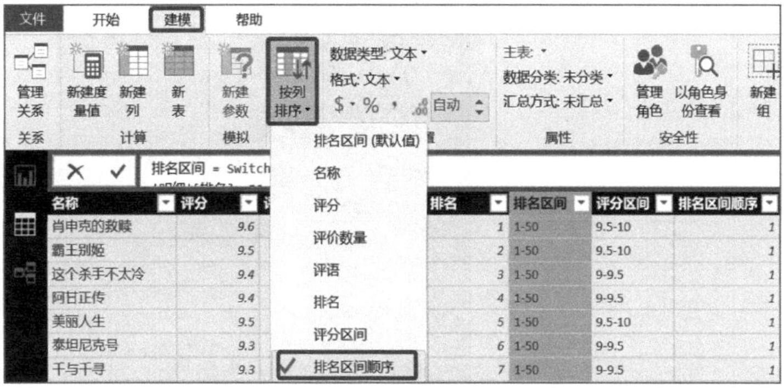

图 3.25　按列排序排名区间

类似地，对评分区间进行相应设置，即可得到正确的排序，如图 3.26 所示。

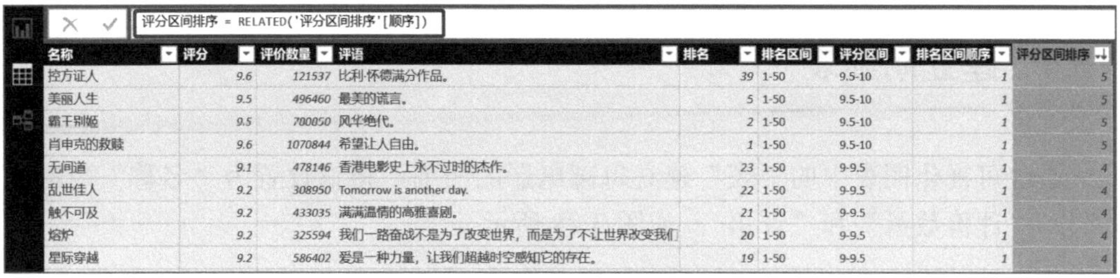

图 3.26　按列排序评分区间

贴士

对于中文名称或者含有特殊字符的名称，默认排序不符合我们的认知常识，可以使用“按列排序”功能对排序进行调整。

3.3.3 制作排名区间和评分区间切片器

本例的切片器使用内置图表即可，选择“排名区间”和“评分区间”字段，按如图 3.27 所示分别设置为切片器。注意在“常规”选项卡下，将切片器方向设置为水平。当切片器长度不足以显示全部内容时，可以用鼠标拖曳拉长。

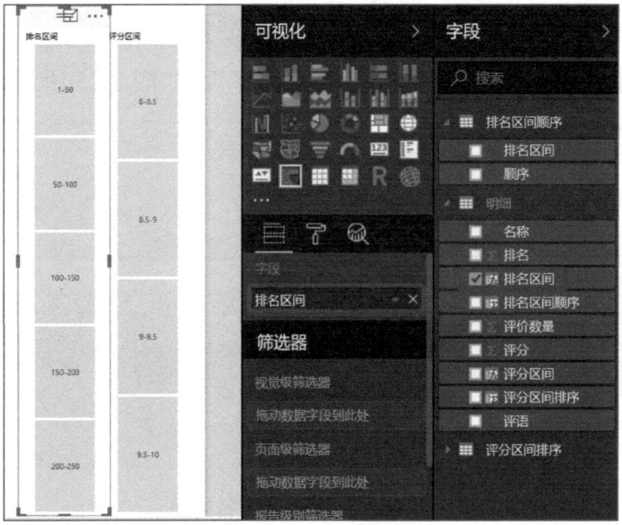

图 3.27 切片器设置

3.3.4 建立明细表

通过可视化图表中的“表”建立每部电影的明细，将值设置为“名称”“排名”“评分”“评价数量”和“评语”，如图 3.28 所示。

图 3.28　建立明细表

通过以上操作，即完成了简易可视化报告的制作。

3.4　总结

通过本章学习，我们使用 Power BI 的预览 Web 功能，以豆瓣电影 Top250 为例抓取了非结构化数据：

- 通过连续翻页测试 URL 规律；
- 通过手动多次输入页面内容，会用 Power BI 识别页面规律；
- 将 URL 的页码转变为参数以进行动态抓取；
- 使用 SWITCH 进行分组以便构建切片器；
- 字段顺序可通过按列排序进行调节。

第 4 章

4

抓取球鞋销售数据

获取外部销售数据有助于我们更好地判断趋势。本章以球鞋二级市场 Stockx 为例，讲解如何抓取 JSON 格式的销售数据。

球鞋二级市场相对于整个运动服饰市场来说份额非常小，可以说九牛一毛，但它却是潮流的风向标。各品牌在该市场的份额也在一定程度上体现了该品牌的发展趋势。本章将学习如何抓取 Stockx 近一年的部分销售数据，并制作如图 4.1 所示的分析报告。

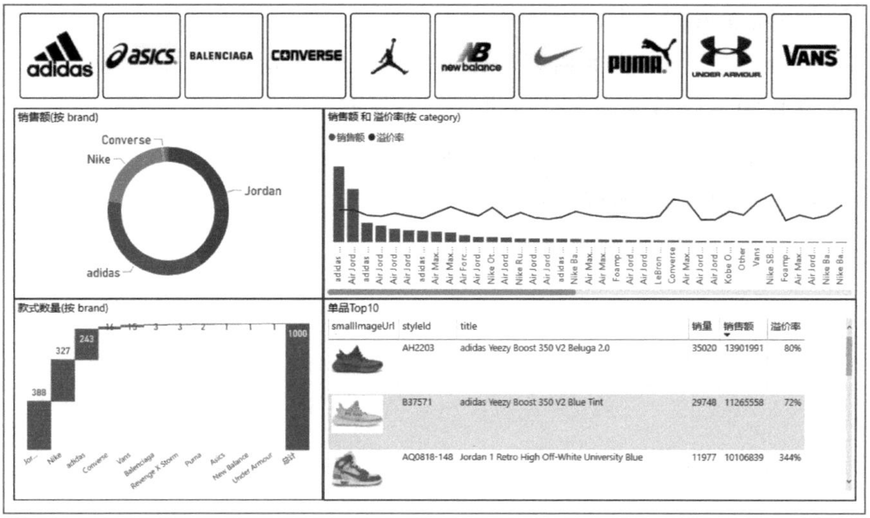

图 4.1　球鞋二级市场销售报告

4.1　分析网页结构

第一眼看上去，球鞋数据如同豆瓣电影数据一样，为非结构化数据。但是，我们通过后台可知，该网站数据结构为 JSON，抓取和表格数据一样便利。网址结构、内容规律的分析全部从页面转入后台。

4.1.1　分析 URL 规律

如果直接将本例的 URL 导入 Power BI，会发现无法直接提取我们想要的内容。因此，需要在“Network”中对真实的 URL 进行分析，并找到其规律。一般推荐使用 Chrome 浏览器进行该项分析工作。

（1）用 Chrome 浏览器打开 Stockx 球鞋板块界面，可以看到商品排序方式分为很多种，如图 4.2 所示。

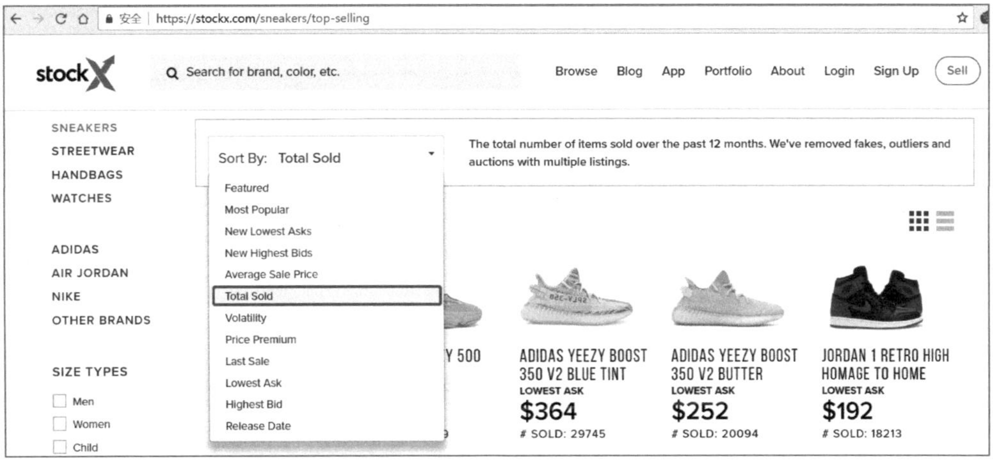

图 4.2　Stockx 球鞋板块界面

选择“Total Sold”可以看到商品按照累计销量排序（按照 Stockx 的定义，此处累计销量为近 12 个月的销量）。

（2）单击鼠标右键，在弹出的快捷菜单中单击“检查”，切换到“Network-XHR-Headers”，如图 4.3 所示。

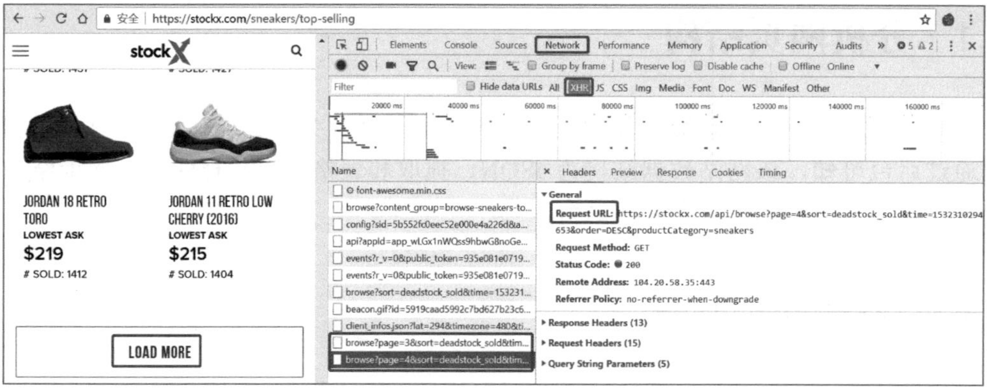

图 4.3　页面变化

点击 3 到 4 次“LOAD MORE”，我们发现 XHR 中 URL 发生了变化，其中“Page=”后的页码随着点击次数的增加而相应变更，URL 中的其他内容不变。图 4.4 为完整的 URL。

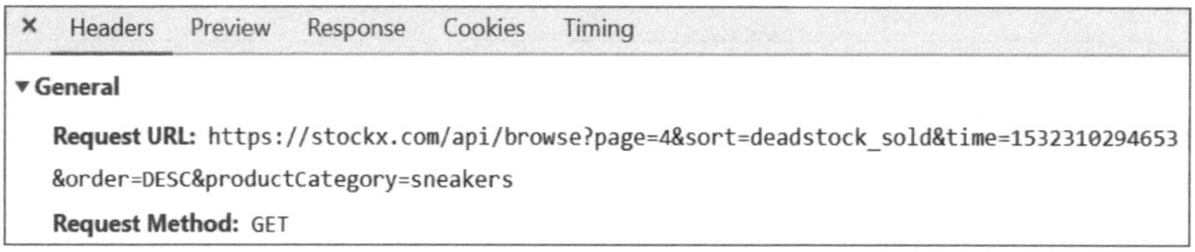

图 4.4　完整的 URL

4.1.2　分析 JSON 数据内容

JSON 数据在网页直接显示时可能分布在不同位置，但是在后台呈现明显的规律性。可首先在网页中确定需要的数据字段，然后在 JSON 中对应查找相关内容，并进行记录，以便后期在导入 Power BI 时进行快速定位。

（1）由 Headers 切换到 Preview，如图 4.5 所示。

可以看到 Pagination 中显示了分页信息：每一页有 40 条内容，当前页是第 4 页，总计有 16 186 个商品，最后一页是第 25 页，排序方式是按销量排序。Products 中从 0～39 表明当前页 40 个商品的明细内容。

（2）单个商品字段分析

展开任意商品，可以看到该球鞋的品牌名称、类别名称、配色、性别等，如

图 4.6 所示。

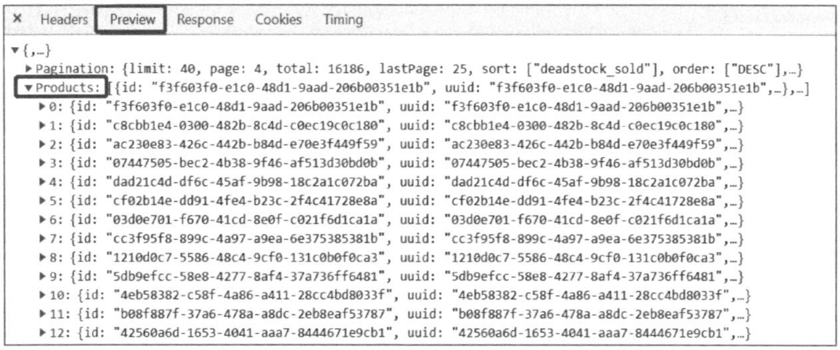

图 4.5　Preview 内容

图 4.6　展开商品明细

展开 Market 可以看到交易信息，如图 4.7 所示。

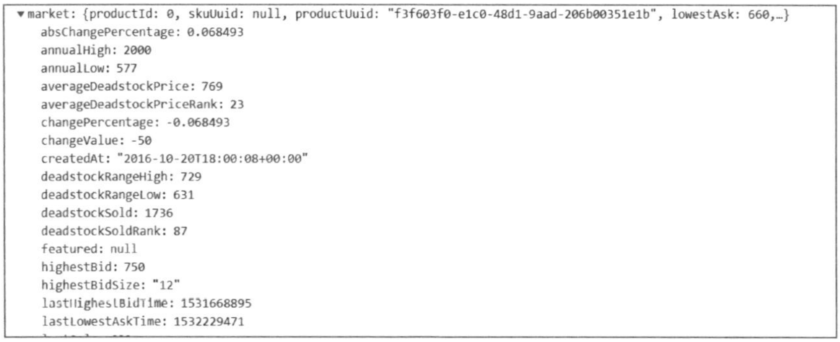

图 4.7　展开 Market

展开 Media 可以看到有商品图片链接，如图 4.8 所示。

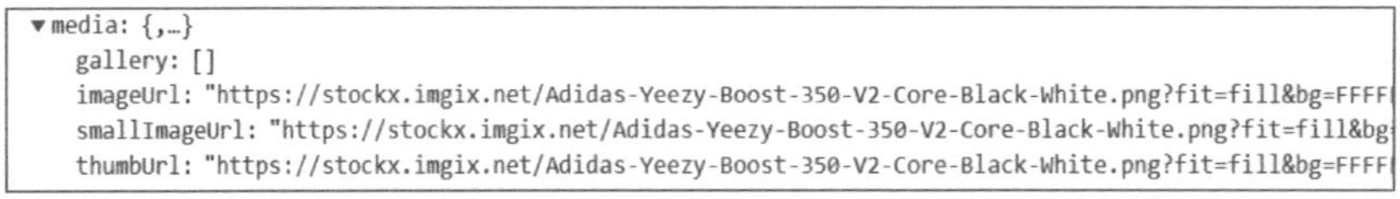

图 4.8　展开 Media

贴士

在浏览器中对 JSON 结构进行清晰分析，有助于在 Power BI 中快速寻找需要的字段。

通过以上操作即确定了 URL 的变化规律，以及针对每个商品，我们需要的字段所在的位置。

4.2　创建爬虫主体

通过上一节的学习我们知道，本案例网址的唯一变量是页码。因此，我们可以首先提取一页内容，然后将页码设置为参数有构建爬虫函数，再使用页码列表引用爬虫函数提取所有页面的数据。

4.2.1　构建爬虫函数

爬虫函数的构建分为两个环节：首先将单页内容导入 Power BI，URL 为后台获取的真实 URL，依据前期解析的 JSON 结构，保留需要的字段。然后新建页码参数，将固定页面转换为动态 URL 的页面。

（1）选择从 Web 获取数据，URL 处填写 Headers 中的 URL，如图 4.9 所示。

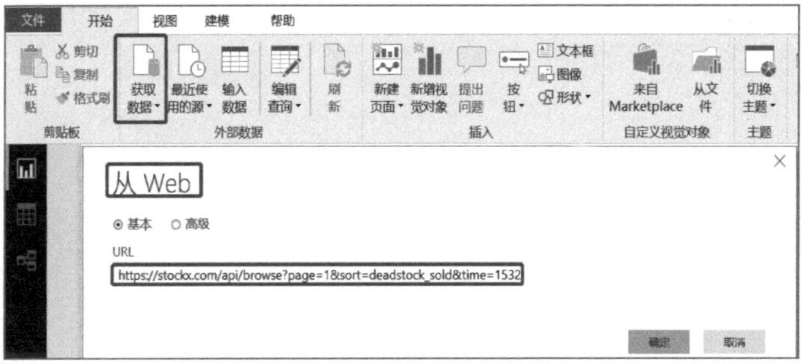

图 4.9　从 Web 获取首页数据

（2）点击 Products 中的 List，将列表转换为表，如图 4.10 和图 4.11 所示。

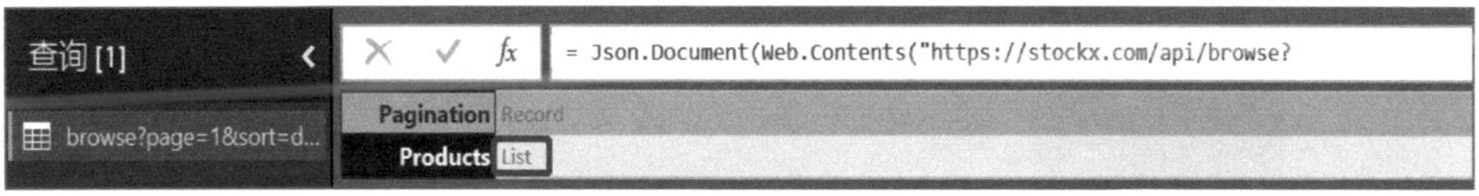

图 4.10　选取 List

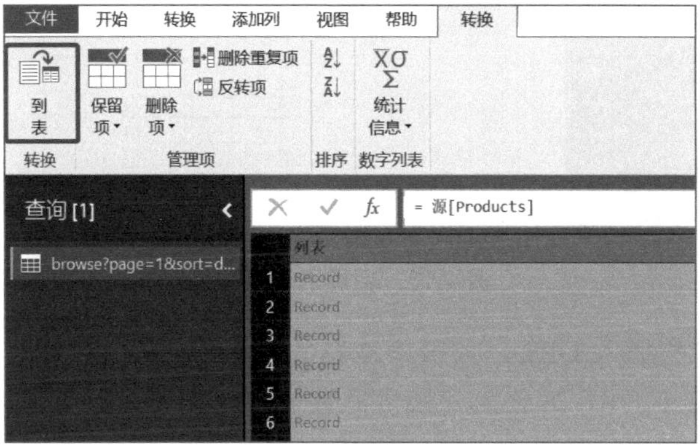

图 4.11　转换为表

贴士

JSON 数据被导入 Power BI 中以后不能直接使用，需要被转换为表格。

（3）按照前面对 JSON 结构的分析，选取需要的字段，将其他字段删除，并将查询重命名，如图 4.12 所示。

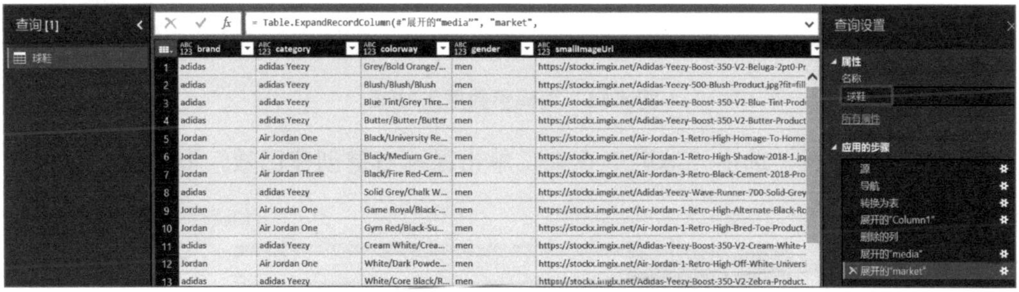

图 4.12　展开并选取需要的数据字段

（4）新建页码参数，注意须将参数设置为文本格式，如图 4.13 所示。

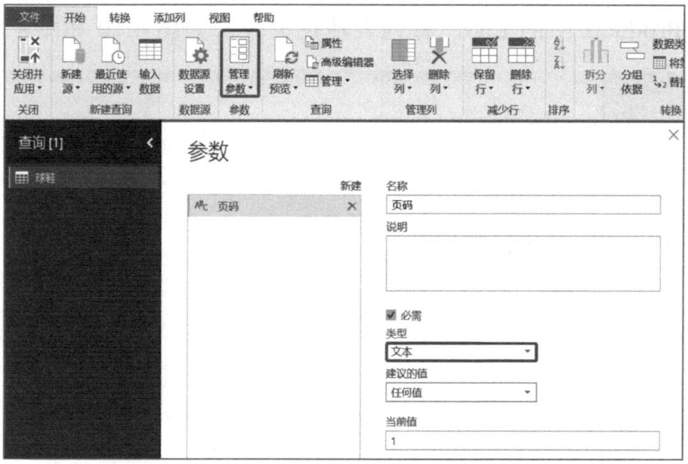

图 4.13　新建页码参数

（5）将页码参数插入 URL。点击“球鞋”查询“源”右侧的“设置”按钮，切换到“高级”，将整个 URL 拆分为三段，将数值“1”变更为上一步新建的页码参数，如图 4.14 所示。

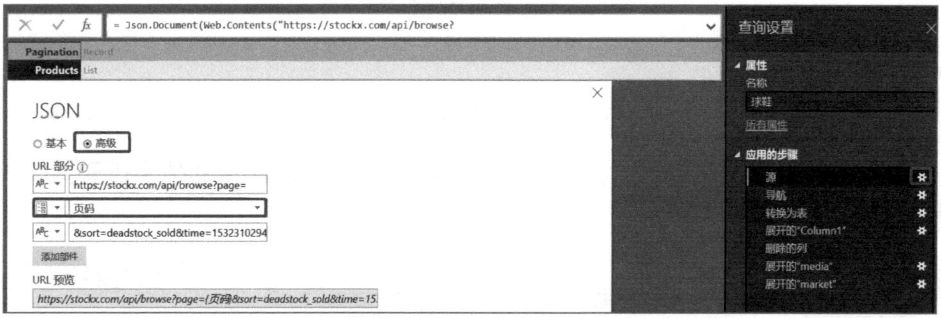

图 4.14　页码参数插入 URL

（6）创建函数。选中“球鞋”查询，单击鼠标右键创建函数，取名为“球鞋函数”，如图 4.15 所示。

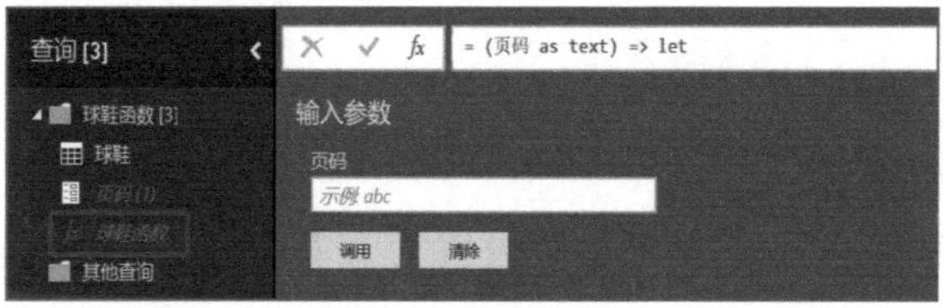

图 4.15　创建的函数

4.2.2　构建页码列表

页码列表可使用 Excel 工作簿导入，也可新建空白查询，直接使用 M 函数创建。

（1）新建空白查询

按照如图 4.16 所示的方式新建一个空白查询。

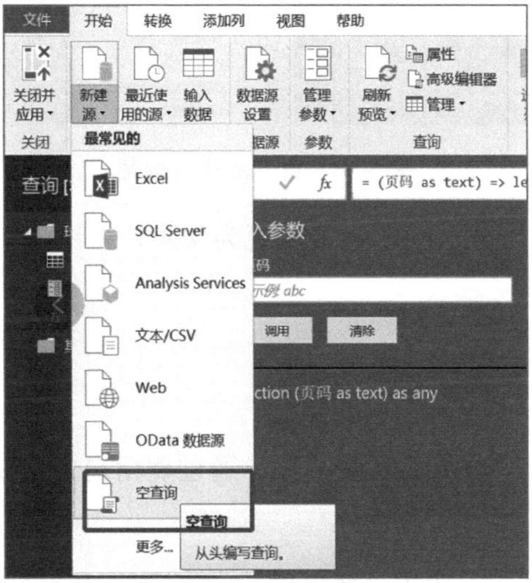

图 4.16　新建空白查询

（2）构建页码 List

使用 List.Numbers 构建页码列表，取 25 页共 1000 个球鞋款式，如图 4.17 所示。

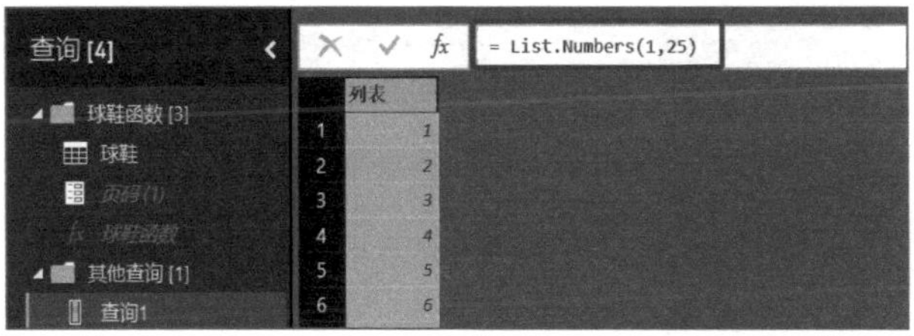

图 4.17　构建页码 List

（3）将 List 转换为表

List 不能直接被应用，我们通过鼠标右键将其转换为表，如图 4.18 所示。

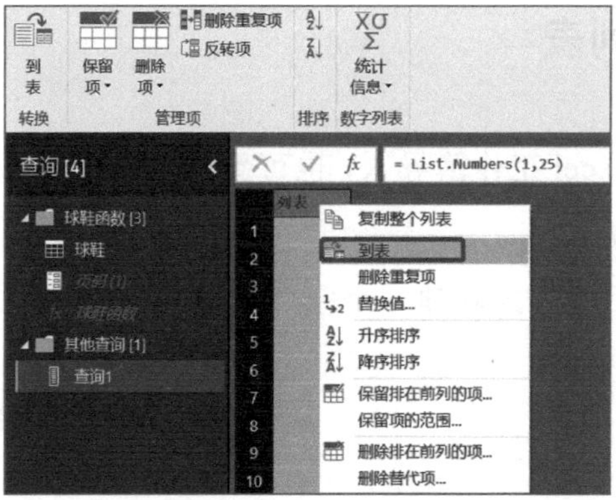

图 4.18　将 List 转换为表

转换后的表为数值形式，注意将其变更为文本，并将该查询更名为“Top1000”。

4.2.3　页码列表引入函数

页码列表需要与创建的函数发生关联，通过调用自定义函数实现这一目标。

（1）调用自定义函数

在“Top1000”查询中，调用“球鞋函数”，页码对应 Column1，如图 4.19 所示。

图 4.19　调用自定义函数

（2）展开自定义函数

如图 4.20 所示，展开“球鞋函数”，即可得到 1000 款球鞋销售数据。

图 4.20　展开自定义函数

通过以上操作，整个爬虫主体即构建完成。

4.3　制作可视化报告

本案例用来查看多个品牌的销售状况，使用具有品牌 LOGO 的切片器有助于美化界面。另外，使用饼图查看销售份额，使用瀑布图查看款式分布，使用表格查看单款明细。一个亮点是：单款明细含有产品图片，方便进行比对。

4.3.1　建立度量值

在不新建度量值的情况下，可以对 Power BI 中的图表直接进行求和、计数等操作。但为规范化管理，建议所有使用数据全部度量值化。销量和销售额通过直接求和可得。数据源中并不存在销售零售额这一列，因此需将零售价与销量相乘进行计算。溢价率指销售额高出官方定价的零售额多少，用来衡量市场的稀缺程度及热卖程度。款式数量直接计数即可。

分别新建以下度量值，以备图表引用：

```
销量 = SUM(Top1000[deadstockSold])
销售额 = SUM(Top1000[totalDollars])
销售零售额 = SUMX (Top1000,'Top1000'[retailPrice]*'Top1000'
```

```
[deadstockSold])
    溢价率 = DIVIDE([销售额]-[销售零售额],[销售零售额])
    款式数量 =COUNTA('Top1000'[title])
```

备注：部分商品零售价缺失会造成局部信息不准确，但对整体影响不大。

4.3.2 制作品牌 Logo 式切片器

Power BI 默认的图表不支持使用图片建立切片器，图表市场的 Chiclet Slicer 这一自定义图表可以很方便地完成这一任务。

（1）通过输入数据创建一张表，一列为品牌名称，一列为在网上寻找的品牌 Logo 图片链接，对主要品牌进行罗列，如图 4.21 所示。

	品牌	图片
1	adidas	https://img3.doubanio.com/view/photo/m/public/p2522242776.webp
2	Jordan	https://img3.doubanio.com/view/photo/m/public/p2528749295.webp
3	Nike	https://img3.doubanio.com/view/photo/m/public/p2522242804.webp
4	Vans	https://img3.doubanio.com/view/photo/m/public/p2522242816.webp
5	Converse	https://img3.doubanio.com/view/photo/m/public/p2522242783.webp
6	Puma	https://img3.doubanio.com/view/photo/m/public/p2522242805.webp
7	Balenciaga	https://img1.doubanio.com/view/photo/m/public/p2528749298.webp
8	New Balance	https://img1.doubanio.com/view/photo/m/public/p2528749297.webp
9	Under Armour	https://img3.doubanio.com/view/photo/m/public/p2522242815.webp
10	Asics	https://img3.doubanio.com/view/photo/m/public/p2522242781.webp

图 4.21 创建品牌图片列表

（2）在 Marketplace 中找到 Chiclet Slicer，添加到可视化图表区域，如图 4.22 所示。

（3）设置 Chiclet Slicer，类别为“品牌”字段，图像为“图片”字段，如图 4.23 所示。

将方向设置为水平，将图像拆分设置为 100，这样品牌名称就不会显示，Logo 图像 100%充满区域，如图 4.24 所示。

图 4.22　Chiclet Slicer

图 4.23　Chiclet Slicer 字段设置

图 4.24　图像拆分设置

4.3.3　建立关系

品牌列表中每个品牌具有唯一值，切换到关系视图，将品牌与 brand 通过拖曳建立关系，以便对数据进行调用，如图 4.25 所示。

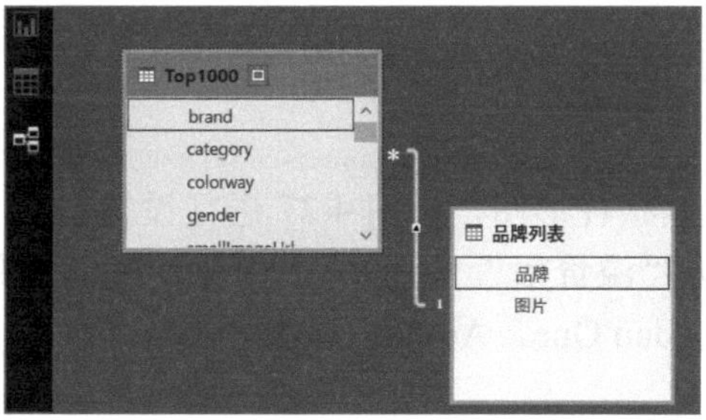

图 4.25　将品牌与 brand 建立关系

通过以上操作即完成了图 4.1 中的切片器形式。

贴士

图片切片器摆脱了文字切片器的单调形式，除本案例用法外，还可广泛应用于组织 Logo 切片、人员信息切换等环节。

4.3.4 制作品牌环形图

按品牌建立环形图，查看各品牌销售占比，按图 4.26 进行设置，图例为“brand”，值为“销售额”。由图 4.1 可知，Jordan 品牌有最大的市场份额，接下来依次是 Adidas 和 Nike。

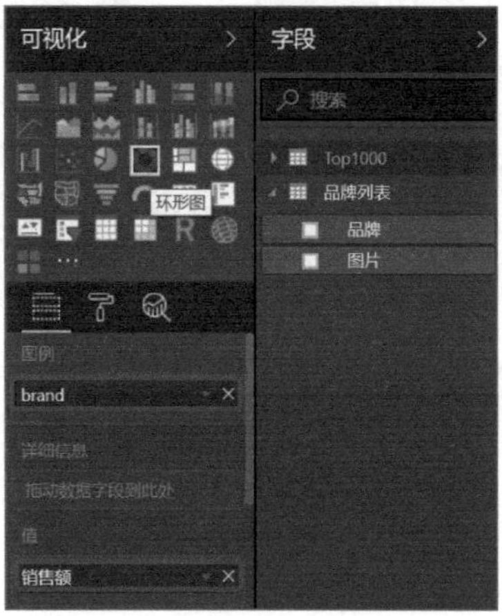

图 4.26 环形图字段设置

4.3.5 制作类别折线和簇状柱形图

按类别建立折线和簇状柱形图，按图 4.27 进行设置。共享轴为“category”，列值为“销售额”，行值为“溢价率”。由图 4.1 可知，销售额最大的前三个类别分别是 Adidas Yeezy，Air Jordan One，Adidas NMD。

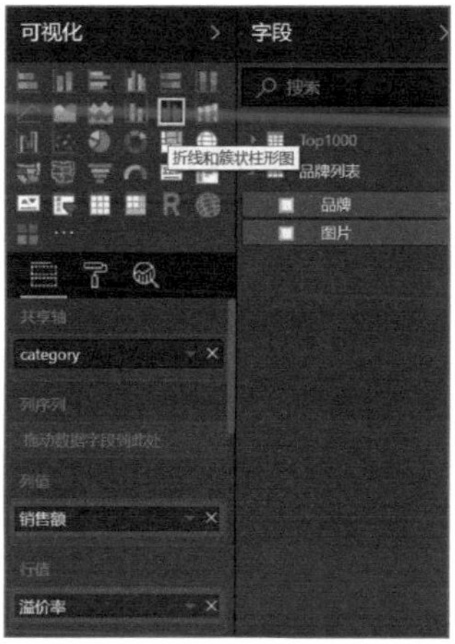

图 4.27　折线和簇状柱形图设置

4.3.6　建立单品 Top10 表格

选择表格图表，字段设置如图 4.28 所示，将需要的字段拖曳到值区域。

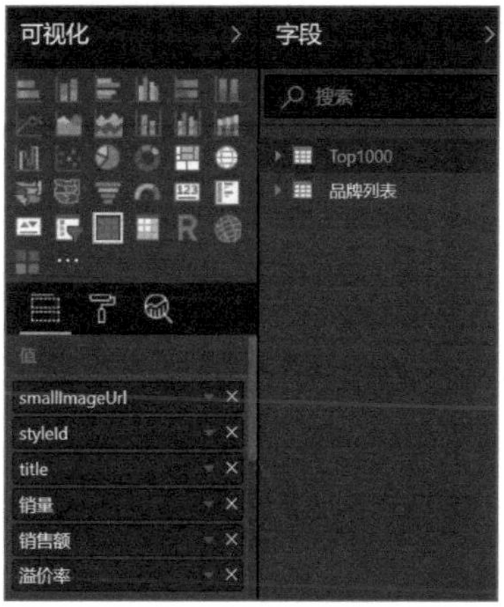

图 4.28　Top10 表格字段设置

默认显示全部 1000 款数据，如需只显示前 10 项，则按照图 4.29 显示前 *N* 个，依据字段为销售额。

图 4.29　Top10 设置

贴士

视觉筛选器的“前 N 个”选项可灵活设置最大/最小项目，本例中如需显示销售额最低的 10 项，将显示项目设置为“下”即可。

需要注意的是，图片默认不能像图 4.1 那样显示，需提前将图像字段的数据分类设置为“图像 URL”，如图 4.30 所示。

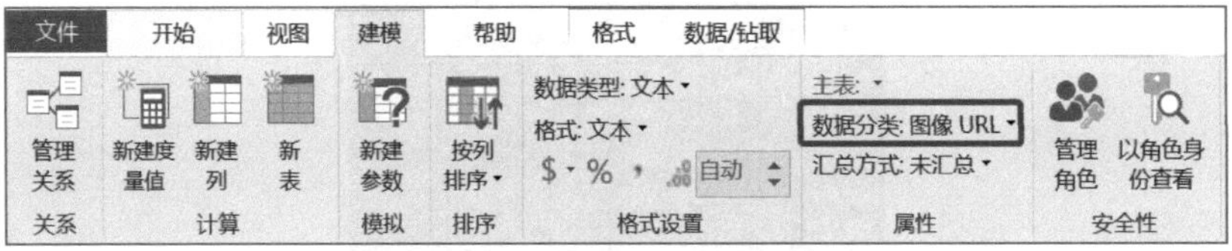

图 4.30　图像 URL 设置

可以看到在前 10 款式中，Adidas 全部为 Yeezy 这个类别；Air Jordan One 帮助 Jordan 品牌稳坐头把交椅，排在第三名的 AJ1 在销量很大的情况下，依然有 344% 的溢价率，还有空间。

4.3.7　款式占比瀑布图

瀑布图的设置较为简便，如图 4.31 所示，将类别设置为 brand，将 *Y* 轴设置为款式数量。从图 4.1 可以得出结论，Adidas 款式数量排名第三，销售额排名第二，该品牌款式相对集中。

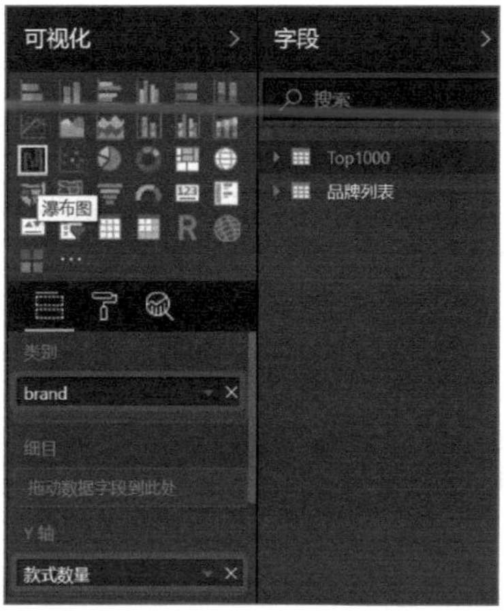

图 4.31　瀑布图字段设置

通过以上操作即完成了球鞋数据的抓取及报告的制作，可通过切片器灵活查看各品牌状况。

4.4　总结

本章我们以球鞋二级市场为例，抓取了 JSON 格式的销售数据：

- 本案例地址栏的 URL 不能反映页面的变化，我们通过切换页面在 Network 中找到变化规律；
- 在 Preview 中查找需要的 JSON 数据中的字段位置；
- 将 URL 的页码转变为参数以进行动态抓取；
- 通过自定义图表构建图片型切片器；
- 其他图表使用系统默认值即可，需注意要在表格中显示图像，需将图像字段数据分类进行设置。

第 5 章

抓取历年股票数据

通过分析上市公司历年股票走势，我们可以看到投资者对该公司的信心，也可以看到公司的发展趋势，从而辅助进行行业分析或者投资决策。本文将以两大运动品牌——Adidas 和 Nike 为例，构建 Power BI 爬虫，从雅虎财经官网自动抓取各公司指定日期的股票交易数据，并生成动态图表，按品牌、日期查看变化趋势，如图 5.1 所示。

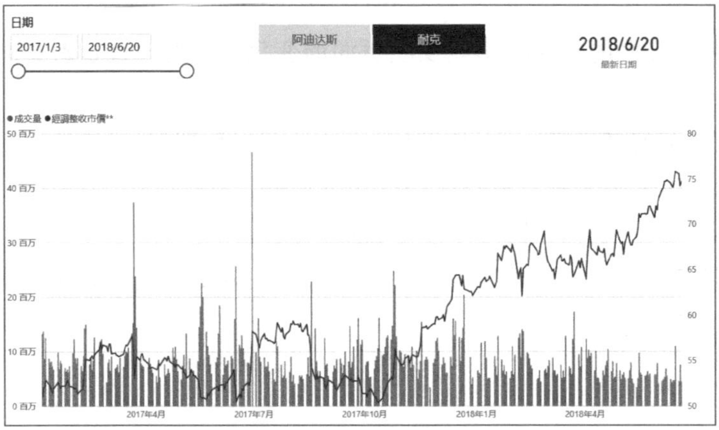

图 5.1 股票走势图

整个实现过程分为三步：

（1）分析雅虎财经 URL 结构，找到 URL 规律。

（2）将网页导入 Power BI 进行数据处理及参数设定。

（3）构建可视化界面，进行动态展示。

5.1 分析网页结构

分析网页结构是抓取数据的第一步。本节讲述如何找到数据背后对应的 URL，随着页面切换该 URL 有什么规律，以及该 URL 结构和我们需要的公司信息有什么关系。

5.1.1 寻找真实 URL

在许多情况下，浏览器地址栏显示的网址并非真实的 URL，将该 URL 导入 Power BI 后无法获取自己想要的数据。在“Network”中查询是比较安全的方式，可以快速定位并分析其中的规律。

（1）打开雅虎财经中国香港站官网，搜寻“Nike”，进入 Nike 公司相关财务信息界面，如图 5.2 所示。

图 5.2　查找 Nike 信息

（2）选择“历史数据”，如图 5.3，可以看到 Nike 公司历史上每天的股价信息，任意选择一段日期，点击“套用”，即可显示该日期段的股价数据。

图 5.3 选择时间段

（3）在该界面单击鼠标右键，在弹出的快捷菜单中单击“检查”（以 Chrome 浏览器为例，因部分网站地址栏显示的 URL 并非真实 URL，为方便读者举一反三，此处不直接使用地址栏网址），如图 5.4 所示。

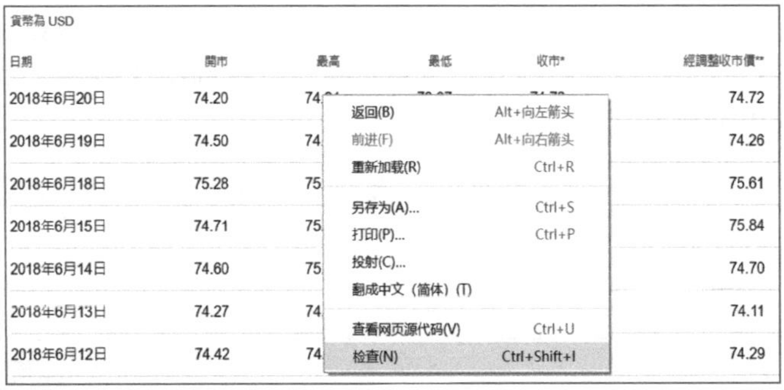

图 5.4 检查页面

（4）按 F5 键刷新网页，如图 5.5 所示，在“Network-Doc-Headers-Request URL”中找到了该页面背后的真实 URL。

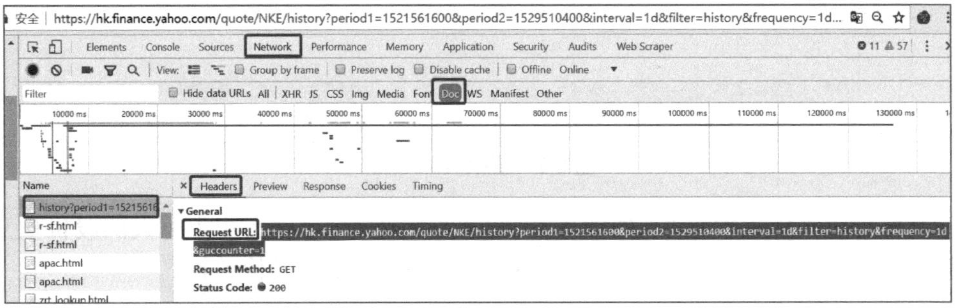

图 5.5 真实 URL 查询路径

贴士

在寻找真实 URL 时，可先将地址栏网址导入 Power BI，测试是否可以获取需要的数据，如获取不到，则进入"Network"查看。在"Network"中，可在 XHR 及 DOC 中寻找需要的 URL，若找不到再测试其他。

5.1.2　分析 URL 结构

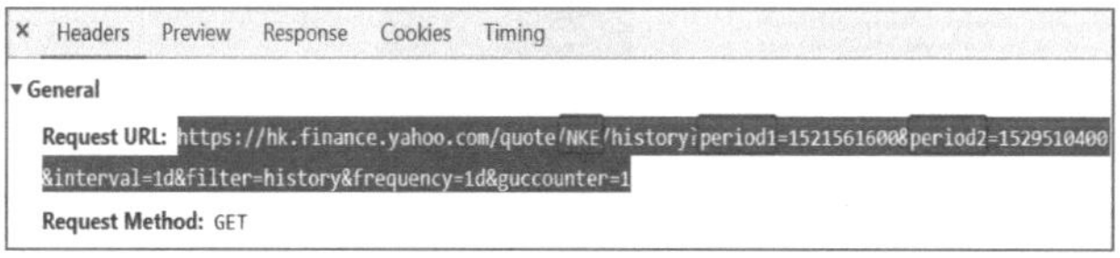

图 5.6　ULR 结构

如图 5.6 所示，分析该 URL 规律可以发现：

- 其中有"NKE"字样，表示耐克公司上市代码。
- "period1"，"period2"代表我们查询的股票价格时间区间。

因此可以推断出，只要变更上市代码和查询时间，就可以查询任何公司的指定时间段股票价格。

贴士

在分析 URL 组成结构时，可切换不同页面，对比 URL 哪些部分发生了变化，有助于快速找到 URL 规律。

5.2　数据导入及处理

在本节中，我们将上一节找到的 URL 导入 Power BI，并进行初步数据处理：删除不需要的信息，变更格式，以满足后期分析需求。

5.2.1　数据导入

数据导入方式与其他网页导入方式相同，但在本例中，每页可能含有多个表格，我们只选择需要的部分即可。

（1）打开 Power BI Desktop，如图 5.7 所示，点击“开始”→“获取数据”→“从 Web”，将上一节获取的 URL 复制到框内，单击“确定”按钮。

（2）按默认“匿名”进行连接，如图 5.8 所示。

图 5.7　导入界面

图 5.8　匿名设置

（3）如图 5.9 所示，在弹出的导航器中，经过对比，发现“Table2”是我们需要的数据，选中“Table2”，单击“编辑”按钮，进入 Query 界面进行数据处理。

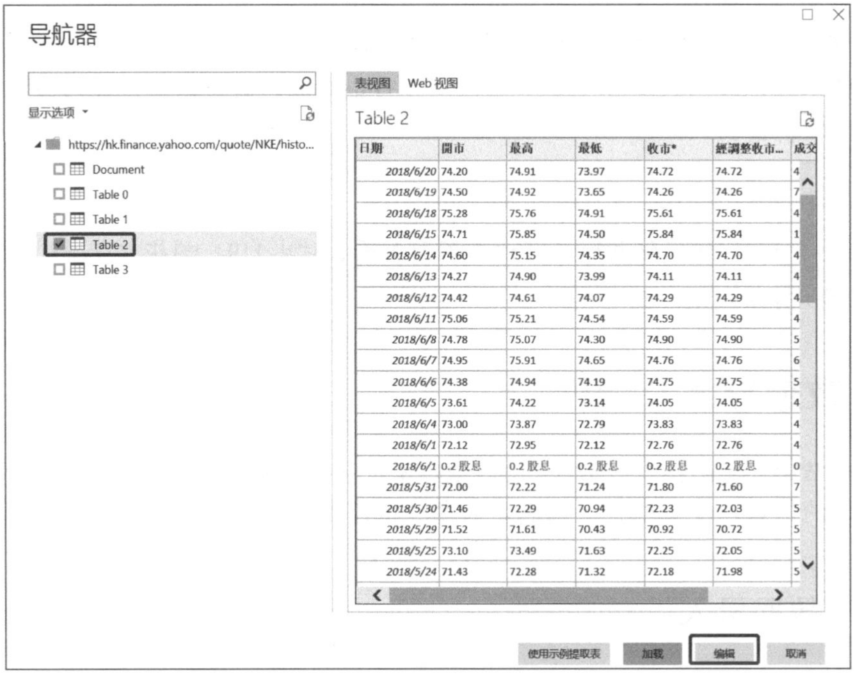

图 5.9　选择对应 Table

5.2.2 数据处理

将数据中不需要的行删除，并对数据格式进行调整以达到使用目的。

（1）删除数据中不需要的“股息”行，在图 5.10 中可以看到股息位置。

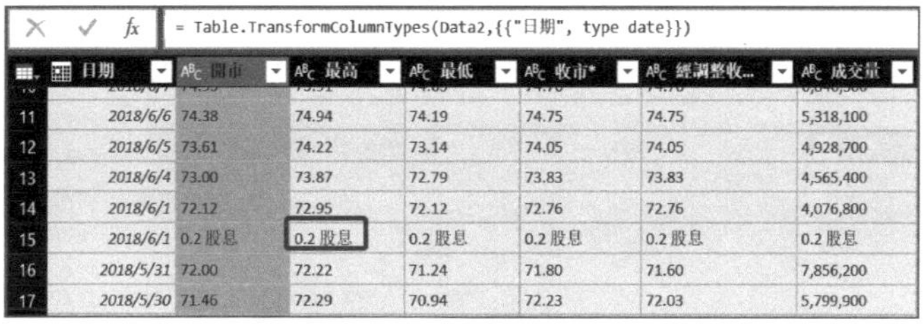

图 5.10　找到不需要的行

选中含有“股息”的任意列，在下拉箭头处选择“文本筛选器”→“不包含”，如图 5.11 所示。

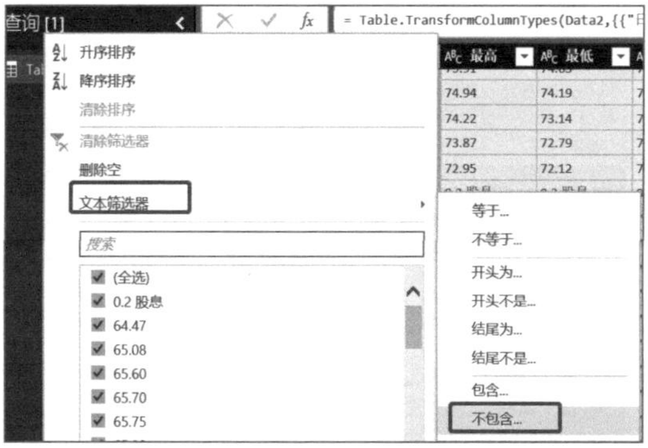

图 5.11　文本筛选

在图 5.12 所示的位置，输入“股息”后单击“确定”按钮。

图 5.12　不包含设置

（2）转换数据格式

选中所有数据列，将数据转换为小数，如图 5.13 所示。

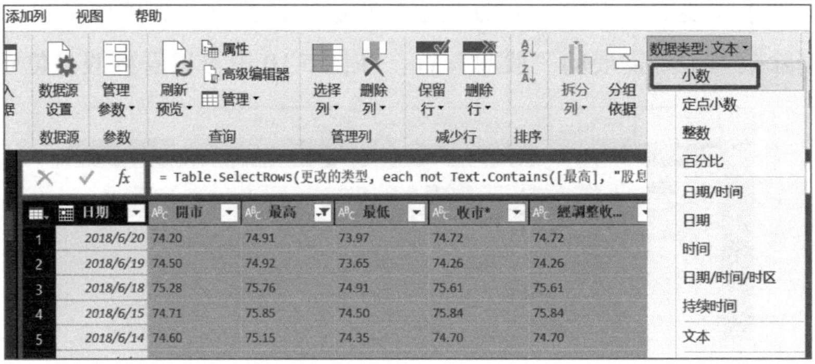

图 5.13　格式设置

（3）“Table 2”这样的名称不好识别，可以将它像图 5.14 中那样重命名为“股票”。

图 5.14　重命名查询

通过以上操作即完成了基础数据处理工作。

5.3　通过参数获取多公司任意时间段数据

通过前面的内容，我们实现了获取 Nike 部分时间段的股价，可以设置图 5.15 所示的简单折线图查看趋势。

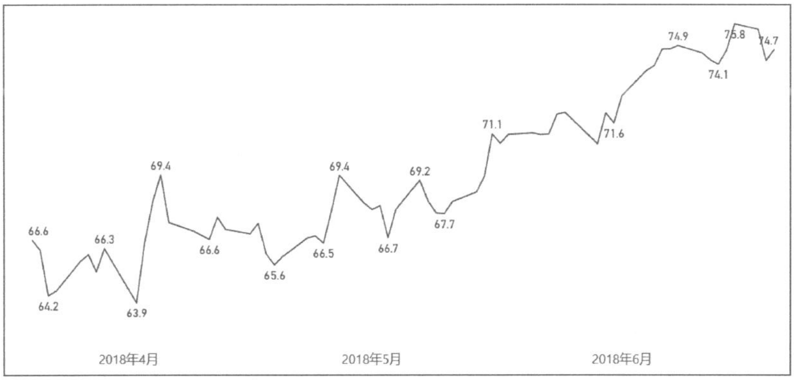

图 5.15　Nike 股票走势折线图

但这可能并不是我们想要的结果，我们还有以下需求：

- 还想看其他公司的股价。
- 还想看任意时间段的股价。

本节借助 Power BI 的参数功能，将固定 URL 转换为可变 URL，生成动态函数，并将函数引入自建的公司列表，抓取我们需要的数据。

5.3.1　新建参数

通过分析 URL 可以得知，URL 有三个变量，分别是查询的公司代码、查询的开始日期和结束日期。通过改变参数可以改变 URL，从而改变获取的数据。

（1）在 Power Query 后台新建三个参数，如图 5.16 所示。

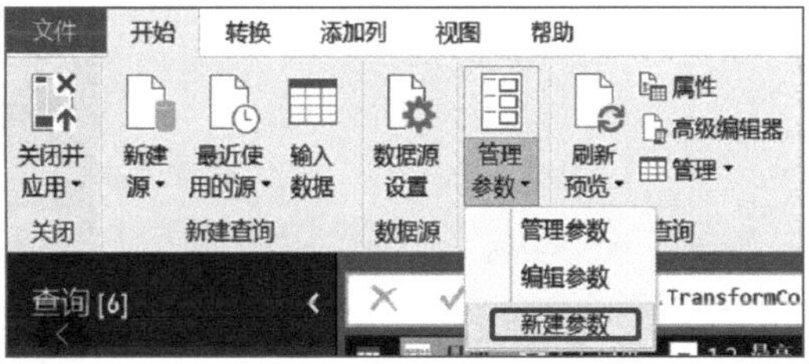

图 5.16　新建参数

（2）按照图 5.17 所示的方式，分别将参数取名为“公司代码”“开始日期”“结束日期”，并将“类型”均设置为文本，以供后续使用，在“当前值”处可填写当前样例 Nike 相关数值。

图 5.17　参数设置

贴士

新建参数可以将固定 URL 转换为动态 URL。参数必须是文本格式，因为整体 URL 是文本格式。

5.3.2　将参数引入 URL

使用添加部件的方式，将新建的三个参数引入 URL，为构建动态函数做准备。

（1）在“股票”查询中，单击“源”右侧的“设置”按钮，切换到高级界面，如图 5.18 所示。

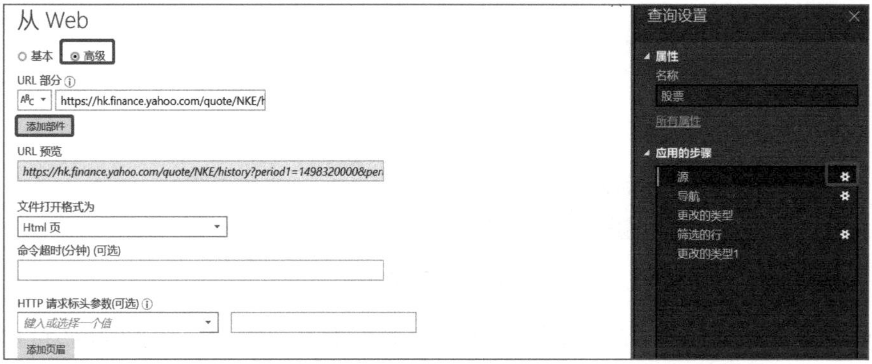

图 5.18　数据源高级设置

（2）通过“添加部件”功能，按照图 5.19 所示，将三个参数分别添加入 URL，最后构成完整的动态 URL。

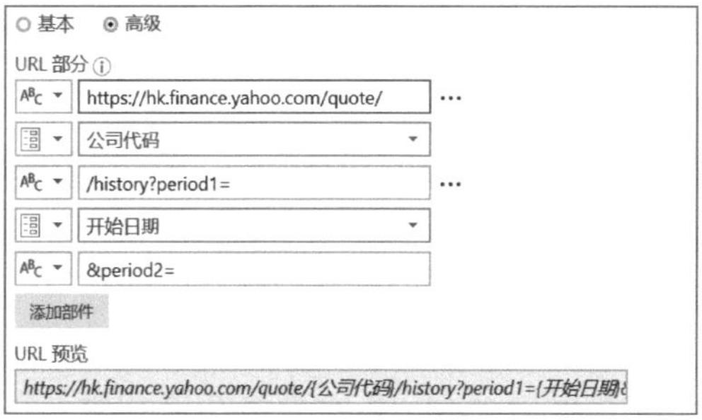

图 5.19 添加部件

完整的 URL 为：

```
https://hk.finance.yahoo.com/quote/{公司代码}/history?period1={开始日期}&period2={结束日期}&interval=1d&filter=history&frequency=1d&guccounter=1
```

贴士

通过导入 Web 数据的高级选项卡，可以添加部件，将新建的参数插入 URL 中。

5.3.3 创建函数

选中“股票”查询，单击鼠标右键，在弹出的快捷菜单中选择创建函数，有三个参数的函数即创立完成，后期我们可引用该函数进行动态数据加载，图 5.20 所示是完整的函数构成部分。

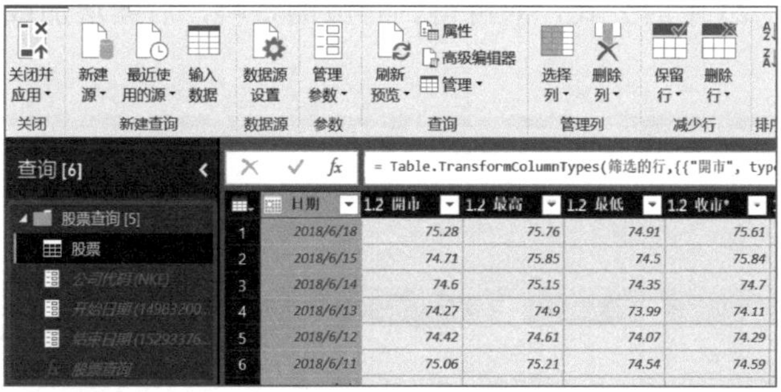

图 5.20 生成函数

5.3.4 新建需要查询的公司列表

可以在 Excel 中新建公司列表，公司代码可在雅虎财经直接查询，可以是如图 5.21 格式，在后续导入 Power BI 时使用。

公司名称	公司代码	开始日期	结束日期
耐克	NKE	2018/6/1	2018/6/21
阿迪达斯	ADDYY	2018/6/1	2018/6/21

图 5.21 公司列表表格

也可以在 Power BI 中直接用 Table 公式生成公司列表。

（1）生成一个空查询，更名为“查询列表”，如图 5.22 所示。

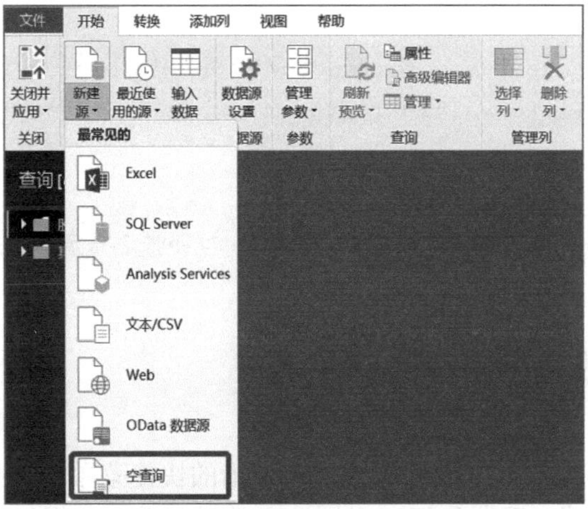

图 5.22 新建空查询

（2）输入图 5.23 中的公式，即可得到相应的资料，后续增加或变更查询范围直接修改即可。

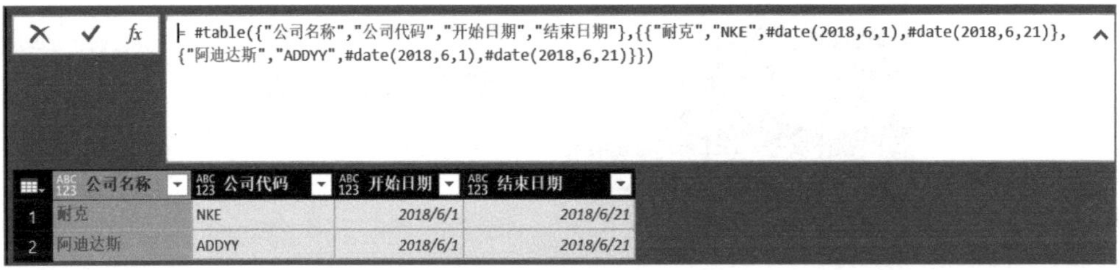

图 5.23 生成虚拟表

贴士

自定义公司列表及日期范围可选择于外部建立 Excel 表格，也可通过#table 建立虚拟表格。

5.3.5　日期格式变更

细心的读者会发现，我们设置查询范围的日期形式是常见的日期格式，而 URL 中的日期是类似“1529337600”这样的一串数字。这一串数字是怎么回事？这一串数字其实是 UNIX 时间戳，从 1970 年 1 月 1 日 0 时 0 分 0 秒开始的秒数。比如，如果这一串数字是 60，就代表 1970 年 1 月 1 日 0 时 1 分，如果是 86400，就代表过去了一天，时间是 1970 年 1 月 2 日 0 时 0 分 0 秒。

（1）我们按图 5.24 所示添加自定义列，将日期转换为 UNIX 时间戳，方便调用。

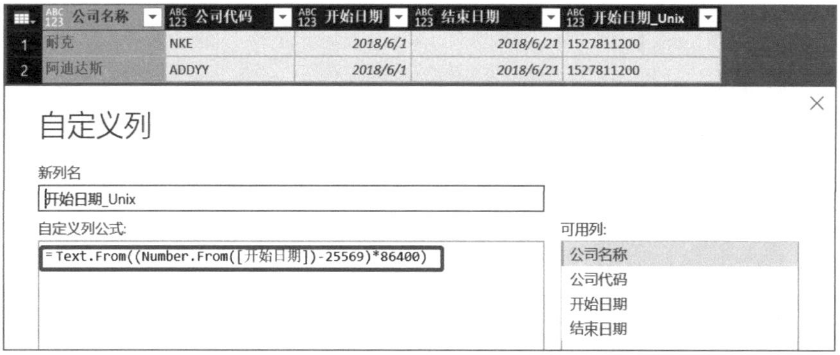

图 5.24　日期格式转换

贴士

UNIX 时间戳是从 1970 年 1 月 1 日 0 时 0 分 0 秒开始计算的，我们可通过加减乘除灵活与普通日期格式进行转换。日期在 Query 中不能直接参与计算，可用 Number.From 将日期转换为数值再计算。用 Text.From 可将其他格式返回文本，用 Date.From 可将其他格式返回日期。

（2）注意公式中的 25569 是 1970 年 1 月 1 日的数值形式。添加完成后，将公司代码、开始日期_Unix 和结束日期_Unix 转换为文本格式，与 URL 格式统一。图 5.25

为转换后的日期。

	公司名称	公司代码	开始日期	结束日期	开始日期_Unix	结束日期_Unix
1	耐克	NKE	2018/6/1	2018/6/21	1527811200	1529539200
2	阿迪达斯	ADDYY	2018/6/1	2018/6/21	1527811200	1529539200

图 5.25　转换后的日期

5.4.6　调用函数

通过调用自定义函数，将查询列表与函数关联，以获取相应公司指定时间段的股票价格数据。

（1）调用前期定义的自定义函数“股票查询”，如图 5.26 所示，并将“股票查询”中的三个参数与“查询列表”中的字段一一对应。

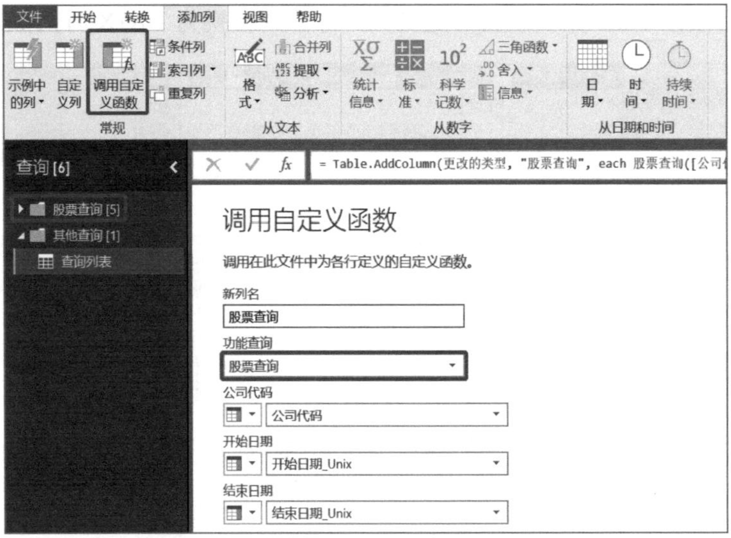

图 5.26　调用自定义函数

（2）展开 Table，我们就得到了阿迪达斯和耐克相应的股价数据，图 5.27 是展开后的结果。

（3）删除不必要的列，得到图 5.28 所示的数据清单。

= Table.ExpandTableColumn(已调用自定义函数, "股票查询", {"日期", "開市", "最高", "最低", "收市*", "經調整收

	公司名称	公司代码	开始日期	结束日期	开始日期_Unix	结束日期_Unix	日期
1	耐克	NKE	2018/6/1	2018/6/21	1527811200	1529539200	2018/6/2
2	耐克	NKE	2018/6/1	2018/6/21	1527811200	1529539200	2018/6/1
3	耐克	NKE	2018/6/1	2018/6/21	1527811200	1529539200	2018/6/1
4	耐克	NKE	2018/6/1	2018/6/21	1527811200	1529539200	2018/6/1
5	耐克	NKE	2018/6/1	2018/6/21	1527811200	1529539200	2018/6/1
6	耐克	NKE	2018/6/1	2018/6/21	1527811200	1529539200	2018/6/1
7	耐克	NKE	2018/6/1	2018/6/21	1527811200	1529539200	2018/6/1
8	耐克	NKE	2018/6/1	2018/6/21	1527811200	1529539200	2018/6/1
9	耐克	NKE	2018/6/1	2018/6/21	1527811200	1529539200	2018/6/
10	耐克	NKE	2018/6/1	2018/6/21	1527811200	1529539200	2018/6/
11	耐克	NKE	2018/6/1	2018/6/21	1527811200	1529539200	2018/6/
12	耐克	NKE	2018/6/1	2018/6/21	1527811200	1529539200	2018/6/
13	耐克	NKE	2018/6/1	2018/6/21	1527811200	1529539200	2018/6/
14	耐克	NKE	2018/6/1	2018/6/21	1527811200	1529539200	2018/6/
15	阿迪达斯	ADDYY	2018/6/1	2018/6/21	1527811200	1529539200	2018/6/2
16	阿迪达斯	ADDYY	2018/6/1	2018/6/21	1527811200	1529539200	2018/6/1
17	阿迪达斯	ADDYY	2018/6/1	2018/6/21	1527811200	1529539200	2018/6/1
18	阿迪达斯	ADDYY	2018/6/1	2018/6/21	1527811200	1529539200	2018/6/1

图 5.27　展开 Table

	公司名称	日期	開市	最高	最低	收市*	經調整收...	成交量
1	耐克	2018/6/20	74.2	74.91	73.97	74.72	74.72	4424900
2	耐克	2018/6/19	74.5	74.92	73.65	74.26	74.26	7562200
3	耐克	2018/6/18	75.28	75.76	74.91	75.61	75.61	4515900
4	耐克	2018/6/15	74.71	75.85	74.5	75.84	75.84	10977300
5	耐克	2018/6/14	74.6	75.15	74.35	74.7	74.7	4636000
6	耐克	2018/6/13	74.27	74.9	73.99	74.11	74.11	4696200
7	耐克	2018/6/12	74.42	74.61	74.07	74.29	74.29	4356500
8	耐克	2018/6/11	75.06	75.21	74.54	74.59	74.59	4902800
9	耐克	2018/6/8	74.78	75.07	74.3	74.9	74.9	5524900
10	耐克	2018/6/7	74.95	75.91	74.65	74.76	74.76	6846300
11	耐克	2018/6/6	74.38	74.94	74.19	74.75	74.75	5318100
12	耐克	2018/6/5	73.61	74.22	73.14	74.05	74.05	4928700
13	耐克	2018/6/4	73	73.87	72.79	73.83	73.83	4565400
14	耐克	2018/6/1	72.12	72.95	72.12	72.76	72.76	4076800
15	阿迪达斯	2018/6/20	109.4	109.86	108.69	109.67	109.67	43200
16	阿迪达斯	2018/6/19	109.75	110.34	109.4	110.29	110.29	55600
17	阿迪达斯	2018/6/18	113.03	113.52	112.37	113.52	113.52	47000
18	阿迪达斯	2018/6/15	116	117.02	115.75	116.81	116.81	55200

图 5.28　删除列后的表格

5.3.7　日期分组

我们扩大日期范围，比如查看从 2017 年 1 月 1 日到 2018 年 6 月 21 的数据，会发现 Power BI 仅仅抓取了最近几个月的数据，2017 年的数据无法抓取。回到网页检

查，会看到网页本身并不会显示全部数据，而是用鼠标下拉才会完全显示。这种设置方式造成了数据丢失。基于短时间范围内的数据可以完全显示这个事实，我们可以将时间长的数据进行分组，比如 90 天一组，分别进行抓取。

（1）通过图 5.29 所示的公式，新增自定义列，将结束日期与开始日期相减，除以 90，判断数据分多少组。

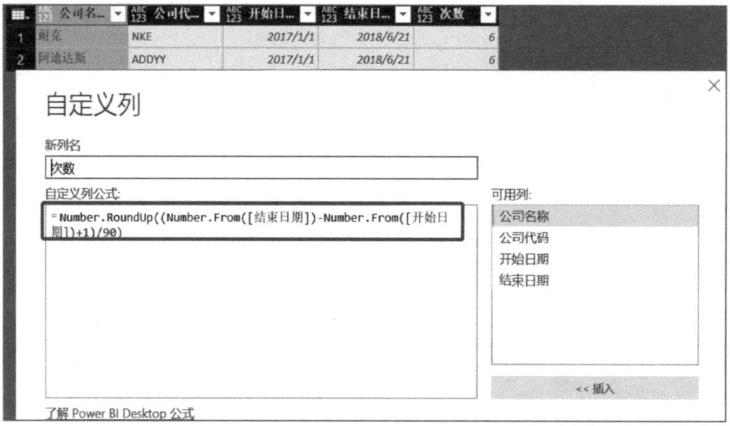

图 5.29　次数公式

贴士

Number.RoundUp 为向上进位，类似地，Number.RoundDown 为向下进位。

（2）分组完成后，再次新增图 5.30 所示的自定义列，使得行数重复相应次数显示。

图 5.30　重复次数公式

贴士

{1..10}可以生成 1～10 的数字列表，类似地，{"A".."Z"}可以生成 A～Z 的大写字母。

本例中，抓取时间段总共有 537 天，每组 90 天，共 6 组，重复 6 次显示，如图 5.31 所示。

	公司名...	公司代...	开始日...	结束日...	次数	重复次...
1	耐克	NKE	2017/1/1	2018/6/21	6	1
2	耐克	NKE	2017/1/1	2018/6/21	6	2
3	耐克	NKE	2017/1/1	2018/6/21	6	3
4	耐克	NKE	2017/1/1	2018/6/21	6	4
5	耐克	NKE	2017/1/1	2018/6/21	6	5
6	耐克	NKE	2017/1/1	2018/6/21	6	6
7	阿迪达斯	ADDYY	2017/1/1	2018/6/21	6	1
8	阿迪达斯	ADDYY	2017/1/1	2018/6/21	6	2
9	阿迪达斯	ADDYY	2017/1/1	2018/6/21	6	3
10	阿迪达斯	ADDYY	2017/1/1	2018/6/21	6	4
11	阿迪达斯	ADDYY	2017/1/1	2018/6/21	6	5
12	阿迪达斯	ADDYY	2017/1/1	2018/6/21	6	6

图 5.31　重复显示结果

（3）按照图 5.32 所示新增自定义列，设置每个组内的开始日期。

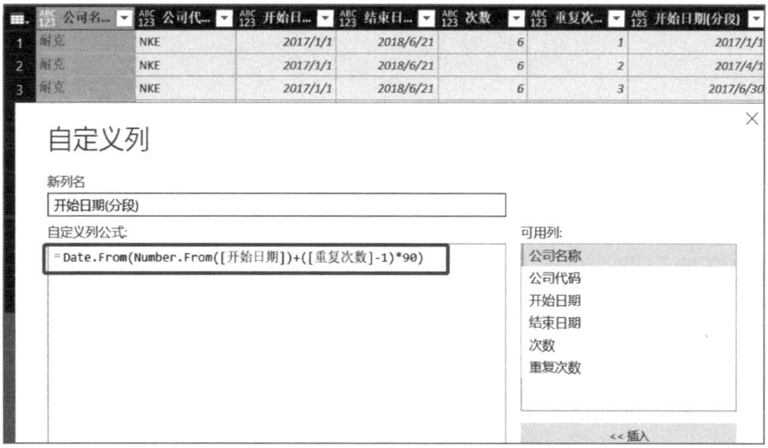

图 5.32　分段开始日期公式

（4）设置分段结束日期，如图 5.33 所示。

图 5.33　分段结束日期公式

贴士

在 Query 中使用条件语句与在 Excel 界面不同，格式是 if…then…else。

这样每个公司拥有了新的小段的时间段，如图 5.34 所示。

	公司名...	公司代...	开始日...	结束日...	次数		开始日期(分段)	结束日期(分段)
1	耐克	NKE	2017/1/1	2018/6/21	6	1	2017/1/1	2017/3/31
2	耐克	NKE	2017/1/1	2018/6/21	6	2	2017/4/1	2017/6/29
3	耐克	NKE	2017/1/1	2018/6/21	6	3	2017/6/30	2017/9/27
4	耐克	NKE	2017/1/1	2018/6/21	6	4	2017/9/28	2017/12/26
5	耐克	NKE	2017/1/1	2018/6/21	6	5	2017/12/27	2018/3/26
6	耐克	NKE	2017/1/1	2018/6/21	6	6	2018/3/27	2018/6/21
7	阿迪达斯	ADDYY	2017/1/1	2018/6/21	6	1	2017/1/1	2017/3/31
8	阿迪达斯	ADDYY	2017/1/1	2018/6/21	6	2	2017/4/1	2017/6/29
9	阿迪达斯	ADDYY	2017/1/1	2018/6/21	6	3	2017/6/30	2017/9/27
10	阿迪达斯	ADDYY	2017/1/1	2018/6/21	6	4	2017/9/28	2017/12/26
11	阿迪达斯	ADDYY	2017/1/1	2018/6/21	6	5	2017/12/27	2018/3/26
12	阿迪达斯	ADDYY	2017/1/1	2018/6/21	6	6	2018/3/27	2018/6/21

图 5.34　分段结果

按照新的开始日期、结束日期设置 UNIX 时间，即可抓取全部的数据。

5.4　制作可视化报告

通过前面两节的学习，我们已顺利抓取需要的数据，本节进行图表界面设置。设立日期区间切片器可以选择显示数据的日期范围，品牌切片器用来选择相应品牌，卡片图用来显示数据的最后日期，折线和簇状柱形图用来显示详细数据。

（1）将日期列设置为切片器，如图 5.35 所示，切片方式选择“介于”，用于按照指定时间段变化图表。

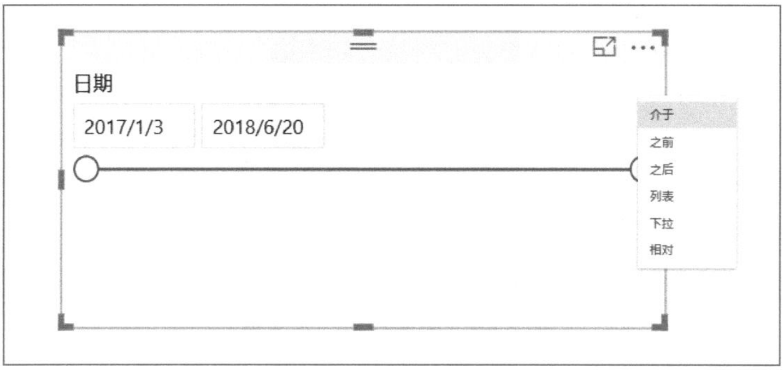

图 5.35　日期切片器设置

（2）将公司名称设置为水平切片器，用于切换查看不同公司数据，如图 5.36 所示。

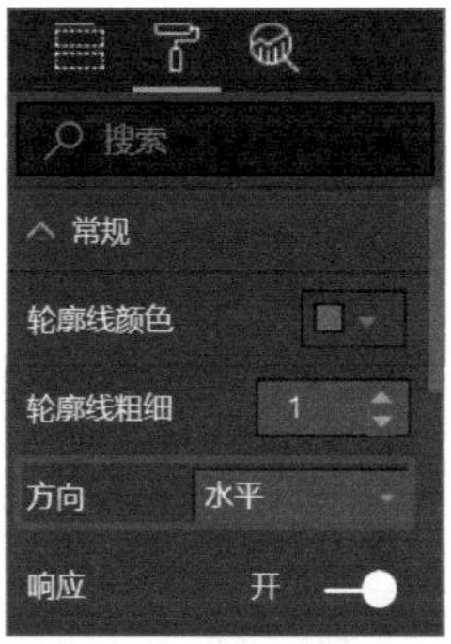

图 5.36　公司名称切片器设置

（3）新建最新日期度量值，将该度量值设置为卡片图，用于显示当前最新数据日期。

```
最新日期 =MAX('查询列表'[日期])
```

（4）选择折线和簇状柱形图，如图 5.37 所示，共享轴为“日期”，列值为“成交量”，行值为“经调整收市价”。

设置完成后，我们即可得到图 5.38 所示的动态报告。

图 5.37　图表数据行列设置

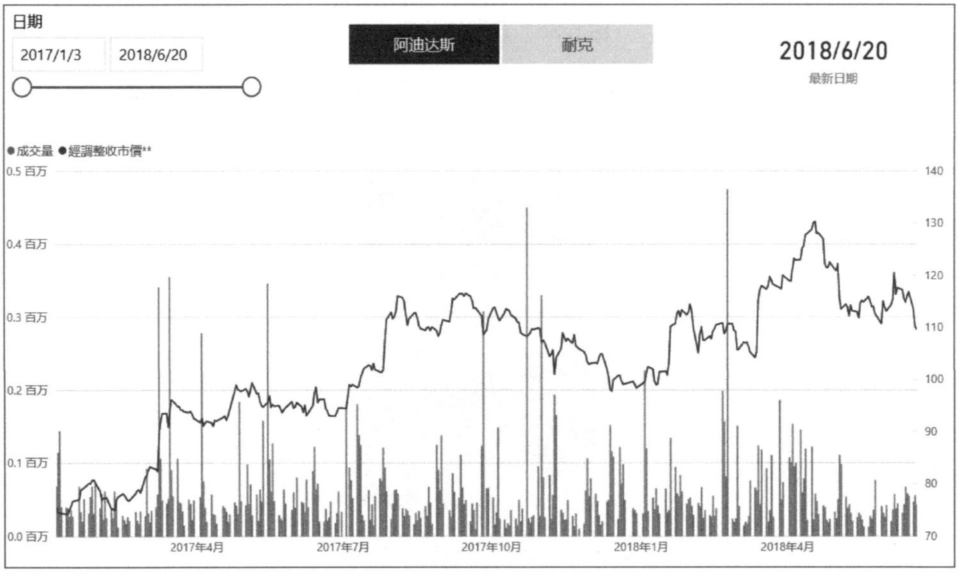

图 5.38　阿迪达斯报告结果

5.5　总结

通过本章的学习，我们掌握了如何利用 Power BI 构建爬虫，抓取自己关注公司的历年股票信息。

第一步，找到数据对应的 URL，并对 URL 结构进行分析，找到变量位置以便动态加载。

第二步，将 URL 导入 Power BI，并将动态部分设置为参数，生成函数，构建爬虫的主体。

第三步，通过外部数据或者虚拟 Table 构建抓取目录。并对较长的日期段进行切割，切割完成后将正常日期格式转换为 UNIX 时间戳。并将爬虫主体与抓取目录对接，从而抓到我们想要的数据。

第四步，生成需要的度量值，并选择合适的图表进行动态展现。

第3篇

3

销售案例

第 6 章 销售目标分解

制定销售目标是销售的起点。销售目标的完成来自每一天的跟进。因此，在零售等诸多业务中，有必要把销售目标分解到每一天。

目标分解的一个难点在于，许多企业的销售业务具有季节性；即使在相同月份，比如，去年 2 月和今年 2 月可能天数不同，无法完全复制；即使天数完全相同，比如，去年当月有 4 个完整周末，今年可能有 5 个完整周末，也会对销售趋势造成不同的影响。

本章已知 2017 年全年历史销售数据，2018 年每月销售目标（数据源样式如图 6.1 所示），通过 DAX 函数实现将销售目标分解到 2018 年每一天。并且考虑到以上难点，对每一天赋予不同销售权重（注：概念来源于黄成明所著《数据化管理》），使得目标分解更加合理。

销售日期	员工工号	销售员	货号	销售单编号	销量	销售额
2017/1/1	SS0141	钱多多	STY0026	C001S001-2017-01-01-001	1	561.2
2017/1/1	SS0039	金花花	STY0047	C001S001-2017-01-01-002	1	270.1
2017/1/1	SS0035	胡大花	STY0002	C001S001-2017-01-01-003	1	322.6
2017/1/1	SS0035	胡大花	STY0016	C001S001-2017-01-01-003	1	222.7
2017/1/1	SS0035	胡大花	STY0041	C001S001-2017-01-01-003	1	608.5
2017/1/1	SS0079	于非	STY0001	C001S001-2017-01-01-004	1	947
2017/1/1	SS0141	钱多多	STY0027	C001S001-2017-01-01-005	1	270.1
2017/1/1	SS0141	钱多多	STY0024	C001S001-2017-01-01-005	1	290.4
2017/1/1	SS0141	钱多多	STY0011	C001S001-2017-01-01-005	1	540.8
2017/1/1	SS0141	钱多多	STY0028	C001S001-2017-01-01-005	1	561.2
2017/1/1	SS0141	钱多多	STY0029	C001S001-2017-01-01-005	1	270.1
2017/1/1	SS0141	钱多多	STY0030	C001S001-2017-01-01-005	1	540.8

年份	月份	销售目标
2018	1	300000
2018	2	500000
2018	3	450000
2018	4	500000
2018	5	450000
2018	6	400000
2018	7	400000
2018	8	400000
2018	9	350000
2018	10	500000
2018	11	400000
2018	12	450000

图 6.1　左侧为 2017 历史销售数据，右侧为 2018 月度销售目标

当然，节假日对销售也有重大影响，本章为说明问题进行了简化处理，不考虑该因素。有需求的读者对本章公式进行少许变更，即可对一些特殊日期进行特殊处理。

6.1　制定销售系数表

本节以 2017 年销售数据为基础，赋予每个月、每周 7 天以不同销售权重，构建销售系数表，作为分解 2018 年销售目标的基础。

6.1.1　汇总销售数据

如图 6.2 所示，在销售明细表中，具有每一天、每一单、每一个货号的销售详情。该数据过于详细，我们只需要每天的销售总额。借助 SUMMARIZE 可以对需要的字段及数据进行汇总。

销售日期	员工工号	销售员	货号	销售单编号	销量	销售额
2017/1/1	SS0141	钱多多	STY0026	C001S001-2017-01-01-001	1	561.2
2017/1/1	SS0039	金花花	STY0047	C001S001-2017-01-01-002	1	270.1
2017/1/1	SS0035	胡大花	STY0041	C001S001-2017-01-01-003	1	608.5
2017/1/1	SS0035	胡大花	STY0016	C001S001-2017-01-01-003	1	222.7
2017/1/1	SS0035	胡大花	STY0002	C001S001-2017-01-01-003	1	322.6
2017/1/1	SS0079	于非	STY0001	C001S001-2017-01-01-004	1	947
2017/1/1	SS0141	钱多多	STY0024	C001S001-2017-01-01-005	1	290.4
2017/1/1	SS0141	钱多多	STY0027	C001S001-2017-01-01-005	1	270.1
2017/1/1	SS0141	钱多多	STY0011	C001S001-2017-01-01-005	1	540.8
2017/1/1	SS0141	钱多多	STY0028	C001S001-2017-01-01-005	1	561.2
2017/1/1	SS0141	钱多多	STY0029	C001S001-2017-01-01-005	1	270.1

图 6.2　销售明细表

（1）提取销售日期和销售额字段

使用建模中的新表功能，输入 SUMMARIZE 公式提取相应字段，生成新的“销售汇总”表，如图 6.3 所示。

```
销售汇总 =
SUMMARIZE ( '销售明细', '销售明细'[销售日期], "销售额", SUM ( '销售明细'[销售额] ) )
```

图 6.3　新建表提取销售日期和销售额

贴士

SUMMARIZE 函数语法为

```
SUMMARIZE(<table>, <groupBy_columnName>[, <groupBy_columnName>]…[, <name>, <expression>]…)
```

SUMMARIZE 返回的是一张表而不是一个值，它具有类似 Excel 数据透视表的功能，可以提取需要的字段进行相应运算，生成汇总表。

在本例中，SUMMARIZE 从“销售明细”表（第一个参数）中，找到“销售日期”列（第二个参数）的非重复值，并对“销售额”进行汇总（第三个参数为名称，第四个参数为值）。SUMMARIZE 不仅可用来求和，也可进行计数等透视表常用计算方法。另外，也可不进行任何计算，只提取非重复值。

SUMMARIZE 计算字段的列名可按需设置，可与原表列名相同，也可不同。

（2）新建月份、星期以及月份&星期合并列，结果如图 6.4 所示。

```
月份 = MONTH('销售汇总'[销售日期])
星期 = WEEKDAY('销售汇总'[销售日期],2)
月份&星期 = '销售汇总'[月份]&'销售汇总'[星期]
```

销售日期	销售额	月份	星期	月份&星期
2017/1/1	31204.1	1	7	17
2017/1/2	18385.2	1	1	11
2017/1/3	8132.6	1	2	12
2017/1/4	1870.2	1	3	13
2017/1/5	4821.4	1	4	14
2017/1/6	3130.7	1	5	15
2017/1/7	5290.1	1	6	16
2017/1/8	9597.2	1	7	17
2017/1/9	3688.6	1	1	11
2017/1/10	6874.3	1	2	12
2017/1/11	5835.8	1	3	13
2017/1/12	6915.5	1	4	14

图 6.4　新建月份、星期及两者的合并列

6.1.2　构建销售系数

完全按照单日的销售计算系数会比较随机，因为每天的销售结果充满了不确定性，对于业绩规模比较小的店铺尤其如此。例如，本月有四个星期一，每天销售都不相同，数据无法直接使用，但算出星期一的平均值就比较有参考价值。

（1）计算每个月、每周七天的平均销售情况

在“销售汇总”表中，新建列，输入以下公式：

```
X 月星期 X 平均销售 =
DIVIDE (
    SUMX (
        FILTER ( '销售汇总', EARLIER ( '销售汇总'[月份&星期] ) = '销售汇总'[月份&星期] ),
        '销售汇总'[销售额]
    ),
    COUNTAX (
        FILTER ( '销售汇总', EARLIER ( '销售汇总'[月份&星期] ) = '销售汇总'[月份&星期] ),
        '销售汇总'[星期]
    )
)
```

以 1 月星期一为例，在本公式中，最外层通过 DIVIDE 对 1 月所有星期一的销售额和星期一的个数相除得到 1 月星期一的平均销售额；

SUMX 用来计算星期一销售额的和；COUNTAX 用来对星期一的个数进行计数；FILTER 与 EARLIER 配合，只筛选表格中 1 月星期一的值进行求和与计数。

（2）计算星期 *X* 的系数

新建列，输入以下公式：

```
X 月星期 X 系数 =
DIVIDE (
    '销售汇总'[X 月星期 X 平均销售],
    MINX (
        FILTER ( '销售汇总', EARLIER ( '销售汇总'[月份] ) = '销售汇总'[月份] ),
        '销售汇总'[X 月星期 X 平均销售]
    )
)
```

以星期一到日平均销售额的最小值为基础，进行系数计算。在本公式中：

- 最外层 DIVIDE 用来对星期 *X* 和星期 *X* 的最小值进行除法计算；
- MINX 提取某月星期一到星期日中的最小平均销售额；
- FILTER 与 EARLIER 的用法与上一步相同。

系数计算结果如图 6 .5 所示。

销售日期	销售额	月份	星期	月份&星期	X月星期X平均销售	X月星期X系数
2017/1/1	31204.1	1	7	17	14366	1.3
2017/1/2	18385.2	1	1	11	10966	1.0
2017/1/3	8132.6	1	2	12	11576	1.1
2017/1/4	1870.2	1	3	13	14286	1.3
2017/1/5	4821.4	1	4	14	15691	1.4
2017/1/6	3130.7	1	5	15	12337	1.1
2017/1/7	5290.1	1	6	16	12479	1.1

图 6.5　*X* 月 *X* 星期系数计算结果

贴士

MINX 函数语法为

```
MINX(<table>, < expression>)
```

MINX 与 MIN 的关系类似于 SUMX 与 SUM 的关系，MINX 对指定表（第一个参数），计算每一行表达式（第二个参数）得到其中的最小值。

6.1.3　新建销售系数表

对于查看销售系数来说，销售汇总表仍然显得过于详细，我们只需要当月星期 *X* 的系数，但是销售汇总表有每天的数据，因此需要再次使用 SUMMARIZE 进行汇总，只保留月份、星期、*X* 月星期 *X* 系数等必要字段。

新建表，输入以下公式，即可得到图 6.6 中的销售系数表。

```
销售系数表 =
SUMMARIZE(
    '销售汇总',
    '销售汇总'[月份],
    '销售汇总'[星期],
    '销售汇总'[月份&星期],
    '销售汇总'[X 月星期 X 系数]
)
```

月份	星期	月份&星期	X月星期X系数
1	1	11	1.00
1	2	12	1.06
1	3	13	1.30
1	7	17	1.31
1	4	14	1.43
1	5	15	1.13
1	6	16	1.14
2	6	26	2.25
2	3	23	1.00

图 6.6　销售系数表

通过以上操作即完成了整个销售系数表的构建。

6.2　分解销售目标

本节通过计算 2018 年每个月的不同星期状况，与销售总目标、销售系数进行匹配，将目标分解到每一天。

6.2.1　构建完整日期列表

日期表的构建有多种方式，本例使用 CALENDAR 函数新建。新建表，起名为

"2018 销售目标分解"，使用 CALENDAR 函数，分别输入起止日期，结果如图 6.7 所示。

```
2018 销售目标分解 =
CALENDAR ( DATE ( 2018, 1, 1 ), DATE ( 2018, 12, 31 ) )
```

图 6.7　构建 2018 完整日期列表

与 6.1.1 节中的用法相同，新建月份、日期和二者的合并列。一个简单的日期表即建立完成。

贴士

CALENDAR 函数语法为

```
CALENDAR(<start_date>, <end_date>)
```

CALENDAR 返回一个表，该表由一个 DATE 列构成，值为指定开始日期（第一个参数）和结束日期（第二个参数）之间的连续日期，并且包含起止日期。CALENDAR 常用于快速建立日期表，以便进行时间智能计算。CALENDAR 包含的日期最好是完整年份。

6.2.2　建立关系

由于 2018 销售目标分解表中欠缺必要的字段，因此将它与销售目标、销售系数表分别建立关系，以便进行数据引用。切换到关系视图，如图 6.8 所示，对三张表建立关系。

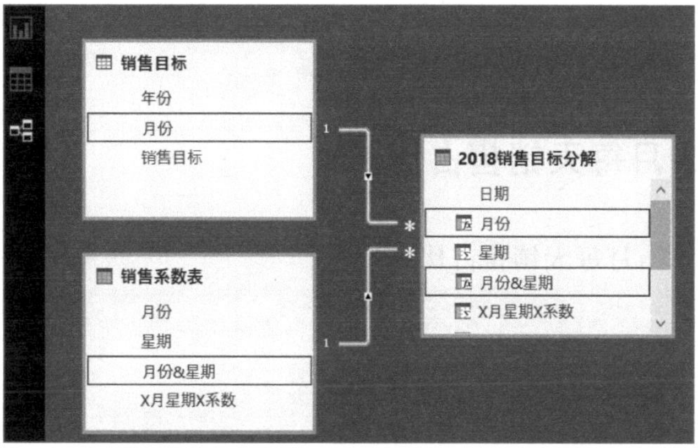

图 6.8　建立关系

贴士

关系视图中各表的位置与显示大小可以调整，期初对各表进行规整有利于读者对模型结构有清晰的认知。

6.2.3　引入销售系数和当月销售总目标

使用以下公式，分别在“2018 销售目标分解”表中新建列，结果如图 6.9 所示。

```
X 月星期 X 系数 = RELATED('销售系数表'[X 月星期 X 系数])
当月销售总目标 = RELATED('销售目标'[销售目标])
```

日期	月份	星期	月份&星期	X月星期X系数	当月销售总目标
2018/1/1	1	1	11	1.00	300000
2018/1/2	1	2	12	1.06	300000
2018/1/3	1	3	13	1.30	300000
2018/1/4	1	4	14	1.43	300000
2018/1/5	1	5	15	1.13	300000
2018/1/6	1	6	16	1.14	300000
2018/1/7	1	7	17	1.31	300000
2018/1/8	1	1	11	1.00	300000

图 6.9　新建销售系数和当月销售总目标列

贴士

RELATED 只适用于在多端引用一端的数据，当需要在一端引用多端的数据时，使用 RELATEDTABLE。

6.2.4 计算当月每天销售占比

新建列，计算当月每天销售占比：

```
当月销售占比 =
DIVIDE (
    '2018 销售目标分解'[X 月星期 X 系数],
    SUMX (
        FILTER ( '2018 销售目标分解', EARLIER ( '2018 销售目标分解'[月份] ) =
'2018 销售目标分解'[月份] ),
        '2018 销售目标分解'[X 月星期 X 系数]
    )
)
```

通过 SUMX 对每个月的系数进行求和，使用 DIVIDE 计算占比。计算结果如图 6.10 所示。

日期	月份	星期	月份&星期	X月星期X系数	当月销售总目标	当月销售占比
2018/1/1	1	1	11	1.00	300000	2.7%
2018/1/2	1	2	12	1.06	300000	2.9%
2018/1/3	1	3	13	1.30	300000	3.5%
2018/1/4	1	4	14	1.43	300000	3.9%
2018/1/5	1	5	15	1.13	300000	3.1%
2018/1/6	1	6	16	1.14	300000	3.1%
2018/1/7	1	7	17	1.31	300000	3.6%
2018/1/8	1	1	11	1.00	300000	2.7%
2018/1/9	1	2	12	1.06	300000	2.9%

图 6.10　当月每天销售占比结果

6.2.5 计算每天的销售目标

新建列，计算每天的销售目标，如图 6.11 所示。

```
当天销售目标 =
'2018 销售目标分解'[当月销售总目标]*'2018 销售目标分解'[当月销售占比]
```

```
当天销售目标 = '2018销售目标分解'[当月销售总目标]*'2018销售目标分解'[当月销售占比]
```

日期	月份	星期	月份&星期	X月星期X系数	当月销售总目标	当月销售占比	当天销售目标
2018/1/1	1	1	11	1.00	300000	2.7%	8150
2018/1/2	1	2	12	1.06	300000	2.9%	8604
2018/1/3	1	3	13	1.30	300000	3.5%	10618
2018/1/4	1	4	14	1.43	300000	3.9%	11663
2018/1/5	1	5	15	1.13	300000	3.1%	9170
2018/1/6	1	6	16	1.14	300000	3.1%	9275
2018/1/7	1	7	17	1.31	300000	3.6%	10677

图 6.11　计算每天销售目标

通过以上操作即完成了对 2018 年每日销售目标的分解。

贴士

对于分解好的销售目标，可以切换到数据视图，将整个结果复制到 Excel 中，以作他用。

6.3　总结

本章我们通过构建销售系数实现了对销售目标的分解（图 6.12 所示为分解后的结果）：

- 通过 SUMMARIZE 对数据进行透视与汇总；
- 通过 SUMX, COUNTAX, MINX 进行条件求和、计数、求最小值；
- 通过 FILTER 与 EARLIER 配合对表格进行筛选；
- 通过 CALENDAR 生成一个全新的日期列表。

为求细致，本部分进行了步骤拆分，有兴趣的读者可以合并步骤进行尝试。对于案例中没有讲到的节日因素，读者也可通过对星期列进行特殊备注来实现。

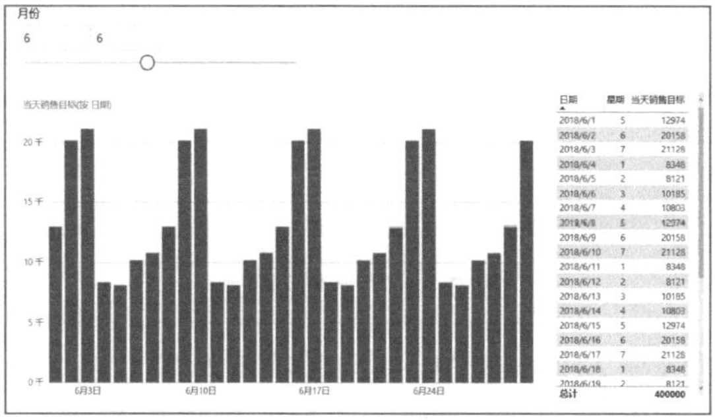

图 6.12　分解结果展示

6.4 延伸阅读：时间进度动态甘特图

在零售业，时不时会有新店开业，各部门需配合完成图纸确认、施工、招聘、货品配发、卖场出样等工作。如图 6.13 所示，借助 Power BI 中的甘特图，我们可以方便地实现动态时间进度管理。

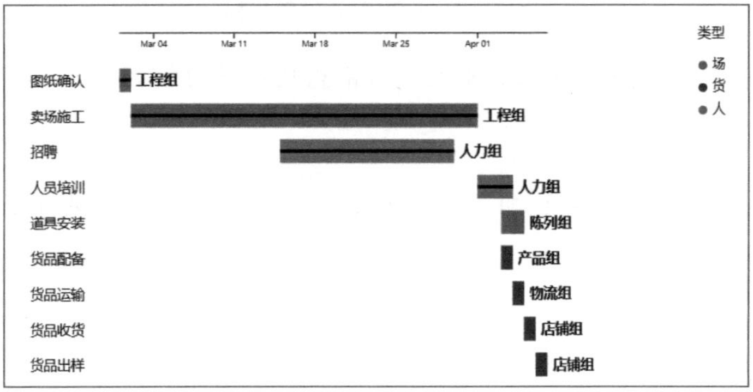

图 6.13 动态甘特图

（1）在 Power BI desktop 的市场中，找到甘特图，将甘特图添加到自定义图表中，如图 6.14 所示。

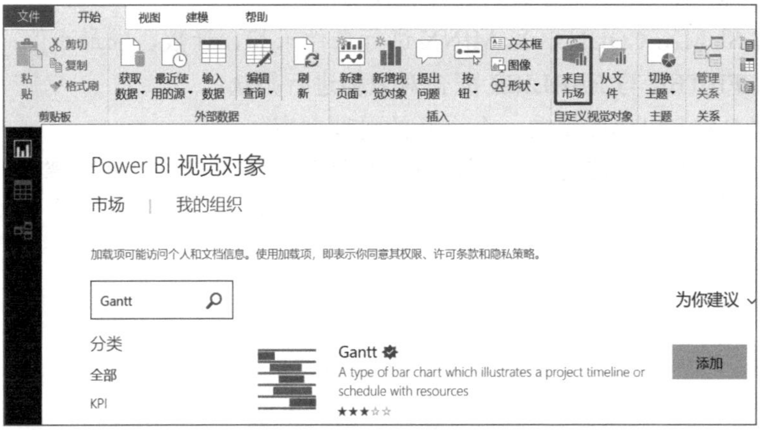

图 6.14 甘特图描述

（2）将 Excel 数据源导入 Power BI，使用甘特图对各主要字段进行设置，如图 6.15 所示。在 Legend 处可以填写任务类型，比如这里将任务分为人、货、场三类；在 Task 处可填写任务名称，比如人员招聘、卖场施工；Start Date 即当前任务的开始时间；Duration 即该任务需要多久可以完成；%Completion 即该任务的完成进度；Resource 可以灵活使用，此案例填写该项任务由哪个部门负责。

图 6.15　甘特图字段设置

设置好之后，我们就可以看到每个部门每项任务的完成状况，旁边可以增加一个切片器，用来分部门动态查看，如图 6.16 所示。

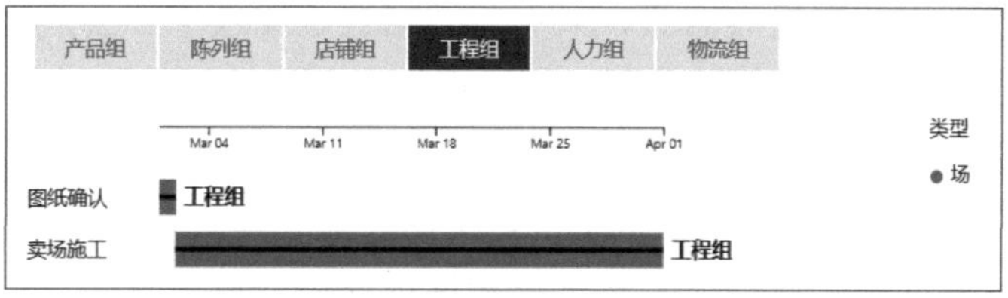

图 6.16　图纸确认任务进度明细

第 7 章

业绩达成分析

在第 1 章中我们制作了一个简要的销售报告。本章从两个层面对销售业绩分析进行优化：

- 单独一个业绩数据没有意义，只有将数据置于比较中才会产生意义。通过建立日期表，使用时间智能函数，可以更加方便地计算累计销售额（YTD）、同比（与去年同期对比）、环比（与上月对比）等数据。
- 在图表层面，使用 KPI Indicator 自定义图表能更加直观地显示业绩完成状况；使用表格条件格式对同比、环比等数据进行分阶显示。

图 7.1 为优化后的业绩达成报告。

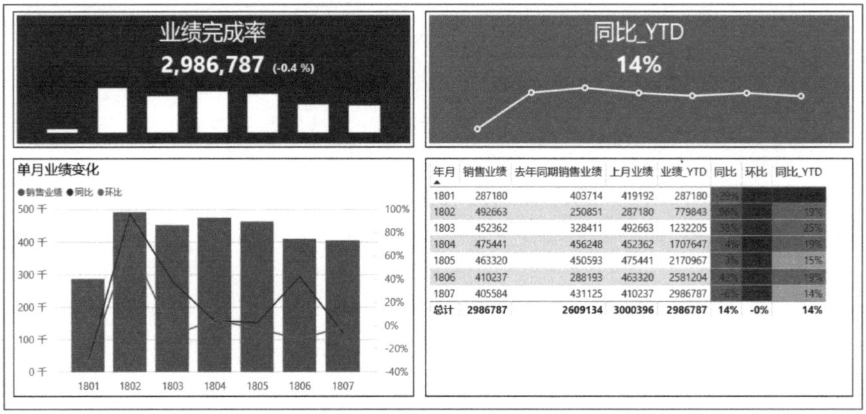

图 7.1 业绩达成报告

本章的数据源包含销售明细和销售目标两个表格，其中销售明细中含有 2017 年的全部数据及 2018 年已发生部分月份的数据，如图 7.2 所示。

销售日期	员工工号	销售员	货号	销售单编号	销量	销售额
2017/1/1	SS0141	钱多多	STY0026	C001S001-2017-01-01-001	1	561.2
2017/1/1	SS0039	金花花	STY0047	C001S001-2017-01-01-002	1	270.1
2017/1/1	SS0035	胡大花	STY0002	C001S001-2017-01-01-003	1	322.6
2017/1/1	SS0035	胡大花	STY0016	C001S001-2017-01-01-003	1	222.7
2017/1/1	SS0035	胡大花	STY0041	C001S001-2017-01-01-003	1	608.5
2017/1/1	SS0079	于非	STY0001	C001S001-2017-01-01-004	1	947
2017/1/1	SS0141	钱多多	STY0027	C001S001-2017-01-01-005	1	270.1
2017/1/1	SS0141	钱多多	STY0024	C001S001-2017-01-01-005	1	290.4
2017/1/1	SS0141	钱多多	STY0011	C001S001-2017-01-01-005	1	540.8

日期	月份	销售目标
2018/1/1	1	8150
2018/1/2	1	8604
2018/1/3	1	10618
2018/1/4	1	11663
2018/1/5	1	9170
2018/1/6	1	9275
2018/1/7	1	10677
2018/1/8	1	8150
2018/1/9	1	8604

图 7.2　数据源构成：左侧为销售明细，右侧为销售目标

7.1　创建日期表

日期表是使用时间智能函数的基础，Power BI 可以为具有日期或日期/时间类型的字段自动创建一个隐藏的日期表，如图 7.3 所示。但该类型的日期表并不能很好地满足需求，在模型复杂的情况下也会导致文件体积偏大，这就要求我们手动建立日期表。本节介绍手动创建日期表的三种方式。

图 7.3　内置日期表

7.1.1　使用 Excel 文件创建日期表

要用 Excel 创建日期表，只需在工作表中手动填写相应日期字段，导入 Power BI，并标记为日期表即可。

（1）准备一张具有日期的 Excel 表格，如图 7.4 所示。第一列，日期列是必备列，日期范围可以按需进行罗列。年份、季度、月份等字段为自定义日期字段，可按需添加。

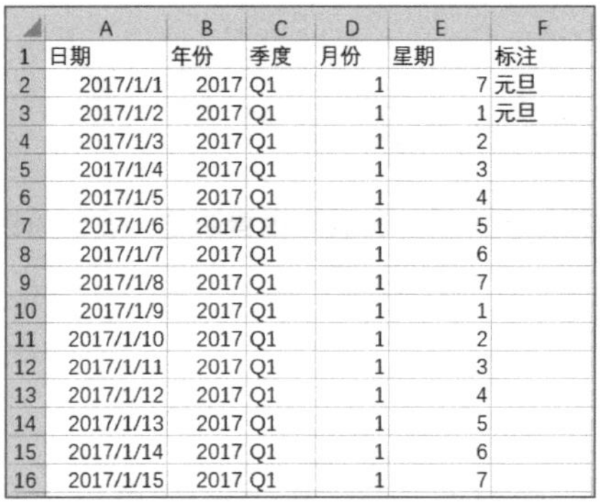

	A	B	C	D	E	F
1	日期	年份	季度	月份	星期	标注
2	2017/1/1	2017	Q1	1	7	元旦
3	2017/1/2	2017	Q1	1	1	元旦
4	2017/1/3	2017	Q1	1	2	
5	2017/1/4	2017	Q1	1	3	
6	2017/1/5	2017	Q1	1	4	
7	2017/1/6	2017	Q1	1	5	
8	2017/1/7	2017	Q1	1	6	
9	2017/1/8	2017	Q1	1	7	
10	2017/1/9	2017	Q1	1	1	
11	2017/1/10	2017	Q1	1	2	
12	2017/1/11	2017	Q1	1	3	
13	2017/1/12	2017	Q1	1	4	
14	2017/1/13	2017	Q1	1	5	
15	2017/1/14	2017	Q1	1	6	
16	2017/1/15	2017	Q1	1	7	

图 7.4　Excel 格式的日期表

（2）标记日期表

将 Excel 文件导入 Power BI，并标记为日期表，即可正常使用，如图 7.5 所示。

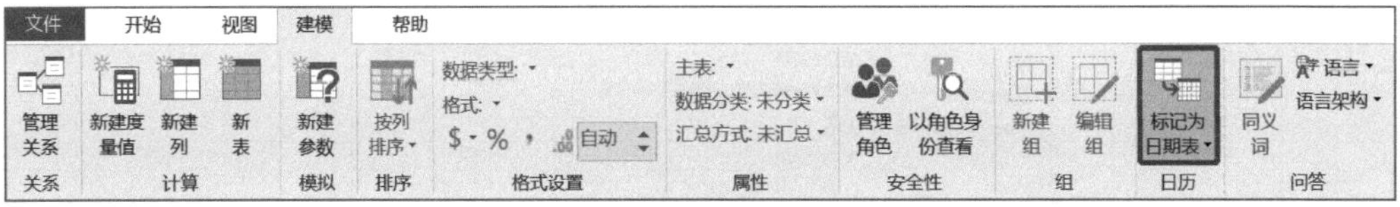

图 7.5　标记日期表

Excel 版本的日期表的最大优点是灵活。可以随时进行改动。也可以添加备注列，对重大节假日、公司重大事项进行标注，以便在报表中使用。

7.1.2　使用 DAX 函数创建日期表

DAX 创建日期表有多种方法，本节介绍最简单的两种：CALENDARAUTO 和 CALENDAR。CALENDARAUTO 依托于数据源中的日期范围，CALENDAR 用于手动指定日期范围。

1. CALENDARAUTO 构建法

新建一个空白表，输入图 7.6 中所示的公式，Power BI 即可自动识别数据中涉及的日期范围，生成日期表格。本例中，自动生成 2017—2018 年的所有日期。其他需要的日期字段，如年、月等，类似于 Excel，新建列，用 YEAR, MONTH 等函数创建即可。创建完成后将该表标记为日期表。

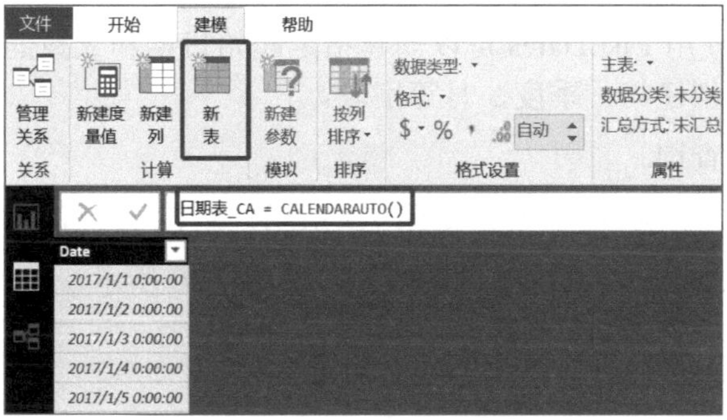

图 7.6　用 CALENDARAUTO 构建日期表

2. CALENDAR 构建法

新建空白表，使用 CALENDAR 函数，分别输入开始日期和结束日期，即可生成相应范围的日期表，如图 7.7 所示。

图 7.7　用 CALENDAR 构建日期表

DAX 最大的好处在于无须外置表格，此处展示了基础日期表 DAX 制作方法，如果读者有更复杂的应用需求，则可参考 SQLBI 出品的日期表，如图 7.8 所示。

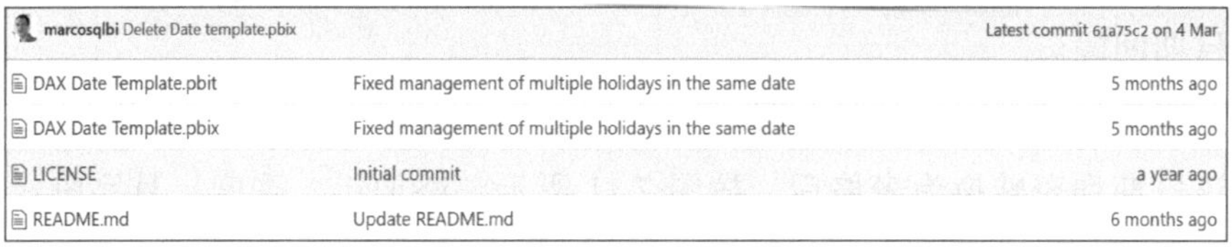

图 7.8　SQLBI 团队的日期表

读者可在 Github 下载源文件，略微修改即可为自己所用。下载地址：

https://github.com/sql-bi/DaxDateTemplate

7.1.3 使用 M 函数创建日期表

在 Query 中，使用 List.Dates 可以创建指定起始日期和天数的日期表，并不使用公式，只需点鼠标创建年、季度、月等字段。

（1）新建空白查询

打开 Power BI 的 Query 后台，如图 7.9 所示，新建一个空白查询。

（2）使用 List.Dates 函数构建日期列表，如图 7.10 所示。

图 7.9 新建空白查询

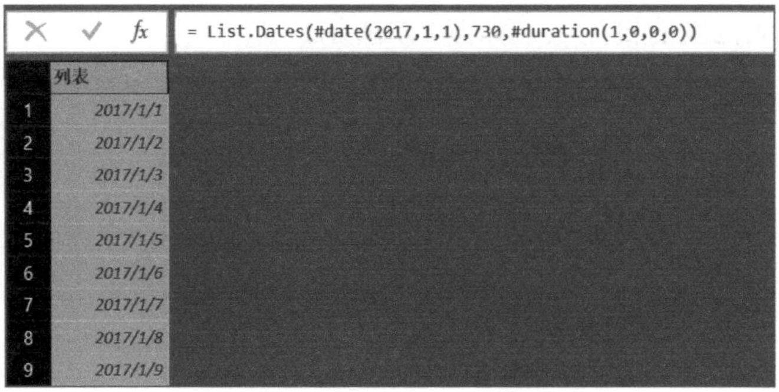

图 7.10 用 List.Dates 构建日期列表

该函数有三个参数：第一个参数是起始日期，第二个参数是日期天数，第三个参数是日期间隔。

（3）添加年、季度、月份字段

将该日期列表转换为表格后，按图 7.11 所示，添加年、季度、月字段。

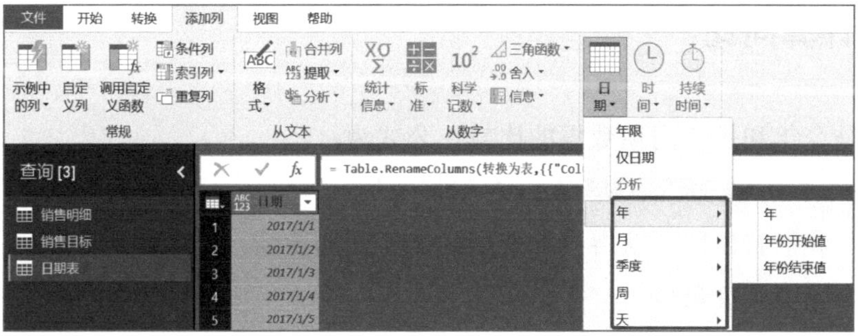

图 7.11　添加年、季度、月字段

添加完成后，关闭并应用，即可进入 Power BI 主界面进行下一步操作。

M 函数构建日期表的优点在于，年月等字段无需公式，可自动生成。另外，可导入网络上的假日、天气等数据，使得日期表更加实用。

贴士

日期表的日期需要完整，中间不能有隔断。三种建立日期表的方式不分好坏，可按照报表需求选择使用。

7.2　计算同比、环比、累计销售

日期表建立之后，如图 7.12 所示，建立日期表与其他数据之间的关系，即可使用时间智能函数计算同比、环比、累计等度量值。孤立的数据没有意义，同比、环比查看时间维度的对比关系，累计查看年初到截止时间的状况。

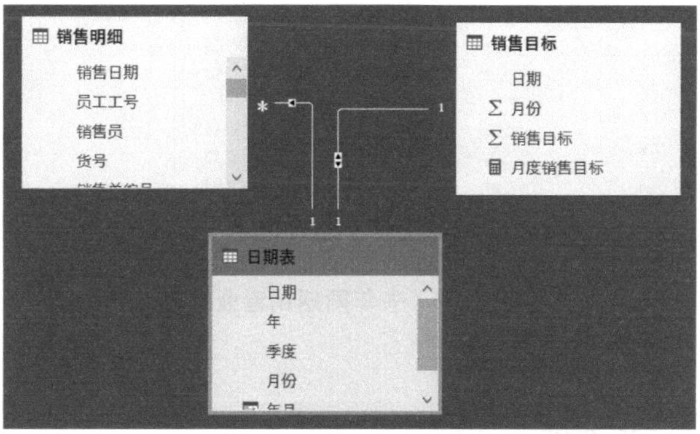

图 7.12　日期表与其他数据建立关系

7.2.1 计算同比

同比是今年和去年同期数据的比较。公式为：

```
同比%=（本期业绩-去年同期业绩）/去年同期业绩*100%
```

因此，我们首先需要获得本期业绩和去年同期业绩。

（1）新建业绩度量值

业绩度量值直接对业绩求和即可：

```
销售业绩 =SUM('销售明细'[销售额])
```

（2）新建去年业绩度量值

```
去年同期销售业绩 =
CALCULATE ( [销售业绩], DATEADD ( '日期表'[日期], -1, YEAR ) )
```

去年业绩需要 CALCULATE 与时间智能函数 DATEADD 配合进行计算。在 DATEADD 的三个参数中，第一个是日期列表；第二个和第三个配合代表向前推一年，即去年同期的销售数据。如图 7.13 所示表格显示去年同期业绩。2017 年的“去年同期”无数据，是因为数据源中只有 2017 年和 2018 年的数据。

年	月份	销售业绩	去年同期销售业绩
2017	1	403714	
2017	2	250851	
2017	3	328411	
2017	4	456248	
2017	5	450593	
2017	6	288193	
2017	7	431125	
2017	8	389990	
2017	9	344284	
2017	10	476489	
2017	11	408415	
2017	12	419192	
2018	1	287180	403714
2018	2	492663	250851
2018	3	452362	328411
2018	4	475441	456248
2018	5	463320	450593
2018	6	410237	288193
2018	7	405584	431125

图 7.13 去年同期销售业绩

贴士

DATEADD 函数语法为

```
DATEADD(<dates>,<number_of_intervals>,<interval>)
```

DATEADD 是本书涉及的第一个时间智能函数，它返回一个表，这个表包含日期列，并对日期进行向前或向后推移。第二个参数为整数，表示推移幅度，正数表示向未来，负数表示向过去。第三个参数表示按照什么推移，可以是年、季度、月、天等。

（3）新建同比度量值

```
同比 =DIVIDE([销售业绩]-[去年同期销售业绩],[去年同期销售业绩])
```

贴士

“同比”指和去年同期进行比较，两者可以比较的前提是外部环境基本一致。假设今年春节在 2 月份，去年春节在 1 月份，今年 2 月的业绩和去年 2 月相比就没有可比性。另外，店铺本身如果发生位置变更、装修升级等情况，该店铺当月业绩也无法同比。

7.2.2　计算环比

本案例中的环比为本月和上月数据进行比较。公式为：

```
环比%=（本月业绩-上月业绩）/本月业绩*100%
```

本月业绩在 7.1.1 节中已新建度量值，在本环节只需添加上月业绩度量值。

（1）新建上月业绩度量值

```
上月业绩 =
CALCULATE ( [销售业绩], DATEADD ( '日期表'[日期], -1, MONTH ) )
```

与去年同期销售业绩度量值雷同，上月业绩也使用 DATEADD 函数，不同的是最后一个参数更换为 MONTH，对月进行滚动。计算结果如图 7.14 所示。数据源中并没有 2016 年 12 月的数据，因此 2017 年 1 月的上月业绩为空白。

（2）新建环比度量值

```
环比 = DIVIDE([销售业绩]-[上月业绩],[上月业绩])
```

年	月份	销售业绩	上月业绩
2017	1	403714	
2017	2	250851	403714
2017	3	328411	250851
2017	4	456248	328411
2017	5	450593	456248
2017	6	288193	450593
2017	7	431125	288193
2017	8	389990	431125
2017	9	344284	389990
2017	10	476489	344284
2017	11	408415	476489
2017	12	419192	408415
2018	1	287180	419192
2018	2	492663	287180
2018	3	452362	492663
2018	4	475441	452362
2018	5	463320	475441
2018	6	410237	463320
2018	7	405584	410237

图 7.14　上月业绩

贴士

环比数据和同比数据一样，如果外部环境已发生大的变化，则环比数据意义不大。在颗粒度比较细的销售跟踪上（比方按周跟踪），环比会有不错的参考价值。

7.2.3　计算累计销售额

累计销售额指从 1 月 1 日到当前的销售额，累计销售额一般与年度销售目标或者去年的累计销售额做对比，用以查看销售进度。

新建度量值，输入以下函数：

```
业绩_YTD = TOTALYTD([销售业绩],'日期表'[日期])
```

贴士

TOTALYTD 函数语法为

```
TOTALYTD(<expression>,<dates>[,<filter>][,<year_end_date>])
```

使用 TOTALYTD 在当前上下文中计算从年初至今的累计值，第一个参数为计算的内容，第二个参数为日期列表，第三个参数非必选项，指定一个过滤器，第四个参数用来定义年终日期，默认为 12 月 31 日。部分企业财年与自然年并不重合，可使用第四个参数指定财年的最后日期。

类似地，TOTALQTD 用来计算季度累计值，TOTALMTD 用来计算月度累计值。

计算结果如图 7.15 所示。2017 年从 1 月开始累加，到 2018 年 1 月，2017 年数据停止累加，变更为 2018 年数据。

年	月份	销售业绩	业绩_YTD
2017	1	403714	403714
2017	2	250851	654565
2017	3	328411	982976
2017	4	456248	1439223
2017	5	450593	1889817
2017	6	288193	2178009
2017	7	431125	2609134
2017	8	389990	2999124
2017	9	344284	3343408
2017	10	476489	3819897
2017	11	408415	4228312
2017	12	419192	4647504
2018	1	287180	287180
2018	2	492663	779843
2018	3	452362	1232205
2018	4	475441	1707647
2018	5	463320	2170967
2018	6	410237	2581204
2018	7	405584	2986787

图 7.15　计算 YTD 业绩

前面我们讲到了按月进行计算同比，有时有查看累计同比数据的需求，比如要将去年 1～7 月和今年 1～7 月累计数据进行对比，只需要将前文中的业绩相关度量值替换为 YTD 相关即可：

```
去年同期销售业绩_YTD =
CALCULATE([业绩_YTD],DATEADD('日期表'[日期],-1,YEAR))
同比_YTD =
DIVIDE([业绩_YTD]-[去年同期销售业绩_YTD],[去年同期销售业绩_YTD])
```

贴士

度量值之间在相互引用时，最好将度量值前面的表格名称去掉，不仅起到简化书写的作用，而且可以与新建的计算列区别开来。

7.3　制作可视化报告

本节使用自定义图表 KPI Indicator 体现业绩完成率和累计同比状况，使用折线和簇状柱形图体现业绩按时间变化趋势，使用条件格式对表格进行增强，更直观地体现每月业绩在不同维度的对比情况。

7.3.1　设置业绩完成率图表

业绩完成率与同比使用相同图表 KPI Indicator，但采取不同表现形式。业绩完成率将使用该图表的柱形表现。在图表市场中，找到 KPI Indicator，添加到 Power BI 中，如图 7.16 所示。

图 7.16　KPI Indicator 图表

贴士

使用市场中的自定义图表有三种方式，第一种为在开始工具栏选择来自“市场”查找。第二种是将自定义图表从微软官网下载到本地，从本地文件导入。第三种为在可视化图表选择区点击省略号导入。导入的自定义图表如不使用，则可单击鼠标右键进行删除。

（1）选择 KPI Indicator，将销售业绩拖入 Actual value 区域，将销售目标拖入 Target value 区域，将 Trend axis 设置为年月，如图 7.17 所示。

图 7.17　业绩完成率图表字段设置

（2）在格式设置区，将 Banding type 设置为 Increasing is better，表示业绩越高越好；将 Banding comparison 设置为 Relative，则按比率（业绩完成率差异）显示括号中的值；此处显示业绩，因此千分位符可以打开，如图 7.18 所示。

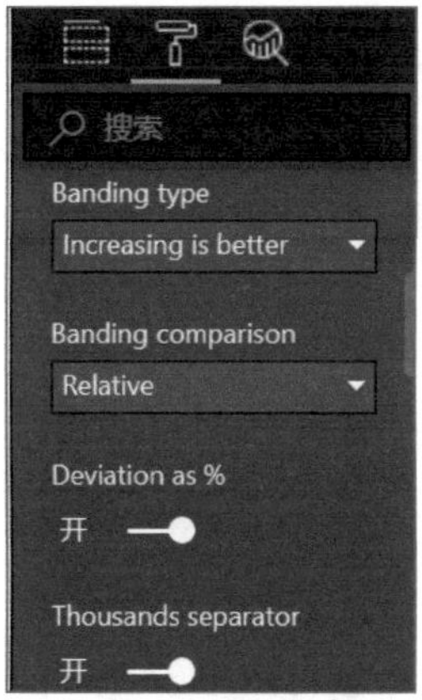

图 7.18　业绩完成率图表格式设置

贴士

Banding type 除可设置为 Increasing is better 外，还可设置为 Decreasing is better 或者 Closer is better，适用于越低越好或者越近越好的指标。Banding comparison 除可设置为相对值之外，还可设置为绝对值，用于查看目标与实际之间的绝对差异。

（3）将 Aggregation type 设置为 Sum，意味着图表最后会显示所有月份的业绩之和，如图 7.19 所示。

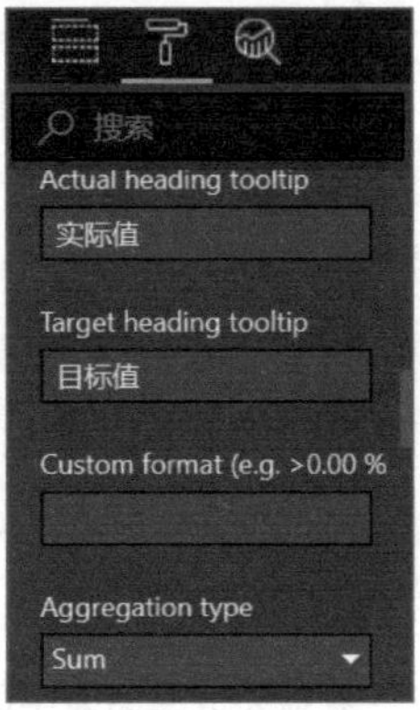

设置 7.19　设置 Aggregation type

贴士

Aggregation type 除了可以求和外，还可以显示平均值或者最后一个值。例如库存数量查看求和没有意义，查看最后一个月的剩余库存比较有意义。

（4）KPI 状况的颜色也可在 KPI Colors 标签处进行个性化设置，此处，我们将完成设置为绿色，未完成设置为红色，如图 7.20 所示。

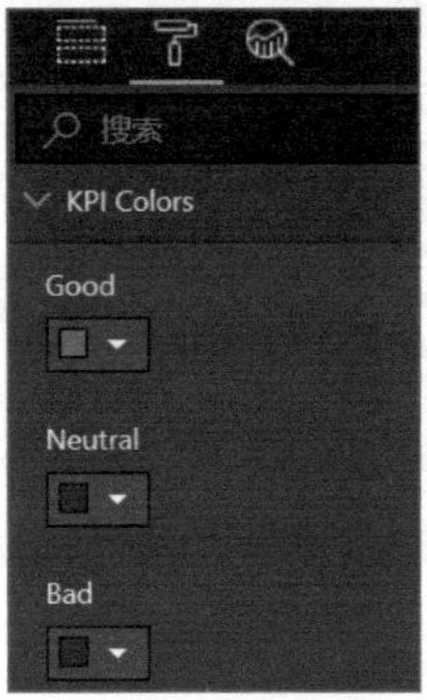

图 7.20　KPI Colors 设置

以上，我们即完成了业绩完成率图表的设置，注意可通过页面筛选器只显示想要的日期段数据，例如本例中的 2018 年 1～7 月，如图 7.1 左上角所示。红色表示业绩未完成，差异为-0.4%，柱形图为每月的销售数据。

7.3.2　设置同比_YTD 图表

同比仍然使用 KPI Indicator，但用法有所不同，同比使用该图表的折线功能表现。

（1）同比没有目标值，因此只拖动实际值即可，如图 7.21 所示。

图 7.21　同比数据字段设置

（2）在格式中，将 Chart type 设置为 Line，显示折线图，如图 7.22 所示。

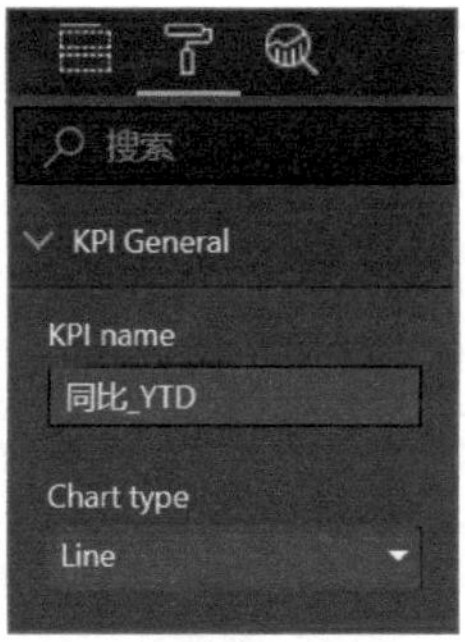

图 7.22　同比 Chart type

贴士

Line 有两种类型，有节点的 Line 和没有节点的 Line，如不需查看每月数据、保持简约则可选择 Chart type 为 Line no marker。

（3）同比是一个比率，并且是年度累计值，因此求和没有意义，Aggregation 设置为 Last value，显示最后一个月的值，如图 7.23 所示。

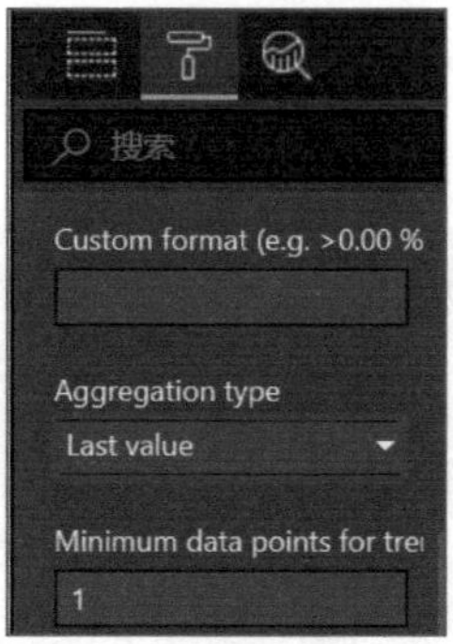

图 7.23　同比 Aggregation type 设置

以上即完成了图 7.1 右上角的图表，因为没有目标值，所以背景显示为灰色。

7.3.3　制作业绩走势图

业绩走势图使用 Power BI 默认的折线和簇状柱形图即可。字段按照图 7.24 所示进行设置。将共享轴设置为“年月”字段，将列值设置为“销售业绩”，将行值设置为“同比”和“环比”。

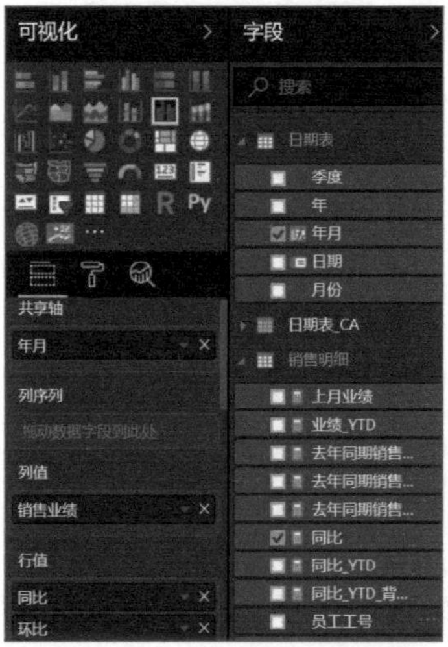

图 7.24　业绩走势图字段设置

7.3.4　按色阶设置同比背景色

使用条件格式，可以对表格中的数据进行背景颜色设置，划分不同区间，并突出显示。

（1）新建一个表格，按图 7.25 选择字段，选中“同比”，选择“条件格式”→“背景色”。

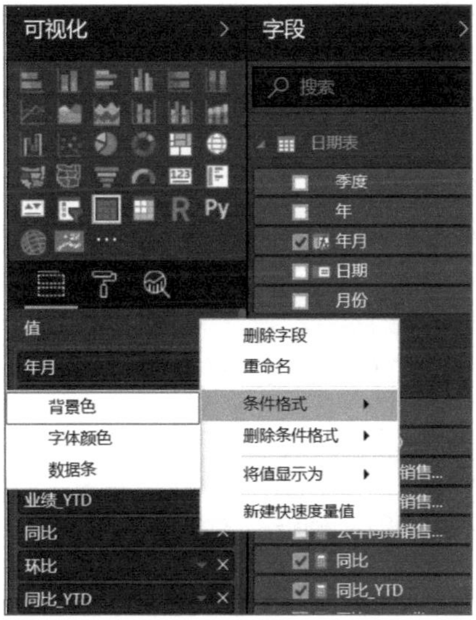

图 7.25　背景色设置路径

（2）选择格式模式为色阶，进行相应颜色设置，如图 7.26 所示。

图 7.26　色阶设置

图 7.1 右下角的表格展示了不同同比数据的颜色区分。

7.3.5 按度量值设置环比和同比_YTD 背景色

除了默认的条件格式之外，Power BI 还可以按字段值显示背景色。Power BI 自 2018 年 8 月的版本开始，支持度量值设置颜色，可以是颜色名称，也可以是颜色编码。本节讲解度量值定义背景色的这两种用法。

（1）新建环比和同比背景色度量值：

```
环比_背景色 = IF([环比]>=0,"Green","Red")
同比_YTD_背景色 =
SWITCH (
    TRUE (),
    [同比_YTD] <= 0, "#FF0000",
    [同比_YTD] <= 0.15, "#D1E231",
    "#5DC878"
)
```

（2）分别对环比和同比_YTD 按照字段值进行背景色设置，如图 7.27 所示。

图 7.27 按照字段值设置背景色

设置完成后，即可得到图 7.1 中的环比和同比_YTD 背景色样式。至此，我们即完成了所有的图表工作。

贴士

表格中的颜色可以很好地区分数据状况，当默认条件颜色无法满足需求时，可考虑使用 DAX 函数进行设置。英国 BI 咨询师 Chris Webb 整理了 Power BI 支持的颜色名称，访问以下链接即可查询。

https://blog.crossjoin.co.uk/2018/08/10/colour-names-supported-in-power-bi-conditional-formatting/

7.4　总结

本章最终呈现的报告看似简单，但却使用了 Power BI 时间智能相关的核心内容：

- 使用外置 Excel 表格、DAX 函数或 M 函数创建日期表；
- 使用 DATEADD, TotalYTD 结合 CALCULATE 进行智能时间维度的指标计算；
- 使用 KPI Indicator 进行多种类型的 KPI 展现，并以两种方式介绍了如何设置条件格式。

Power BI 涉及的时间智能函数不止这些，本章介绍了最核心的部分，有余力的读者可扩展学习其他函数。KPI 相关的图表也不止这些，本章推荐的是笔者认为好用的，其他 KPI 相关图表读者可在图表市场按需选择。

7.5　延伸阅读：在PPT中展示Power BI动态图表

在任何行业工作都免不了汇报工作，比如销售报告、工作总结报告等，一般采用 PPT 形式。但是，PPT 有两个缺陷：

- 图表静态，以文字+图片形式为主，互动性不强。
- 增加工作量，例如图 7.28 所示的简单图表，我们要表现 5 个品牌的按年份变化趋势，就需要做 5 张图表（或者五页 PPT）

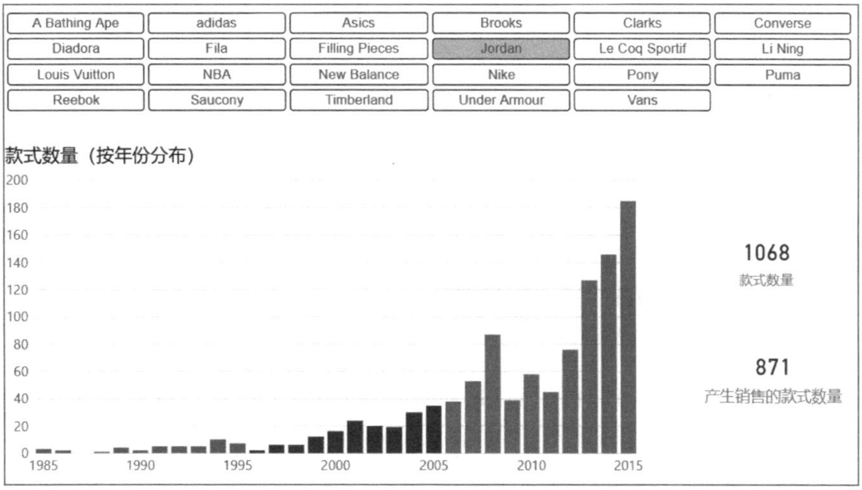

图 7.28　静态图表需要多张 PPT 展现

借助 Power BI Tiles 这个 PPT 插件可以轻松将 Power BI 的动态图表载入 PPT。

7.5.1 Power BI Tiles 插件安装

Power BI Tiles 与其他 PPT 应用安装方式相同，在官方的应用商店可以找到并添加到 PPT 主界面。

（1）打开任意 PPT，单击“插入”→“获取加载项”，在应用商店搜索“Power BI”，找到 Power BI Tiles，单击“添加”按钮，如图 7.29 所示。

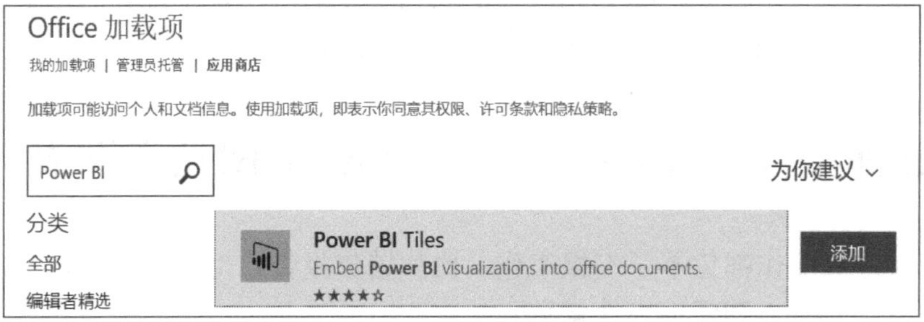

图 7.29　Power BI Tiles 插件

（2）单击“插入”→“我的加载项”，找到 Power BI Tiles，单击即可将插件加入 PPT 界面，如图 7.30 所示。

图 7.30　Power BI Tiles 位置

7.5.2 Power BI Tiles 插件使用

使用 Power BI Tiles 插件首先要确保拥有 Power BI 账号（账号可使用公司邮箱免费注册），然后使用账号在 PPT 界面登录 Power BI Tiles。

（1）在登录界面中有两种数据源选取方式，这里选择第一种“FROM POWER BI”，按照提示输入自己的 Power BI 账户密码登录，如图 7.31 所示。

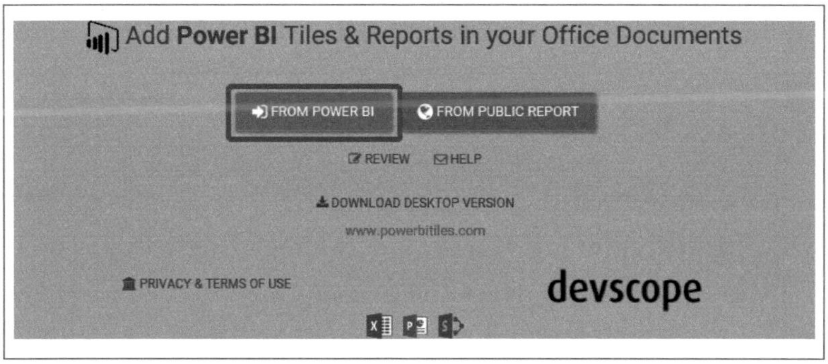

图 7.31　登录 Power BI 账户

（2）登录之后，可以看到所有同步在 Power BI 网页端的报告列表。任意点击其中一个，可以看到报告被顺利加载到了 PPT 中，如图 7.32 所示。报告中的切片器等按钮和在 Power BI 中一样都可以正常使用，互动展示。

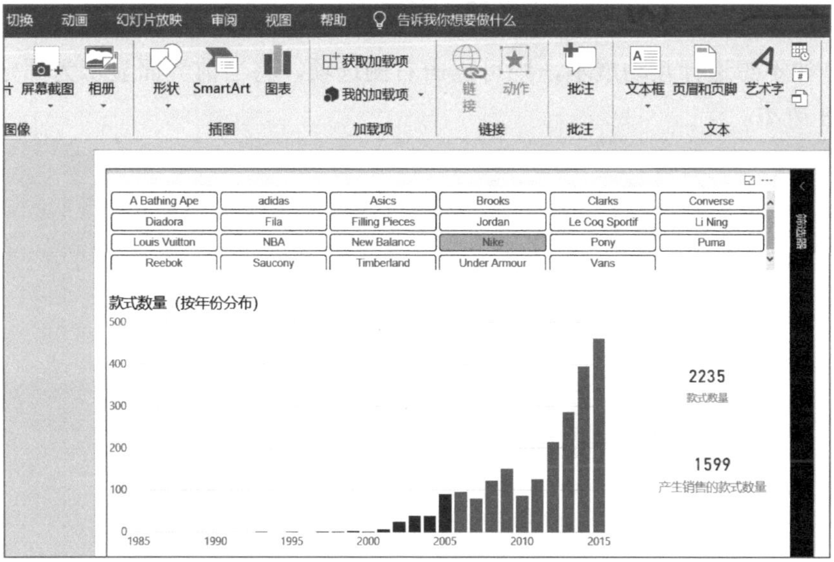

图 7.32　Power BI 加载到 PPT

7.5.3　Power BI Tiles 细节调整

Power BI Tiles 展示的报告大小、互动方式等都可进行调整。

（1）报告的大小可以通过拖动四周进行调整，如图 7.33 所示。

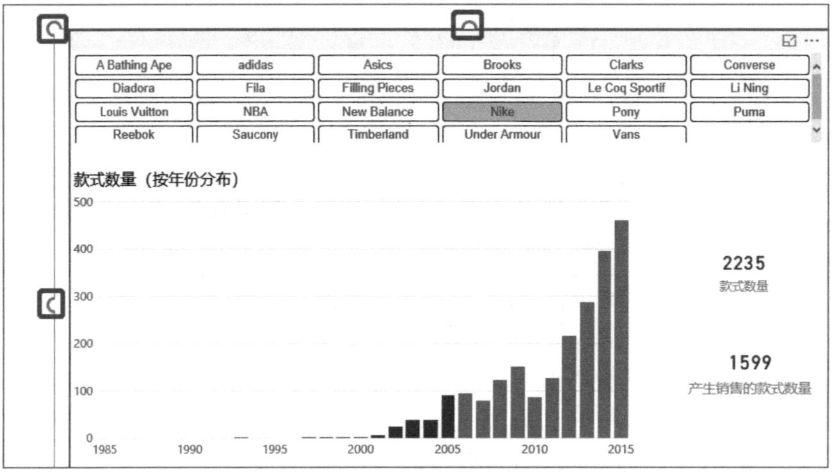

图 7.33　调整报告大小

（2）如不想进行互动展示，则可点击右侧选项，将当前界面显示为固定图像，如图 7.34 所示。

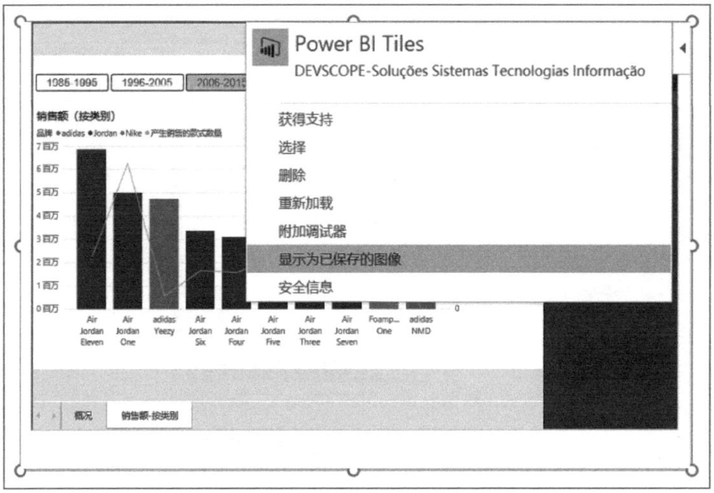

图 7.34　固定 Power BI 为图像

（3）右下角的功能区，可将图表返回 Power BI 网页版显示，也可刷新、退出，如图 7.35 所示。

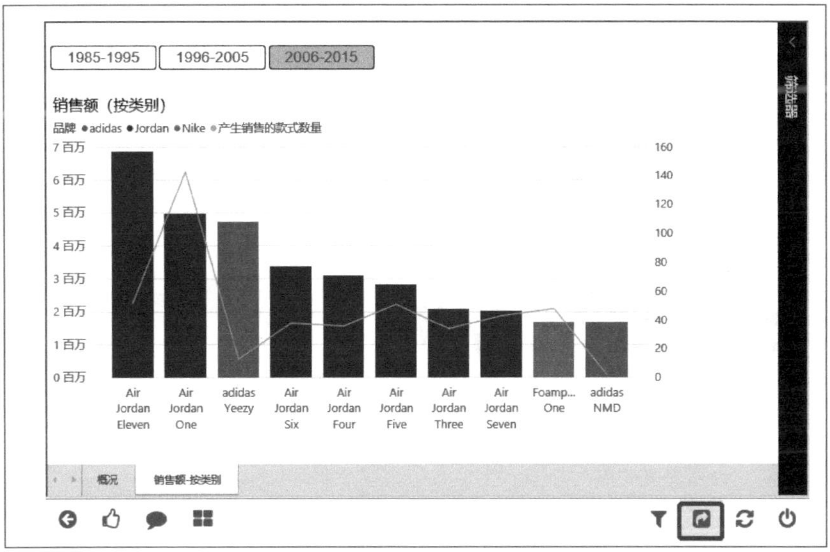

图 7.35　返回 Power BI 网页版

第 8 章

会员 RFM 分析

RFM 模型是衡量客户价值的重要工具。该模型通过 R（Recency）、F（Frequency）、M（Monetary）三个要素确定客户价值。

- R 指最近一次消费，理论上，消费时间越近的客户越是好客户；
- F 指消费频率，即客户购买了多少次，购买次数越多的客户忠诚度越高；
- M 指消费金额，消费金额越高的客户越是好客户。

本章通过分析某店铺会员消费数据，将每个会员的 R、F、M 得分值与平均值做对比（每个要素好于平均值记为 2 分，比平均值差记为 1 分），将会员分为以下 8 种，以便有针对性地做营销决策，实现精细化运营：

- 111 型三项得分都低于平均值，可看作流失会员；
- 112 型消费金额较高，但是近期没有消费且消费次数很少，属于重要挽留会员；
- 121 型消费频率较高，但近期没有消费且消费金额较少，属于一般保持会员；
- 122 型消费频率和金额都高，属于重要保持会员；
- 211 型近期有消费，但次数和金额都偏少，可看作新会员；
- 212 型消费次数少，但近期有消费且金额较大，属于重要发展会员；
- 221 型尽管近期有消费，且消费次数较多，但金额偏低，属于一般价值会员；
- 222 型三个要素都表现良好，属于重要价值会员。

8.1　DAX函数构建RFM模型

我们准备的数据源中含有较多字段，如图 8.1 所示。

销售日期	员工工号	销售员	货号	销售单编号	销量	销售额	会员ID
2017/1/1	SS0141	钱多多	STY0026	C001S001-2017-01-01-001	1	561.2	M11874
2017/1/1	SS0039	金花花	STY0047	C001S001-2017-01-01-002	1	270.1	M15837
2017/1/1	SS0035	胡大花	STY0002	C001S001-2017-01-01-003	1	322.6	M10256
2017/1/1	SS0035	胡大花	STY0016	C001S001-2017-01-01-003	1	222.7	M10256
2017/1/1	SS0035	胡大花	STY0041	C001S001-2017-01-01-003	1	608.5	M10256
2017/1/1	SS0079	于非	STY0001	C001S001-2017-01-01-004	1	947	M11408
2017/1/1	SS0141	钱多多	STY0024	C001S001-2017-01-01-005	1	290.4	M19980
2017/1/1	SS0141	钱多多	STY0027	C001S001-2017-01-01-005	1	270.1	M19980
2017/1/1	SS0141	钱多多	STY0011	C001S001-2017-01-01-005	1	540.8	M19980
2017/1/1	SS0141	钱多多	STY0028	C001S001-2017-01-01-005	1	561.2	M19980

图 8.1　RFM 数据源

由 RFM 的含义可知，我们需要通过“销售日期”字段判断 R 值，通过“销售单编号”数量判断 F 值，通过“销售金额”字段判断 M 值，“会员 ID”是基准。其他字段为冗余字段。

8.1.1　确定 RFM 值

1. 确定 R 值

R 值为指定日期和最近购买日期之间的差异天数。

（1）计算每个会员的最近一次消费日期

新增列，输入以下函数：

```
最后一个交易日期 =
MAXX (
    FILTER ( '销售明细', EARLIER ( '销售明细'[会员 ID] ) = '销售明细'[会员 ID] ),
    '销售明细'[销售日期]
)
```

其中 FILTER+EARLIER 将表范围确定为每个会员内部；MAXX 针对每个会员内部的销售日期进行对比，取最大值，即最近销售日期。

贴士

MAXX 函数语法为

```
MAXX(<table>,<expression>)
```

MAXX 用法与 MINX 用法类似，对指定表（第一个参数），计算每一行表达式（第二个参数）得到其中的最大值。

（2）计算 R 值

新增列，输入以下函数：

```
R = DATE (2018,7,31)-'销售明细'[最后一个交易日期]
```

假设截止日期为 2018 年 7 月 31 日，每个客户的 R 值为该日期与最后一个交易日期的差值。

贴士

DAX 函数的日期可以直接相减进行运算，Query 中 M 函数的日期不能直接进行加减运算，需要转换为数值。

2. 确定 F 值

F 即交易次数，对销售单编号进行非重复计数即可。新增度量值 F，输入以下函数：

```
F = DISTINCTCOUNT('销售明细'[销售单编号])
```

3. 确定 M 值

M 为每个会员贡献的销售金额，新增以下度量值：

```
M = SUM('销售明细'[销售额])
```

8.1.2 确定会员类型

确定 RFM 值后，将 R、F、M 分别与平均值比较，即可算出 RFM 得分，确定会员类型。

（1）新建 RFM 表

使用 SUMMARIZE 新建一张表，取名为“RFM”，仅保留会员 ID 及 RFM 值。

```
RFM =
SUMMARIZE ( '销售明细', '销售明细'[会员 ID], '销售明细'[R], "F", [F], "M", [M] )
```

新建的表格如图 8.2 所示。

会员ID	R	F	M
M10002	121	1	207
M10003	353	1	256
M10004	450	1	186
M10005	8	2	300
M10006	461	1	1058
M10007	356	2	1007
M10008	24	1	55
M10009	475	1	69
M10011	10	3	276
M10012	96	4	457
M10013	90	3	432

图 8.2　RFM 表

贴士

当数据源中含有非会员消费数据时，可直接在 Query 中筛选去除，也可使用 DAX 函数 FILTER 对表格进行过滤，再使用 SUMMARIZE 嵌套生成新的 RFM 表。

（2）RFM 值打分

新增三列，对 RFM 值分别与平均值对比，进行打分：

```
R 得分 = IF('RFM'[R]<=AVERAGE(RFM[R]),2,1)
F 得分 = IF('RFM'[F]>=AVERAGE(RFM[F]),2,1)
M 得分 = IF('RFM'[M]>=AVERAGE(RFM[M]),2,1)
```

注意 R 得分公式与其他两个要素相反，因为天数越小代表消费日期越近，得分越高。

贴士

AVERAGE 函数语法为

```
AVERAGE(<column>)
```

AVERAGE 使用方式与 Excel 中类似，对整列求平均值。

（3）合并得分

新增一列，将三个值进行合并：

```
RFM = 'RFM'[R得分]&'RFM'[F得分]&'RFM'[M得分]
```

（4）会员分组

通过合并后的结果，对会员进行分组，新增分组列：

```
会员分组 =
SWITCH (
    'RFM'[RFM],
    "111", "流失会员",
    "112", "重要挽留会员",
    "121", "一般保持会员",
    "122", "重要保持会员",
    "211", "新会员",
    "212", "重要发展会员",
    "221", "一般价值会员",
    "222", "重要价值会员"
)
```

贴士

若会员分类较多，则使用 SWITCH 函数比 IF 简约，会员类型可依据数字大小逐步排列。

通过操作即完成了 RFM 模型的搭建。图 8.3 是会员分组结果。

会员ID	R	F	M	R得分	F得分	M得分	RFM	会员分组
M13649	312	1	553	1	1	1	111	流失会员
M13177	270	1	553	1	1	1	111	流失会员
M11548	66	1	553	2	1	1	211	新会员
M13716	122	1	553	2	1	1	211	新会员
M14287	51	1	553	2	1	1	211	新会员
M15181	265	1	553	1	1	1	111	流失会员
M14162	289	1	553	1	1	1	111	流失会员
M16648	243	1	553	1	1	1	111	流失会员
M16682	223	1	553	1	1	1	111	流失会员
M11525	112	1	553	2	1	1	211	新会员
M18568	84	1	553	2	1	1	211	新会员

图 8.3　会员分组

8.2　制作可视化报告

本案例图表分为四个模块，环形图显示各会员种类占比，卡片图展示会员总量，瀑布图体现每种会员类型的业绩贡献度，表格显示了每个会员的最近购买日期、购买次数、消费金额等详细信息。

8.2.1　设置会员占比图表

会员占比使用环形图，进行如图 8.4 所示的字段设置，图例为会员分组，值为“会员 ID”，显示方式为计数。因为 RFM 表已经使用 SUMMARIZE 对会员进行了汇总，所以该表所有会员 ID 均为非重复值，计算会员数量直接计数即可。

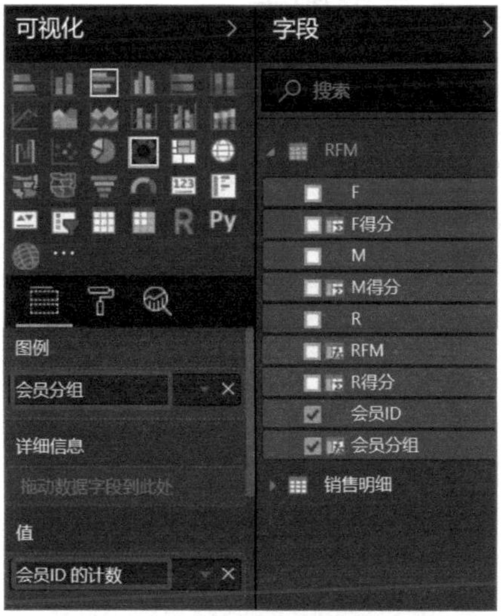

图 8.4　会员占比环形图设置

8.2.2　设置会员数量图表

会员数量使用卡片图，直观展示会员总数。设置方式如图 8.5 所示。字段为“会员 ID”，显示方式同样为计数。该模型的数据及图表相对简单，在模型复杂的情况下，建议会员 ID 设立单独的度量值进行计算。

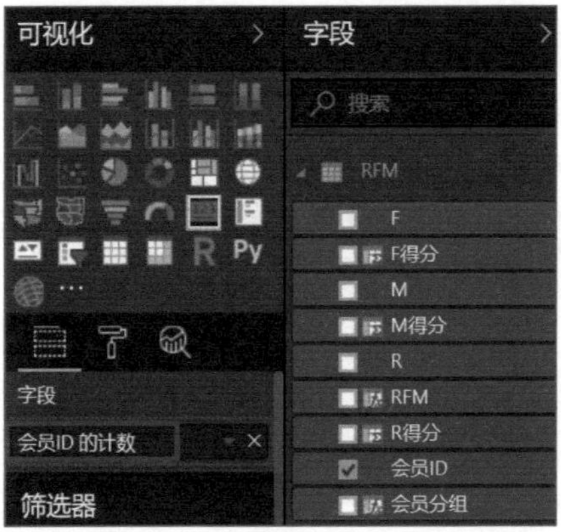

图 8.5　会员数量卡片图设置

8.2.3　设置会员业绩贡献度图表

会员业绩贡献度使用瀑布图，按照图 8.6 所示的方式设置字段。类别为“会员分组”，轴为“M”，注意将销售业绩（M 值）显示为百分比。默认百分比显示两位小数，如需调整小数位数，可以在“数据标签”的“值的小数位”下进行调整。

图 8.6　会员业绩贡献度瀑布图设置

8.2.4　设置会员消费明细图表

由于部分字段不在同一个表格，所以首先需要建立关系进行调用，如图 8.7 所示。

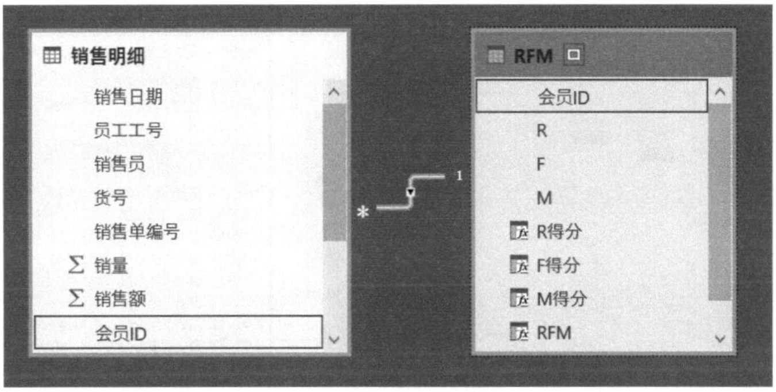

图 8.7　RFM 与销售明细建立关系

选择表格，将图 8.8 中所示的字段拖入值区域。其中最近购买日期为最后一个交易日期变更名称所得，购买次数为 F 值变更名称所得，消费金额为 M 值变更名称所得。

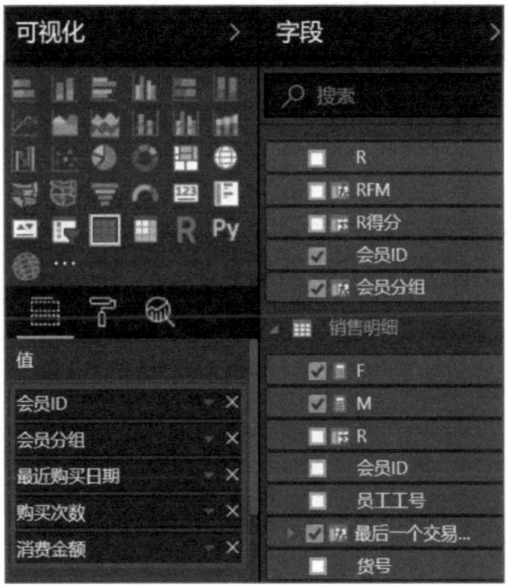

图 8.8　会员消费明细

通过以上操作即完成了整个会员图表报告的制作，最终结果如图 8.9 所示。

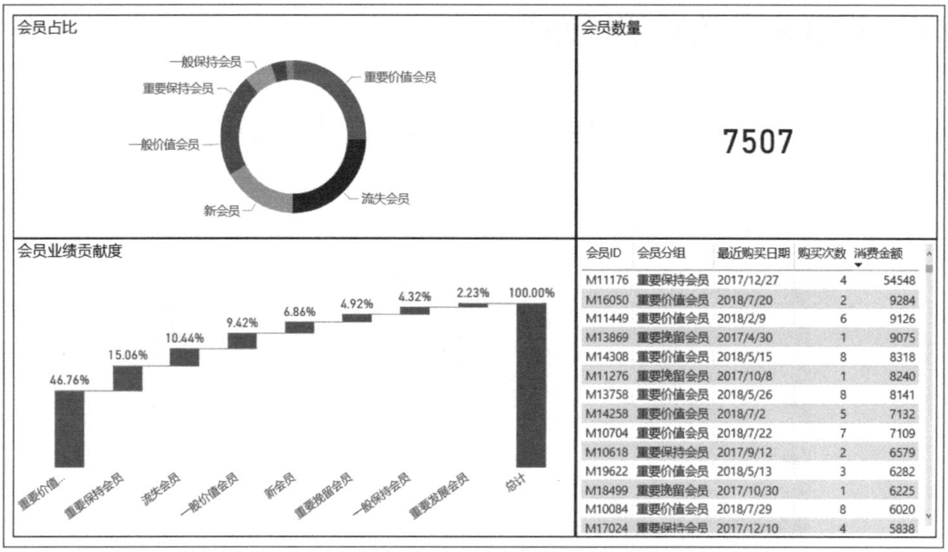

图 8.9　会员报告

8.3　总结

会员 RFM 分析首先需要依据最近消费日期、消费次数、消费金额分别计算 R、F、M 值：R 值使用 MAXX 计算每位会员最近消费日期，然后指定日期与最近消费日期相减；F 值使用 DISTINCTCOUNT 对销售单编号非重复计数；M 使用 SUM 汇总销售额即可。

其次，使用 SUMMARIZE 新建表，以会员 ID 为基础对数据进行汇总。

再次，将 R、F、M 值分别与平均值做对比，对比使用 AVERAGE 函数。因为会员类别较多，所以对比完成后，使用 SWITCH 函数对会员进行分组。

最后，使用合适的图表建立报告。

第 9 章 业绩杜邦分析法

杜邦分析法（DuPont analysis）是一种分析企业财务状况的方法，得名于美国杜邦公司。该方法可以应用于销售业绩分析。如图 9.1 模拟杜邦分析图对门店零售业务的业绩进行分解（参考：黄成明所著《数据化管理》一书）。

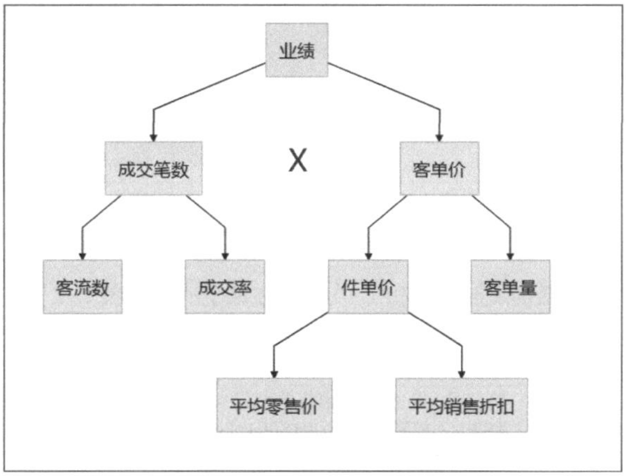

图 9.1　销售额杜邦分析图

将同一层级的指标相乘即可得到上一层级的数据。这种分析方法有助于快速定位到门店的可提升点，指导工作方向，进而提升门店业绩。我们讨论顾客进入店铺后的状况，即客流数一定。从最小层级来看：

- 提升成交率有助于提升成交笔数，从而提升业绩；

- 提升平均零售价或销售折扣，有助于提升件单价，从而提升业绩；
- 提升客单量有助于提升客单价，从而提升业绩。

零售价指商品的定价，短期内一般较难发生变化，因此，我们需要从成交率、销售折扣和客单量三个方面着手。

本章我们建立一个模型，设立三个可变参数，分别用来查看成交率、销售折扣、客单量发生变化（可能是单一因素变化，也可能是多个因素组合变化）会对业绩造成多大的影响，以便明确店铺各项指标目标，推动业绩增长。

如图 9.2 所示，左侧为当前各项指标状态，右侧拖动滑杆可改变相应成交率、客单量、销售折扣数值，从而看到业绩的变化情况。

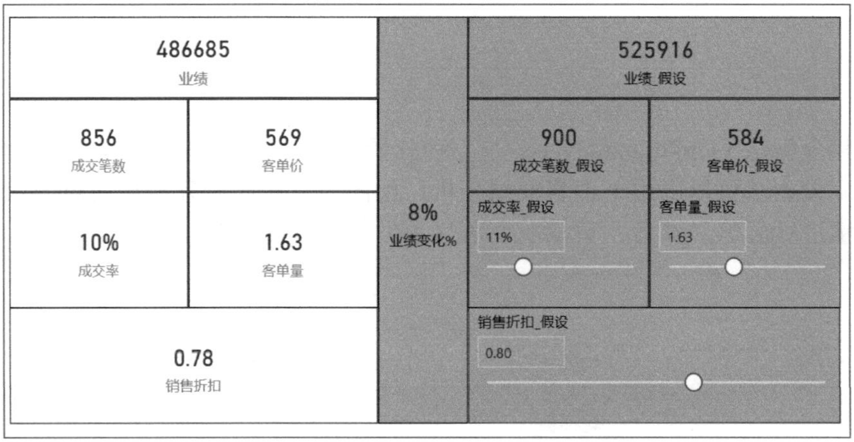

图 9.2　影响业绩的因子

本章使用了三个数据源进行分析，分别为销售明细表、产品信息表及客流数据表，如图 9.3～图 9.5 所示。

销售日期	员工工号	销售员	货号	销售单编号	销量	销售额
2018/3/1	SS0122	赵里	STY1217	C001S001-2018-03-01-002	1	414.7
2018/3/1	SS0035	胡大花	STY1193	C001S001-2018-03-01-007	1	176.2
2018/3/1	SS0035	胡大花	STY0133	C001S001-2018-03-01-007	1	22.3
2018/3/1	SS0035	胡大花	STY0141	C001S001-2018-03-01-007	1	60.8
2018/3/1	SS0035	胡大花	STY1188	C001S001-2018-03-01-009	1	553.2
2018/3/1	SS0122	赵里	STY1216	C001S001-2018-03-01-001	1	760.8
2018/3/1	SS0041	王浩然	STY1256	C001S001-2018-03-01-004	1	345.5
2018/3/1	SS0035	胡大花	STY1075	C001S001-2018-03-01-008	1	276.2
2018/3/1	SS0035	胡大花	STY1188	C001S001-2018-03-01-008	1	553.2

图 9.3　销售明细表

货号	年份	季节	上市日期	类别	性别	系列	产品名称	零售价
STY0001	2017	春	2017/1/1	鞋子	男子	运动系列	运动鞋	1158
STY0002	2016	冬	2016/10/1	服装	男子	休闲系列	夹克	578
STY0003	2016	冬	2016/11/1	服装	男子	休闲系列	夹克	668
STY0004	2016	冬	2016/11/1	服装	男子	休闲系列	卫衣	498
STY0005	2016	冬	2016/9/1	服装	男子	休闲系列	牛仔裤	498
STY0006	2017	春	2017/1/1	配饰	男子	配饰系列	包	338
STY0007	2017	春	2017/1/1	鞋子	女子	运动系列	运动鞋	1238
STY0008	2017	冬	2017/10/1	服装	女子	休闲系列	牛仔裤	308
STY0009	2016	冬	2016/10/1	鞋子	女子	运动系列	运动鞋	688

图 9.4　产品信息表

日期	时间段	客流数量
2018/3/1	00:00-1:00	0
2018/3/1	01:00-2:00	0
2018/3/1	02:00-3:00	0
2018/3/1	03:00-4:00	0
2018/3/1	04:00-5:00	0
2018/3/1	05:00-6:00	0
2018/3/1	06:00-7:00	0
2018/3/1	07:00-8:00	0
2018/3/1	08:00-9:00	0
2018/3/1	09:00-10:00	1
2018/3/1	10:00-11:00	8
2018/3/1	11:00-12:00	9
2018/3/1	12:00-13:00	12

图 9.5　客流数据表

9.1　建立各指标度量值

本案例涉及较多指标，包含结果指标业绩、销售数量，也包含过程指标客单量、客单价、成交率等。本节讲述如何集中管理这些指标，并理清各指标的关系，建立相应的度量值，用于与后续的假设值进行对比，发现其中的增长点。

9.1.1　创建存放度量值的空表

由图 9.1 可知，本案例涉及度量值较多，可新建一个空白表格，将所有度量值置于该表格之下，以便与其他表格和字段区分，方便查找。

创建一个空白表，命名为“M”，用来后续存放度量值，如图 9.6 所示。

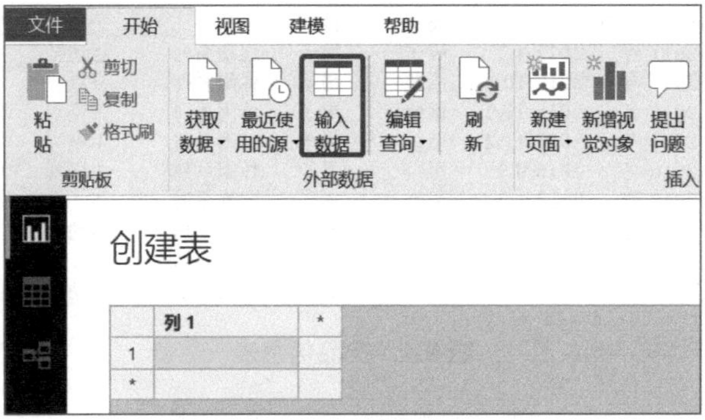

图 9.6　新建空白表

贴士

当报告较为复杂、涉及度量值较多时，度量值有必要新建多个空表进行分类存放，方便查询。

9.1.2　建立关系

切换到关系视图，在各数据源之间建立关系，以便数据相互引用，如图 9.7 所示。

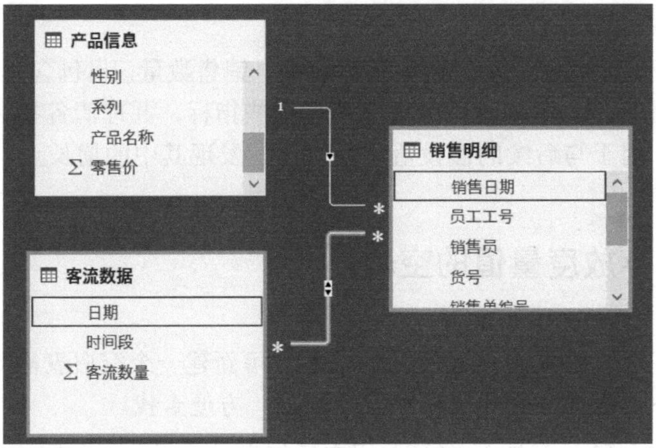

图 9.7　建立关系

需要注意的是，客流数据和销售明细数据建立关系的字段为日期，在这两个数据源中，日期都是重复值。前期，Power BI 只支持其中一端具有唯一值的数据建立关系，但从 2018 年 7 月开始支持多对多的关系，免去了新建中间过渡表的麻烦。

9.1.3　新建各指标度量值

本节将所有已知数据度量值化，业绩即销售额之和，销售数量即销量之和，件单价指平均每件商品的售价，成交笔数指多少顾客购买（成交了多少单），客单价指平均每位顾客花了多少钱，客单量指平均每位顾客买了多少件，客流数指一定时间内进入店铺的顾客数量，成交率指进入店铺的顾客有多少购买了商品，销售零售额指出厂商品不打折情况下的销售额，平均零售价指不打折情况下的商品售价，销售折扣即我们平常说的“打了几折”。业绩、销售数量是结果指标，结果受客单价、客单量、成交率、销售折扣等过程指标影响。

```
业绩 = SUM('销售明细'[销售额])
销售数量 = SUM('销售明细'[销量])
件单价 = DIVIDE([业绩],[销售数量])
成交笔数 = DISTINCTCOUNT('销售明细'[销售单编号])
客单价 = DIVIDE([业绩],[成交笔数])
客单量 = DIVIDE([销售数量],[成交笔数])
客流数 = SUM('客流数据'[客流数量])
成交率 = DIVIDE([成交笔数],[客流数])
销售零售额 = SUMX('销售明细','销售明细'[销量]*RELATED('产品信息'[零售价]))
平均零售价 = DIVIDE([销售零售额],[销售数量])
销售折扣 = DIVIDE([业绩],[销售零售额])
```

贴士

SUMX 与 RELATED 是一种常用的配合方式，计算销售零售额，无须在销售明细中新建列导入产品零售价，可在销售明细与产品信息表建立关系的条件下，直接使用 RELATED 进行迭代求和。

新建完成后，删除“M”表当中的空白列，将字段区域隐藏再显示，M 左侧的图标将由表格变为度量值样式，如图 9.8 所示，度量值整理完成。

图 9.8　隐藏再显示字段

贴士

将字段区隐藏再显示后，不仅表格图标发生变化，而且度量值集群表会自动排列在最上方，方便阅读。

9.2　新建变量参数

本节新建成交率、客单量和销售折扣三个参数，这三个参数是重要的过程指标，这些过程指标的好坏直接影响业绩的好坏。将三个参数与其他数据关联，用以查看参数数值变化对业绩的影响。

9.2.1　新建参数

如图 9.9 所示，新建成交率_假设参数。名称为“成交率_假设”；成交率为比率，参数数据类型设置为十进制数字；最小值和最大值指参数的可变化范围，可按需设置，此处最小值设置为 0.05，最大值设置为 0.3；增量指参数的单次变化幅度；默认值可按需设置；勾选“将切片器添加到此页”，设置完成后自动在页面生成一个切片器，将切片器类型设置为“单个值”，即可生成图 9.2 中带有滑杆的切片器，背景色、字号大小可自行调整。

图 9.9　新建成交率_假设参数

类似的，可新建客单量_假设和销售折扣_假设参数，并设置切片器。设置完成后，会自动生成三个参数对应的度量值，如图 9.10 所示。

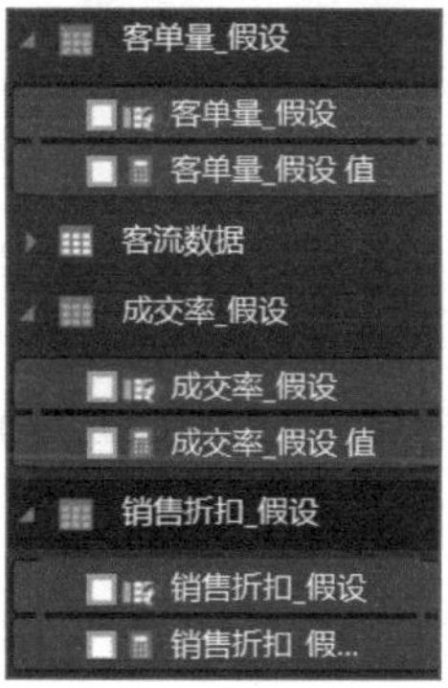

图 9.10　参数度量值

贴士

参数有不同的数据类型，有时为整数，有时为小数，有时为百分数，但参数设置中的数据类型有限，不支持百分数的数据类型。可设置完参数后，在建模选项卡下重新调整数据类型。如成交率一般按照百分数显示，可将参数数据类型首先设置为十进制数字，设置完成生成度量值后，将度量值数据类型变更为百分比即可。

9.2.2 设置其他假设度量值

按类似 9.1 节的步骤，新建空白表，命名为“M_假设”，将假设的过程指标和结果指标分别新建度量值，存放到该空表下，如图 9.11 所示。

```
成交笔数_假设 = ROUND([客流数] *[成交率_假设 值],0)
件单价_假设 = [平均零售价]*[销售折扣_假设 值]
客单价_假设 = [件单价_假设]*[客单量_假设 值]
业绩_假设 = [客单价_假设]*[成交笔数_假设]
业绩变化% = DIVIDE([业绩_假设]-[业绩],[业绩])
```

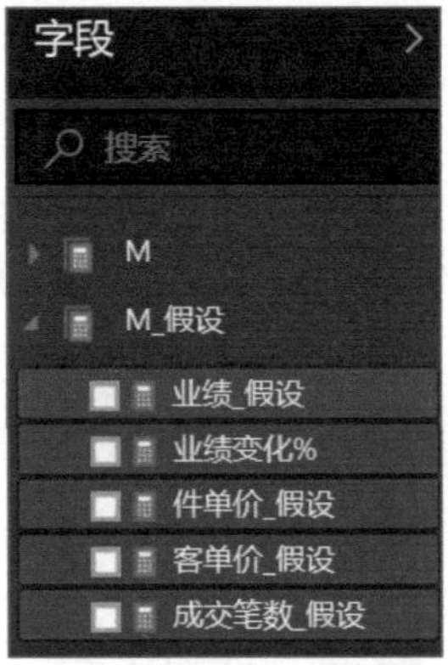

图 9.11　假设相关度量值

9.2.3 卡片图展示相关度量值

选择卡片图，将业绩、成交笔数、客单价、成交率、客单量、销售折扣的实际值与假设值分别放于两侧进行对比展示。背景色、边框等可按需调整。

以上整个模型即设置完成。拖动一个或多个滑杆，即可查看业绩可以达到多少，增长了多少。

贴士

假设结果的准确性和小数保留位数相关，注意按需选择。

9.3　总结

只有口号无法提升业绩，可使用杜邦分析图将业绩拆解为可执行的步骤，结合门店自身状况找到业绩提升的发力点。

将可以改变的因素设置为参数，调整参数值可以看到业绩可能达到的高度，将该参数设置为目标从而撬动业绩。

确定参数目标后，再次进行分解确定行动计划。比如，客单量低可能是由于新员工较多，销售技巧不足，就需要安排对新员工进行培训；也可能是商品陈列不合理，无法很好地产生关联销售，需要陈列人员做出陈列改善方案。成交率低的原因可能是促销活动不够吸引人，或者新品款式欠缺或者夏天温度很高但商场空调不佳，等等。

使用工具将业绩化解为可执行的步骤，点点滴滴聚合形成让人满意的结果。

第 4 篇

4

货品案例

第 10 章 存货分析

商品是销售的弹药，弹药不足或不合适，销售人员无法在战场充分表现，产生良好的业绩。本章以服饰行业为例，从库存状况、销售状况、仓储状况三个角度对存货进行分析。本章的数据源存放在两个工作表中，分别是销售库存明细及货品仓位明细，如图 10.1 所示。

货号	年份	季节	性别	类别	上市日期	零售价	销量	销售额	库存数量	货号	仓位
STY0120	2018	春	女子	夹克	2018/1/1	378	0	0	40	STY0002	1号仓位
STY0121	2018	春	男子	夹克	2018/1/1	498	0	0	2	STY0009	1号仓位
STY0122	2018	春	男子	牛仔长裤	2018/1/1	278	0	0	0	STY0010	1号仓位
STY0123	2018	春	男子	长袖衬衫	2018/1/1	108	6	587.7	37	STY0012	1号仓位
STY0124	2018	春	男子	长袖衬衫	2018/1/1	188	3	222.7	20	STY0013	1号仓位
STY0125	2018	春	男子	梭织长裤	2018/1/1	228	0	0	19	STY0015	1号仓位
STY0126	2018	春	女子	短袖翻领恤	2018/1/1	188	1	111.4	20	STY0022	1号仓位

图 10.1　左侧为销售库存数据，右侧为货品库存位置数据

10.1　存货库存概况

库存概况仪表盘用来查看整体库存情况，包含当前库存数量、库存金额、库存款式数量、零星款式数量等，另外从年份、季节、性别、类别、货龄等多个维度查看库存结构，如图 10.2 所示。

切片器可以分年份、季节查看库存情况；卡片图用来显示四个关键数据；环形图展示年份、季节、性别的库存结构；折线和簇状柱形图显示各类别库存排名及款

式数量分布；瀑布图用来查看各货龄段库存分布。

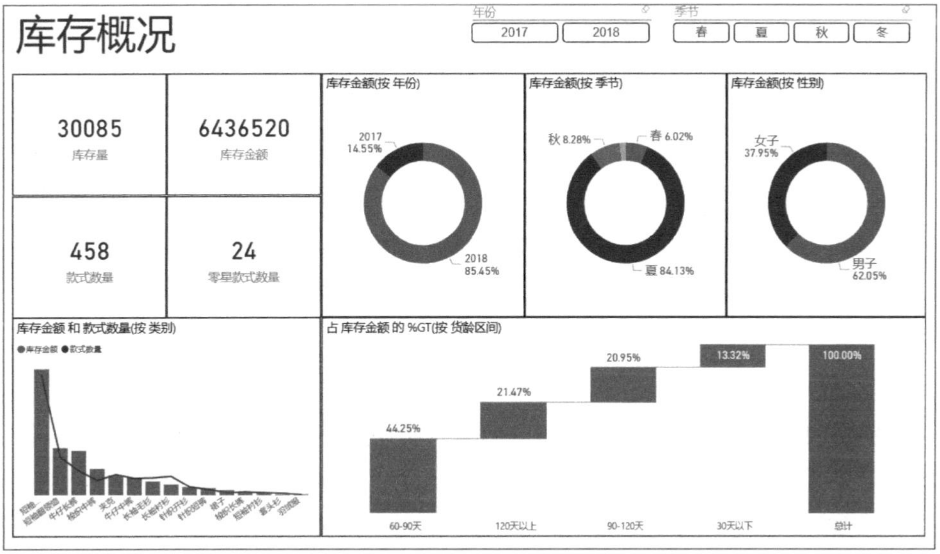

图 10.2　库存概况仪表盘

10.1.1　建立度量值与辅助列

本节通过新建度量值，计算销售数量、销售金额、库存量、销售零售额、库存零售额、款式数量、零星款式数量等库存相关指标，通过新增列计算货龄（即货品的年龄，越小代表货品越新）。

（1）建立基础度量值

将需要计算的字段分别新建度量值：

```
销售数量 = SUM('明细'[销量])
销售金额 = SUM('明细'[销售额])
库存量 = SUM('明细'[库存数量])
```

（2）计算销售零售额、库存零售额

数据源中没有销售零售额和库存零售额字段，需要将每一个货号的商品零售价与销量和库存数量相乘，并进行求和计算。

```
销售零售额 = SUMX('明细','明细'[销量]*'明细'[零售价])
库存金额 = SUMX('明细','明细'[库存数量]*'明细'[零售价])
```

贴士

可用 SUMX 直接对两列相乘运算后的结果进行迭代求和。此处没必要新建列计算销售零售额和库存金额再用 SUM 求和，而是直接用 SUMX 求和，这样有助于节省内存空间。

（3）计算款式数量

数据源中含有库存为 0 的款式，因此使用 DISTINCTCOUNT 对货号进行非重复计数后，需要用 CALCULATE 增加一个条件将库存数量为 0 的款式剔除。

```
款式数量 = CALCULATE(DISTINCTCOUNT('明细'[货号]),'明细'[库存数量]>0)
```

（4）计算零星款式数量

零星款式指库存数量少于一定值的款式（此处定义少于 6），零星款式太多意味着用大量断码款式，占用货架空间且影响成交率，需要及时进行处理。

```
零星款式数量 =
CALCULATE(DISTINCTCOUNT('明细'[货号]),'明细'[库存数量]>0&&'明细'[库存数量]<6)
```

贴士

当两个条件需同时满足时，可使用两个&符号对条件进行连接。AND 函数也有类似的功能，但 AND 只能有两个参数，双&符号可以将多个条件相连。类似地，||符号代表条件之间是“或”的关系，OR 函数也可像 Excel 中一样表示“或”的关系。

（5）计算货龄区间

首先新建列，计算货龄，本例中计算日期截止到 2018 年 6 月 30 日：

```
货龄 = DATEDIFF('明细'[上市日期],DATE(2018,6,30),DAY) +1
```

贴士

DATEDIFF 函数语法为

```
DATEDIFF(<start_date>, <end_date>, <interval>)
```

DATEDIFF 计算两个日期之间的差值，第一个参数为起始日期，第二个参数为截止日期，第三个参数为返回值的单位，可以返回年、季度、月、周、天、小时、分钟和秒。本例返回间隔天数，注意当天也算一天，因此末尾加 1。上文提到用 DAX 计算两个日期之间的天数时可以将日期直接相减，但 DATEDIFF 功能更为丰富，可满足绝大部分时间差值计算需求。

然后新增列，使用 SWITCH 函数对货龄进行分组：

```
货龄区间 =
SWITCH (
    TRUE (),
    '明细'[货龄] <= 30, "30 天以下",
    '明细'[货龄] <= 60, "30-60 天",
    '明细'[货龄] <= 90, "60-90 天",
    '明细'[货龄] <= 120, "90-120 天",
    "120 天以上"
)
```

货龄越小库存占比越大，越能说明整盘货品以新货为主，库存结构比较健康；大于 120 天的老货越多，越能说明库存周转有问题，需要加大力度出清老货。

10.1.2　制作可视化报告：年份、季节切片器

本节使用自定义图表 Chiclet Slicer 建立年份和季节切片器，用以切换不同年份、季节的库存状态。

在市场中将 Chiclet Slicer 自定义图表添加到图表列表，如图 10.3 所示。

图 10.3　添加 Chiclet Slicer

将年份、季节拖动到类别区域，将字体等格式进行相应调整，如图 10.4 所示。

图 10.4　切片器字段设置

会发现此时生成的切片器季节顺序并非常规的春、夏、秋、冬，这是由于 Power BI 默认按照拼音顺序排序所致，如图 10.5 所示。

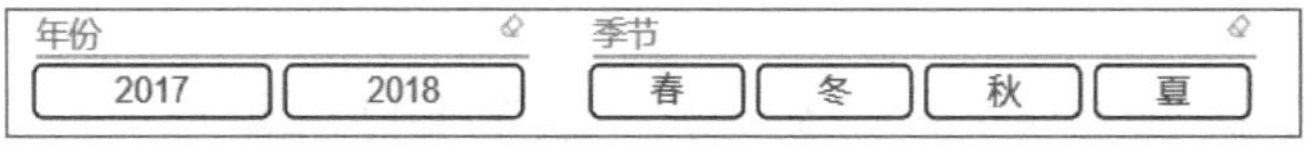

图 10.5　默认切片器顺序

此时，需要对显示顺序进行干预。新建一个空白表，命名为“季节顺序”，输入图 10.6 中所示的内容。

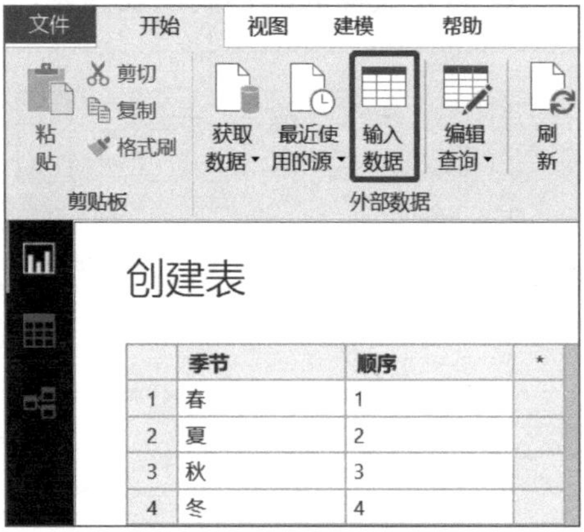

图 10.6　新建季节顺序表

将季节顺序表与明细表按照“季节”建立关系，如图 10.7 所示。

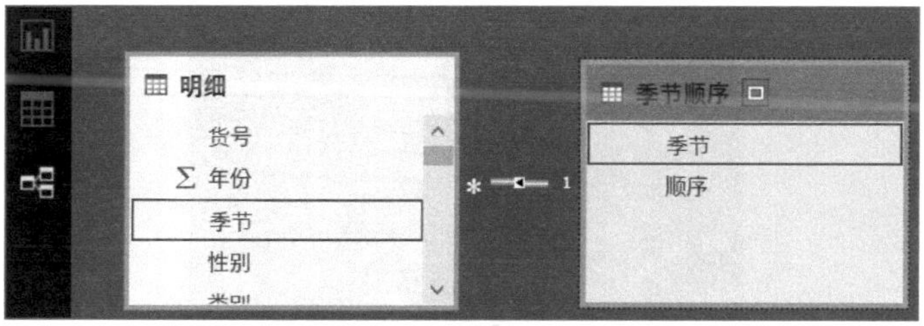

图 10.7 按照季节建立关系

使用 RELATED 函数将季节明细表中的“顺序”字段引入明细表：

```
季节顺序 = RELATED('季节顺序'[顺序])
```

选中“季节”字段，选择按列排序，如图 10.8 所示。设置完成后，切片器即会按照正常的春、夏、秋、冬顺序进行显示。

图 10.8 季节按列排序

10.1.3 制作可视化报告：库存数量、库存金额、款式数量、零星款式数量卡片图

对于总体状况，卡片图可以有最直观的表现。选择默认的卡片图，将“库存量”字段拖动到字段区域，再进行边框、字体等格式设置即可，如图 10.9 所示。类似地，对于库存金额、款式数量、零星款式数量卡片图也可进行相同设置。

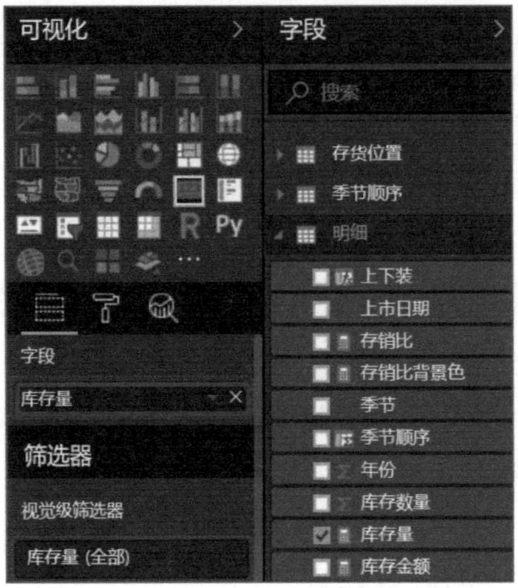

图 10.9　卡片图设置

10.1.4　制作可视化报告：年份、季节、性别环形图

选择环形图，图例为“年份”，值为库存金额，如图 10.10 所示。类似地，对于季节、性别环形图也进行相同设置。

当需要显示占比时，可将详细信息标签的样式设置为“类别，总百分比”，如图 10.11 所示。

图 10.10　环形图设置

图 10.11　环形图标签样式

贴士

环形图具有丰富的详细信息标签显示样式，可以只显示类别或数据，也可以同时显示类别和数据，还可以显示百分比。

10.1.5　制作可视化报告：产品类别折线和簇状柱形图

选择折线和簇状柱形图，将共享轴设置为“类别”字段，将列值设置为“库存金额”，将行值设置为“款式数量”，如图 10.12 所示。排序方式按照列值降序排列比较直观，即按库存金额从大到小排列。

图 10.12　折线和簇状柱形图

10.1.6　制作可视化报告：货龄区间瀑布图

选择瀑布图，类别分别拖曳三个字段——货龄区间、性别、类别，*Y* 轴为库存金额，显示方式设置为百分比，如图 10.13 所示。

类别设置三个字段，可以层层向下钻取查找问题的根源。例如，本案例中货龄在 120 天以上的老货比例偏高，我们需要查找是什么影响了货品结构，可以选中“120 天以上”的绿色柱形，单击“向下钻取”，会发现女子产品老货比例偏高。再次向下钻取，可以看到牛仔长裤和针织开衫老货偏多，如图 10.14 所示。

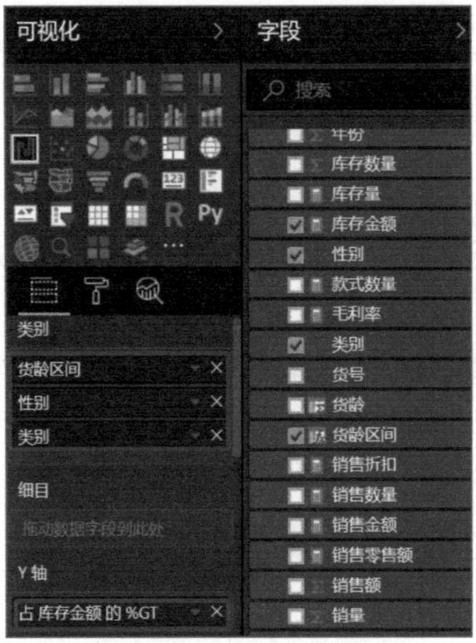

图 10.13　瀑布图设置

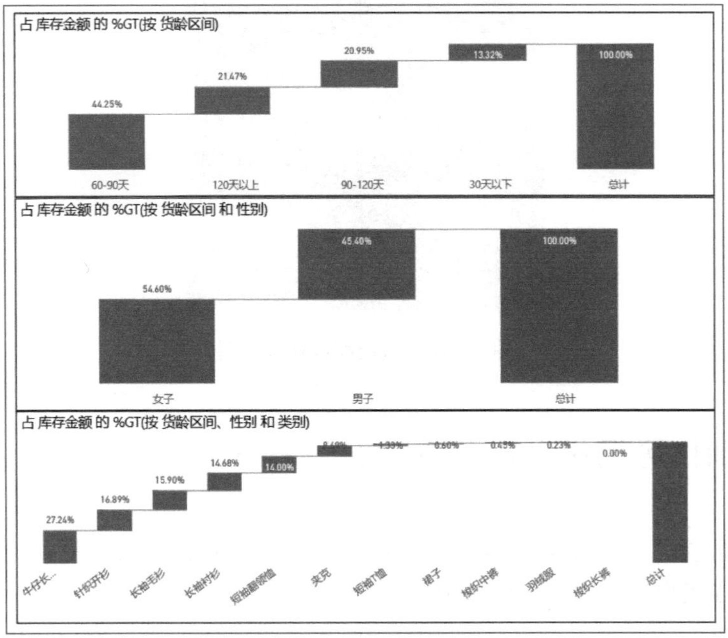

图 10.14　向下钻取

通过以上操作即完成了库存概况仪表盘的制作。

10.2　存货销售概况

货品作为销售的弹药，需要定期观察弹药是否充足，是否过多占用资金，是否创造了足够的利润。与库存概况类似，对于销售概况也可从性别、类别、单款等多个维度进行分析，如图 10.15 所示。

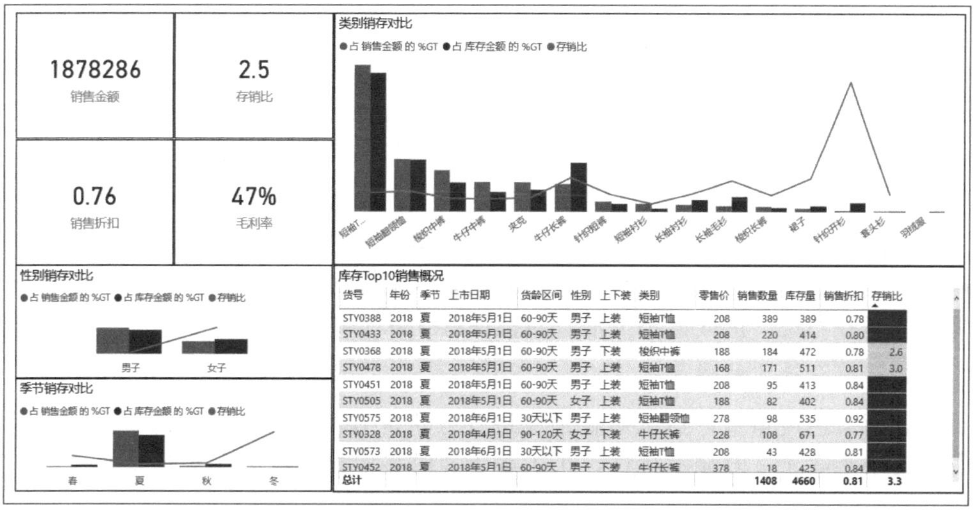

图 10.15　销售概况仪表盘

左上角四个卡片图显示了销售相关的四个关键数据；三个折线和簇状柱形图按照性别、季节、类别对销售占比和库存占比进行对比，查看销存匹配程度；右下角的表格显示库存 TOP10 目前销售和库存状况，存销比通过背景色对存销进行分组。

10.2.1　建立度量值与辅助列

本节对基本的销售指标销售折扣、毛利率、存销比进行计算，并为存销比设置背景色度量值以便后续进行条件格式设置，同时使用辅助列将所有服装产品分为上装和下装。

（1）计算销售折扣

折扣是零售业务非常重要的考核指标。折扣并不是越高越好，折扣高但消费者没有意愿购买则无法产生足够的利润；折扣也不是越低越好，当低过运营成本时，卖得越多亏损越多。

```
销售折扣 = DIVIDE([销售全额],[销售零售额] )
```

（2）计算毛利率

毛利是利润的源头，毛利和销售折扣与进货成本息息相关（本案例假设进货折扣为零售价的 40%）。

```
毛利率 = DIVIDE ([销售折扣]-0.4,[销售折扣])
```

（3）计算存销比

存销比，顾名思义，即存除以销，库存数量除以月均销售数量，用来评估目前的存货数量需要几个月可以消化完毕。它可以很好地评估整盘货品库存数量是否合理。本案例为一个月数据，因此将库存量与销售数量直接相除即可。

```
存销比 = DIVIDE([库存量],[销售数量])
```

不同的公司运营思路与节奏不同，可能存销比的目标值不同。存销比并不是越高越好，越高证明库存越多，资金占用越大，风险越高；存销比也不是越低越好，太低说明库存不足，供应链不灵活，当前库存无法支撑销售目标。

（4）计算存销比背景色

新建背景色度量值，可以对存销比进行分组，方便查看存销状态。在本例中，当存销比小于等于 2 时显示绿色，小于等于 4 时显示黄色，大于 4 时显示红色。

```
存销比背景色 = IF([存销比]<=2,"Green",IF([存销比]<=4,"Yellow","Red"))
```

（5）建立上下装辅助列

由数据源可知，包含“裤”和“裙”字样的产品为下装，其他为上装。

```
上下装 =
IF (
    FIND ( "裤", '明细'[类别], 1, 999 ) < 999
        || FIND ( "裙", '明细'[类别], 1, 999 ) < 999,
    "下装",
    "上装"
)
```

使用 FIND 函数查找类别中是否有裙裤相关字样，如果没有则返回一个较大的数值 999。

贴士

FIND 函数语法为

```
FIND(<find_text>, <within_text>[, [<start_num>][, <NotFoundValue>]])
```

该函数在某文本中查找另一文本是否存在，并返回查找文本的起始位置值。第一个参数为需要查找的文本，第二个参数表示在哪里查找目标文本，第三个参数为可选项，表示从哪里开始查找，第四个参数也是可选项，指如果没有找到目标文本则返回什么值。

10.2.2　制作可视化报告

使用卡片图对销售金额、存销比、小说折扣、毛利率等进行单个数据直观展示，使用折线和簇状柱形图分性别、季节、类别对比存销状况，使用表格查看库存最大的货品，并对存销比偏高的产品进行标注。

（1）制作销售金额、存销比、销售折扣、毛利率卡片图

与库存概况相关卡片图相同，拖动相关字段到“字段”区域并进行边框、字体等格式设置即可。

（2）制作性别、季节、类别折线和簇状柱形图

将共享轴分别设置为性别、季节、类别；将列值设置为销售金额和库存金额，按占比显示；将行值设置为存销比，如图 10.16 所示。

图 10.16　销售概况折线和簇状柱形图设置

由图 10.15 类别存销对比图可以说明，牛仔长裤销售占比和库存占比差异较大，并且存销比偏高，有滞销风险。可能由于当前季节为夏季，长裤销售相对疲软，但前期采购了较多货品，后期需注意调整。

（3）制作库存 TOP10 销售概况表

选中表格，拖动图 10.16 右下角的相关字段到“值”区域，在视觉筛选器下，将货号的筛选类型设置为“前 N 个”，按值选择“库存量”，如图 10.17 所示。

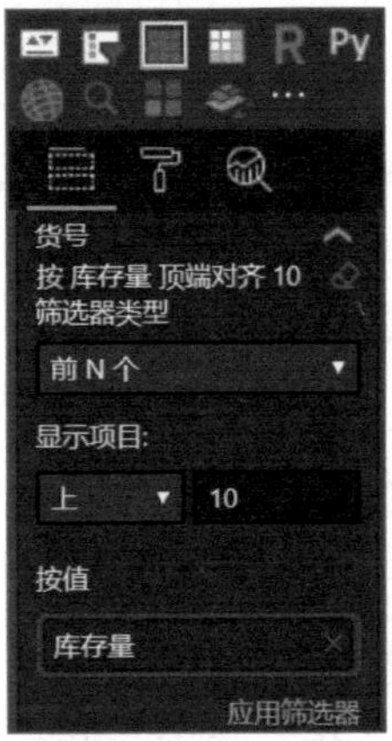

图 10.17　货号按库存量前 10

在“值”区域，选择“存销比”字段，对条件格式中的背景色进行设置，“格式模式”为“字段值”，“依据为字段”选择“存销比背景色”，如图 10.18 所示。

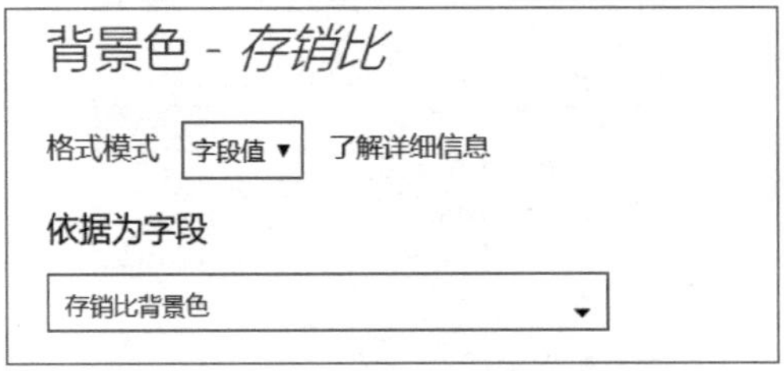

图 10.18　存销比条件颜色设置

从结果可以看到，到 2018 年 6 月 30 日，部分库存量较大的短袖还有非常长的售卖天数才可消化完毕，出清进度缓慢，需要及早进行促销；牛仔长裤存销比也偏高，但在炎热的季节打折也不一定会加快销售速度，可暂缓等待天气转凉后再进行下一步计划。

通过以上操作，销售概况仪表盘制作完成。

10.3　存货仓位

本节使用 Power BI 建立一个货品仓位查询系统，从而可以方便地按照各个维度查询货品位置，提升仓管人员找货效率，如图 10.19 所示。

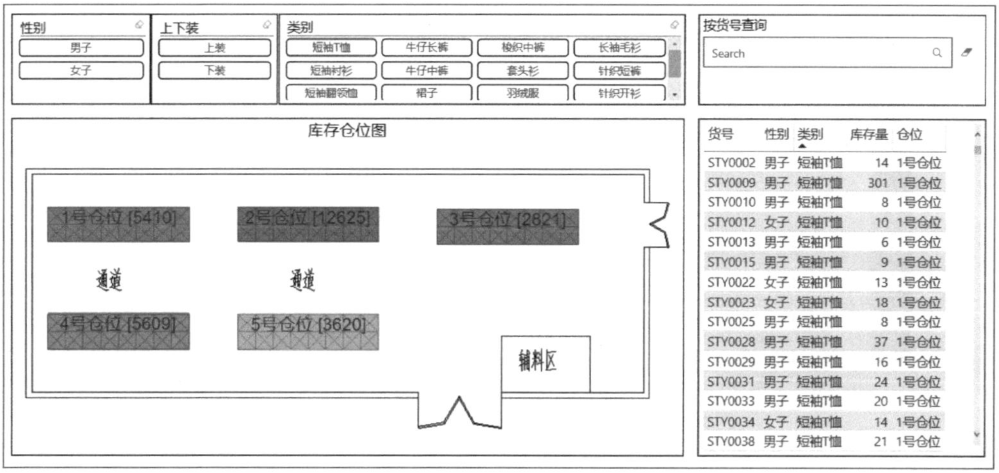

图 10.19　存货仓位查询仪表盘

- 上方是查询条件区，可以按照性别、上下装、类别以及货号查询货品所在位置。
- 左下方是模拟的仓库平面图，彩色区域为货品存放位置，每个色块显示仓位编号信息及该仓位库存数量信息，当查询条件发生变化时，该平面图显示信息将相应发生变化，以便确定货品区域。
- 右下角为货品明细清单，当查询条件发生变化时，可以看到该条件下的货品明细。

10.3.1　查询条件及货品明细设置

使用切片器设置查询条件，使用搜索框聚焦单款货品查询，表格对查询结果明细库存即仓储位置进行显示。

（1）制作性别、上下装、类别切片器

切片器的设置方法同图 10.2 和图 10.3。

（2）制作货号查询框

在市场中选择 Text Filter，将 Filter 字段设置为货号，如图 10.20 所示。

图 10.20　Text Filter

贴士

当将 Text Filter 作为筛选条件进行筛选时，可点击图表右侧的橡皮擦清除筛选，数据恢复所有值。

（3）制作货品明细表

选择表格，将货号、性别、类别、库存量、仓位拖入值区域即可。注意需在存货位置表与明细表之间建立关系，如图 10.21 所示。

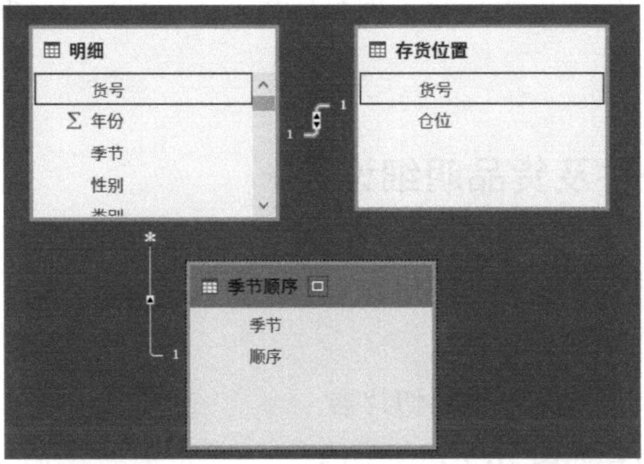

图 10.21　在存货位置表和明细表之间建立关系

10.3.2　仓库平面图设置

Power BI 默认图表不支持仓库平面图这种类型，用 Synoptic Panel 这款自定义图表可以方便地对图表进行定制，达到使用需求。

（1）添加 Synoptic Panel 自定义图表，如图 10.22 所示。

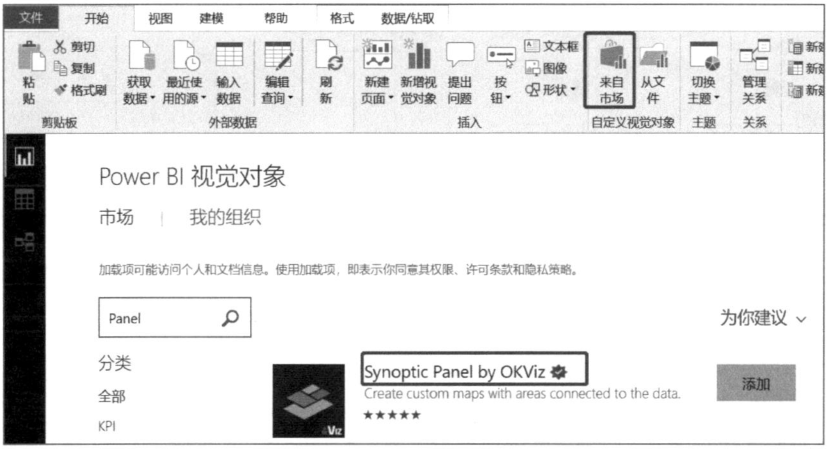

图 10.22　Synoptic Panel

（2）将准备好的平面图（本书附有样图）导入 synoptic.design 网站，如图 10.23 所示。

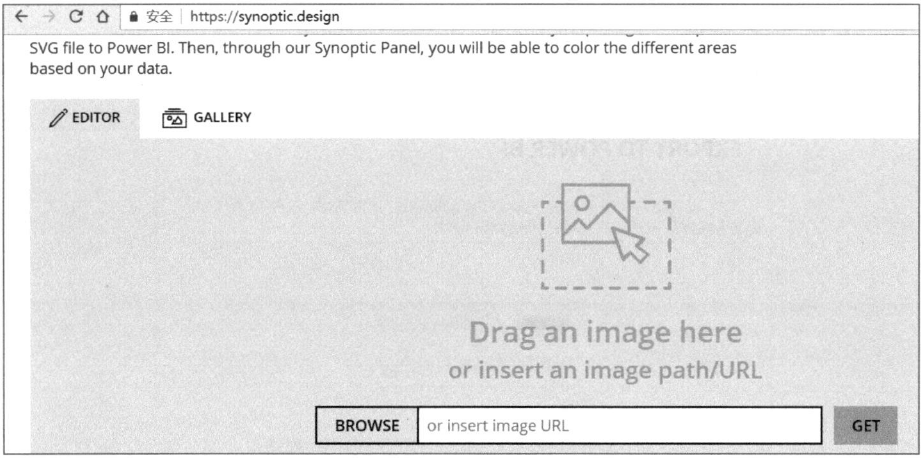

图 10.23　synoptic.design 网站

（3）框选每个仓位位置

使用十字按钮可手动框选仓库每个仓位区域，使用魔术棒可自动识别区域，用箭头可选中已有区域，用手型图标可对平面图进行移动，如图 10.24 所示。

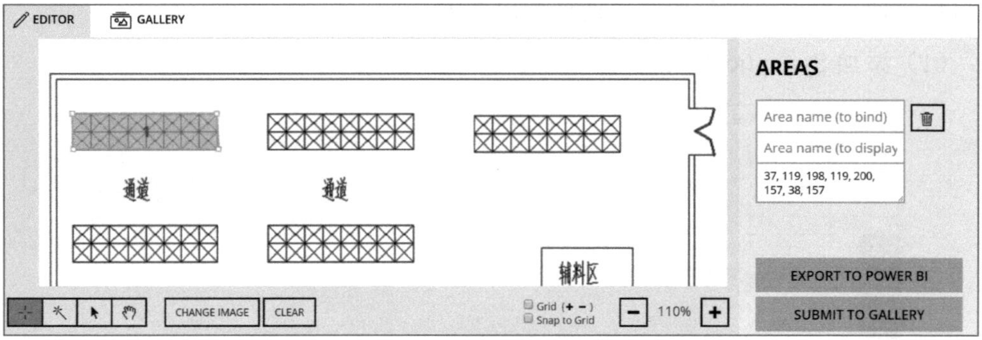

图 10.24　框选每个仓位

贴士

可采用相同思路，使用 synoptic.design 制作省、市、区县、商圈、商场、楼层、店铺布局等图表。

（4）仓位命名

仓位框选完成后，在图 10.23 右侧区域对仓位进行命名，注意仓位名称需与数据源中的仓位名称保持一致。

（5）导出 SVG 文件

选择“EXPORT TO POWER BI”，将图片另存为 SVG 文件，如图 10.25 所示。

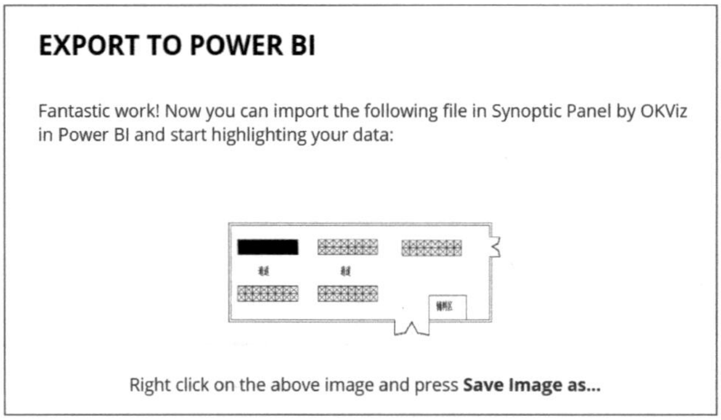

图 10.25　保存为 SVG 文件

（6）将 SVG 文件导入 Power BI

选择 Synoptic Panel 自定义图标，将 Category 设置为“仓位”，将 Measure 设置为“库存量”，选中 Local maps，将上一步生成的 SVG 文件导入，如图 10.26 所示。

图 10.26 导入 SVG 文件

贴士

Synoptic Panel 不局限于导入一张 SVG 图表，可同时导入多张图表到 Power BI，适用于商场楼层分布等情况。

（7）格式设置

在 Data Colors 标签下可对每个仓位颜色进行设置。

打开 Data labels，会显示列名和值，即可在图表中显示仓位编号和库存数量，如图 10.27 所示。

图 10.27 Synoptic Panel Data labels 设置

贴士

Synoptic Panel 有多种数据标签显示方式，可以只显示类别或数据，也可以二者同时显示。

通过以上操作，存货仓位查询仪表盘即制作完成，读者可依照所在公司实际状况，按照相同思路进行设计。

10.4 总结

库存概况分析要点在于，零售额的计算使用 SUMX 进行迭代；零星款式使用 CALCULATE 进行条件非重复计数；当切片器字段显示顺序发生异常时，可采用按列排序方式；下钻功能可以层层深挖业务问题的根源。

在销售概况中，首先要理解存销比、折扣、毛利等关键指标；使用对比分析的方法从各个维度比较销售和库存的变化状况；使用度量值设置背景色突出显示关注对象。

在存货仓位仪表盘中，Text Filter 自定义图表可以较好地实现文本模糊查询；Synoptic Panel 具有强大的扩展性，使用在线网站 synoptic.design 生成需要的仓位 SVG 文件，保持位置区域命名与数据源相同，导入 Power BI 即可生成相应货品仓位分布图。

10.5 延伸阅读：图表展现的不一定是真相

世间有无数事实。事实本身没有问题，然而一个事物可能有不同的事实侧面，当呈现在你面前的角度不同时，会塑造你对事物的不同看法；即使对于相同的侧面，不同的展现方式也会影响你对现实的感知。

10.5.1 谜之坐标

由图 10.28 可以看到，销售额逐年大幅度增长，业绩喜人。

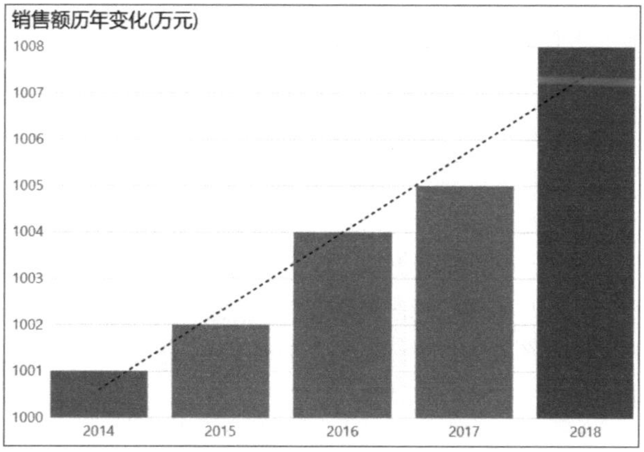

图 10.28　销售额按年份变化（坐标轴起始值不为 0）

然而真的有大幅增长吗？细心的读者会发现图中坐标 *Y* 轴是以 1000 而不是以 0 值开始的。我们换成以 0 值开始，如图 10.29 所示。

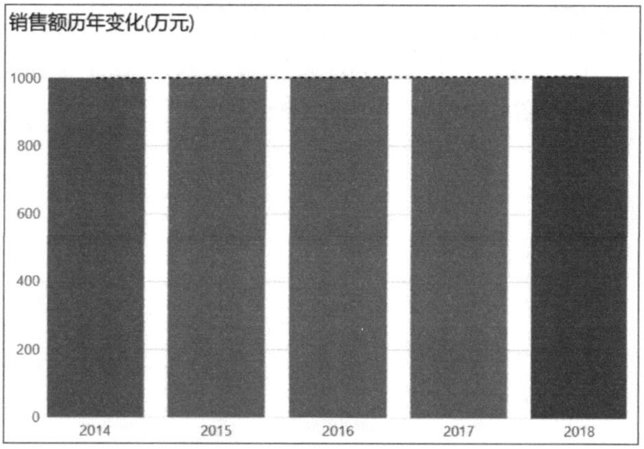

图 10.29　销售额按年份变化（坐标轴起始值为 0）

可以看到几乎没有增长。同样的数据，换不同的坐标轴会让你产生不一样的观感。再遇到声称增长的图表，读者需要慎重了。

10.5.2　辛普森悖论

我们假设一家店铺，销售结构如图 10.30 所示。

类别	销量	销售额（元）	平均单价（元）
鞋子	200	200000	1000
服装	500	200000	400
TTL	700	400000	571

图 10.30　某店销售结构

可以看出，上个月产生了 40 万元的销额，整体平均单价为 571 元，服装平均单价为 400 元。我们想进货一批高单价衣服，以提升店铺整体售价。于是，进货外套 100 件，每件卖 500 元。尽管鞋子销售额没有增长，但是，这额外的 100 件衣服都卖完了。这个月的业绩如图 10.31 所示。这 100 件外套使得服装业绩增加了 5 万元，并且平均售价得到有效提升。然而，整体售价并没有提升，反而有所下降，由 571 元降到了 563 元。

类别	销量	销售额（元）	平均单价（元）
鞋子	200	200000	1000
服装	600	250000	417
TTL	800	450000	563

图 10.31　额外 100 件衣服销售完成后的结构

这就是辛普森悖论。局部看似优势的变化可能会给整体带来反方向的结果。整体与局部，你能否有效地堵住漏洞，识别这种悖论？

第 11 章

帕累托分析

帕累托分析法又称 80-20 原则，是一种得到广泛应用的统计学分析方法。具体来说，指 20%的投入可以产出 80%的效果。例如：

- 20%的产品带来 80%的销售额。
- 20%的客户带来 80%的利润。
- 80%的损失是由两名员工造成的。

该分析法意在抓住重点，从众多内容中抓取有限数量以提升整体效果。本章以产品销售为例讲解如何搭建帕累托分析模型，如图 11.1 所示。

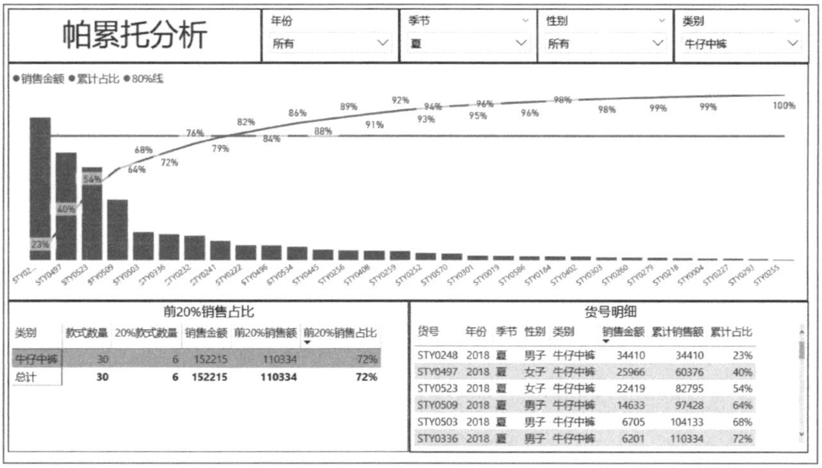

图 11.1　帕累托分析模型

- 最上方是切片器，全选可以查看整盘货品状况；单项选择可以按年份、季节、性别、类别等维度分别查看该条件维度的分析结果，也可多维度同时筛选。
- 中间是帕累托曲线图，按销售金额排序。柱形为每款货品的销售金额；红色折线为累计销售占比，最后一个数值为 100%；绿色直线为 80%分割线，用以查看多少产品占据了 80%的销售额。
- 左下方为矩阵图，可以按性别、类别显示前 20%销售占比。
- 右下方是货品明细表格。

切片器和货品明细表的制作比较简单，可参考第 1 章的内容。本章重点介绍帕累托图及前 20%销售占比矩阵的搭建。

11.1 帕累托图

帕累托图算法方面最重要的部分是一条累计上涨的曲线——从 0 开始直到 100%，因此核心问题是对滚动的累计销售额的计算，从而算出销售占比的累计变化。使用折线和簇状柱形图即可，关键在于 80%恒线的添加。

11.1.1 建立累计销售额和销售占比度量值

本节的核心在于累计销售额和总销售额的计算，对于两者都需要考虑在什么情况下忽略上下文条件。

（1）计算销售额

销售额是基础度量值，直接求和即可。

```
销售金额 = SUM('明细'[销售额])
```

（2）计算累计销售额

```
累计销售额 =
CALCULATE (
    [销售金额],
    FILTER ( ALLSELECTED( '明细'), SUM ( '明细'[销售额] ) <= [销售金额] )
)
```

CALCULATE 有两个参数，第一个参数为要求和的值——销售金额，第二个参数为求和的表范围。

FILTER 用来指定表范围，第一个参数使用 ALLSELECTED 忽略当前视觉对象（本案例指帕累托图和货品明细表）的筛选条件，显示所有货号明细表。但是，外部切片器的筛选条件不进行忽略，可以自行筛选。第二个参数用来对销售额进行迭代。

贴士

```
ALLSELECTED
ALLSELECTED([<tableName> | <columnName>])
```

ALLSELECTED 仅有一个参数，可以是表或者列。该函数忽略当前上下文筛选，同时保留所有其他外部上下文筛选器。

（3）计算总销售额

```
总销售额 =
CALCULATE([销售金额],ALLSELECTED('明细'))
```

与上一步用法类似，使用 ALLSELECTED 确保当前图表为外部筛选条件下的所有货品明细。

（4）计算累计销售占比

```
累计占比 =DIVIDE([累计销售额],[总销售额])
```

累计销售额与总销售额相除即可。

11.1.2　制作帕累托图

帕累托图使用折线和簇状柱形图，除常规的图表字段设置外，需新增 80%度量值作为恒线出现在图表中，用以区隔产品重要程度。

（1）新建 80%度量值

```
80%线 = 0.8
```

该度量值用来在图表中显示 80%线。

（2）选择折线和簇状柱形图，对字段进行如图 11.2 所示的设置。

共享轴为货号，列值为销售金额，行值为累计占比和 80%线。字体、字号、颜色、边框可按需调整，图表按照销售金额倒序排列。

图 11.2　帕累托图字段设置

（3）数据标签设置

将数据标签打开后，销售金额、80%线、累计占比数据都会显示，比较凌乱。可将自定义系列打开，将累计占比的“显示”设置为“开”，其他数据字段设置为关，如图 11.3 所示。

图 11.3　数据标签自定义设置

11.2　前20%销售占比矩阵

帕累托分析或者二八分析并不是严格意义上的20%和 80%，结合行业特征可灵活设定界限，本例通过对比每个类别 20%销售占比，可以观察到哪些品类销售结构相对正常，哪些品类 Top 款销售占比过低，比较分散，需要做出调整。

11.2.1　建立前 20%累计销售额和销售占比度量值

要计算前 20%产品的销售占比，首先要定义什么是前 20%产品，再通过迭代求和对前 20%的销售额进行累加，最后除以总销售额算出占比。

（1）计算款式数量

```
款式数量 = CALCULATE(DISTINCTCOUNT('明细'[货号]),'明细'[销售额]>0)
```

本案例是以销售为基准的，因此使用 CALCULATE 增加条件，将销售额为 0 的款式剔除。

（2）计算 20%款式数量

```
20%款式数量 = ROUND([款式数量]*0.2,0)
```

将款式总数乘以 0.2 取整即可。

（3）计算前 20%销售额

```
前 20%销售额 =
SUMX(TOPN([20%款式数量],ALL('明细'[货号]),[销售金额],DESC),[销售金额])
```

SUMX 有两个参数，第一个参数为求和的表范围，第二个参数为求和的值。

TOPN 对明细表进行范围缩小，使用了四个参数。第一个参数为 *N* 值，此处我们需要计算前 20%款式的销售额，所以 *N* 为 20%款式数量。第二个参数使用 ALL 忽略明细表中货号列的筛选器，确保外部筛选条件下该视觉筛选器的所有货号参与。第三个参数指 Top 的值为销售金额，第四个参数排序方式为从大到小。

贴士

TOPN 函数语法为

```
TOPN(<n_value>, <table>, <orderBy_expression>, [<order>[,
<orderBy_expression>, [<order>]]…])
```

TOPN 依据给定表达式返回指定数量的顶部行。第一个参数是要返回的行数，可以是值，也可以是表达式。第二个参数是表，指从哪里取得前 *N* 行。第三个参数指按照什么进行排序。第四个参数指按升序还是降序。

（4）计算前 20%销售占比

```
前 20%销售占比 = DIVIDE([前 20%销售额],[销售金额])
```

11.2.2 制作前 20%销售占比矩阵图

选择矩阵图，将行字段设置为性别和类别，如图 11.4 所示，将值字段按图 11.1 设置。行设置两个数据字段，可以通过下钻的方式分别显示性别和类别的前 20%款式销售状况。整个帕累托分析模型即搭建完成。

图 11.4 前 20%销售占比矩阵图设置

11.3 总结

制作帕累托图的关键在于滚动累计销售额的计算，CALCULATE、FLITER、ALLSELECTED 配合可以高效实现这一结果。总销售额的计算同样需要 ALLSELECTED 删除当前图表的筛选器。图表方面数据标签按需灵活显示，恒线可通过度量值实现。

制作前 20%销售占比矩阵图的关键在于 20%总销售的计算，用 SUMX+TOPN+

ALL 配合进行实现。矩阵图行值可设置多个数据下钻分层显示。

11.4　延伸阅读：ALL、ALLSELECTED的区别

ALL 和 ALLSELECTED 作为删选器函数都可用来清除筛选条件，参数也都可以是表或者列，二者有什么区别呢？

我们新建四个累计销售额的度量值：

```
累计销售额_ALLSELECTED 列 =
CALCULATE (
    [销售金额],
    FILTER ( ALLSELECTED( '明细'[货号]), SUM ( '明细'[销售额] ) <= [销售金
额] )
)
累计销售额_ALLSELECTED 表 =
CALCULATE (
    [销售金额],
    FILTER ( ALLSELECTED( '明细'), SUM ( '明细'[销售额] ) <= [销售金额] )
)
累计销售额_ALL 列 =
CALCULATE (
    [销售金额],
    FILTER ( ALL( '明细'[货号]), SUM ( '明细'[销售额] ) <= [销售金额] )
)
累计销售额_ALL 表 =
CALCULATE (
    [销售金额],
    FILTER ( ALL( '明细'), SUM ( '明细'[销售额] ) <= [销售金额] )
)
```

接下来准备两张表格，一张为货号+类别+销售额，另一张为货号+销售额。当没有外部筛选条件时，通过图 11.5 可以看到：

上表 ALLSELECTED 表和 ALL 表计算正确，ALLSELECTED 列和 ALL 列发生错误。

下表全部计算正确。

类别

所有

货号	类别	销售金额	累计销售额_ALLSELECTED表	累计销售额_ALLSELECTED列	累计销售额_ALL表	累计销售额_ALL列
STY0388	短袖T恤	63111	63111	63111	63111	63111
STY0521	牛仔长裤	56849	119960	56849	119960	56849
STY0487	梭织中裤	39337	159297	39337	159297	39337
STY0433	短袖T恤	36608	195905	99719	195905	99719
STY0483	梭织中裤	36203	232108	75540	232108	75540
STY0323	夹克	34525	266633	34525	266633	34525
STY0248	牛仔中裤	34410	301043	34410	301043	34410
STY0382	短袖翻领恤	30958	332001	30958	332001	30958
STY0237	短袖T恤	30591	362592	130310	362592	130310

货号	销售金额	累计销售额_ALLSELECTED表	累计销售额_ALLSELECTED列	累计销售额_ALL表	累计销售额_ALL列
STY0388	63111	63111	63111	63111	63111
STY0521	56849	119960	119960	119960	119960
STY0487	39337	159297	159297	159297	159297
STY0433	36608	195905	195905	195905	195905
STY0483	36203	232108	232108	232108	232108
STY0323	34525	266633	266633	266633	266633
STY0248	34410	301043	301043	301043	301043
STY0382	30958	332001	332001	332001	332001
STY0237	30591	362592	362592	362592	362592

图 11.5　没有外部筛选器对比

当有外部筛选条件时，通过图 11.6 可以看到，上、下表都是除 ALL 表外计算正确。

类别

短袖衬衫

货号	类别	销售金额	累计销售额_ALLSELECTED表	累计销售额_ALLSELECTED列	累计销售额_ALL表	累计销售额_ALL列
STY0399	短袖衬衫	13803	13803	13803	802766	13803
STY0371	短袖衬衫	11681	25484	25484	905874	25484
STY0372	短袖衬衫	10546	36030	36030	1024653	36030
STY0378	短袖衬衫	3083	39113	39113	1617337	39113
STY0377	短袖衬衫	440	39553	39553	1841457	39553
STY0376	短袖衬衫	180	39733	39733	1872166	39733
STY0391	短袖衬衫	178	39911	39911	1872344	39911
STY0420	短袖衬衫	164	40075	40075	1872855	40075
STY0380	短袖衬衫	162	40237	40237	1873829	40237

货号	销售金额	累计销售额_ALLSELECTED表	累计销售额_ALLSELECTED列	累计销售额_ALL表	累计销售额_ALL列
STY0399	13803	13803	13803	802766	13803
STY0371	11681	25484	25484	905874	25484
STY0372	10546	36030	36030	1024653	36030
STY0378	3083	39113	39113	1617337	39113
STY0377	440	39553	39553	1841457	39553
STY0376	180	39733	39733	1872166	39733
STY0391	178	39911	39911	1872344	39911
STY0420	164	40075	40075	1872855	40075
STY0380	162	40237	40237	1873829	40237

图 11.6　有外部筛选器对比

因此，我们可以判断：

- 当 ALL 参数为表时，忽略所有筛选条件，无论是该图表内还是外部切片器。
- 当 ALL 参数为列时，忽略该列筛选，其他该图表字段或外部筛选对其产生作用。
- 当 ALLSELECTED 参数为表时，忽略该图表的筛选条件，其他外部筛选对其产生作用。
- 当 ALLSELECTED 参数为列时，忽略该图表在该列的筛选条件，其他该图表字段或外部筛选对其产生作用。

读者可按照模型需求选择使用。

第 12 章 关联分析

关联分析指从交易数据中，发现不同商品之间的联系，挖掘顾客的购买潜力，从而促进销售的提升。

例如，在购买 A 商品的顾客中，有 80%的顾客也购买了 B 商品，说明 A 商品和 B 商品之间具有很强的关联性。可以考虑将 A 和 B 在陈列上进行搭配，运用销售话术进行搭配推荐，或者捆绑进行促销。

关联分析可以指品类的层面也可以指单品的层面。本章将从单品的角度进行模型搭建，如图 12.1 所示。

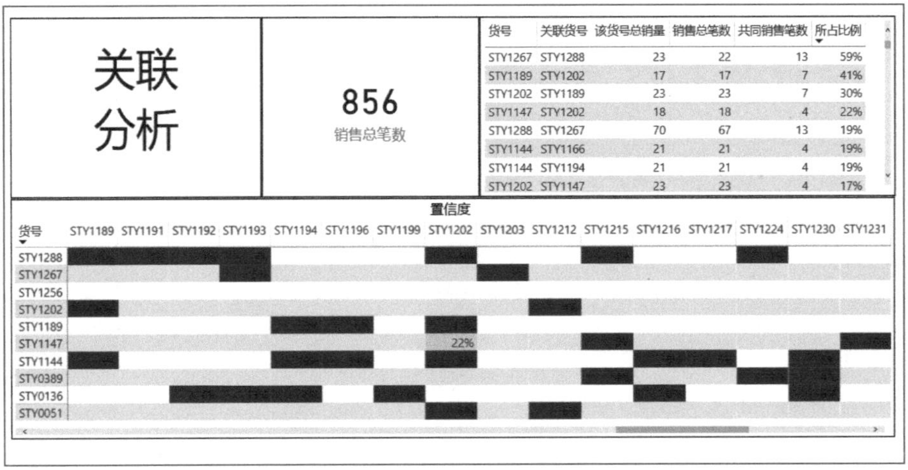

图 12.1　关联分析模型

右上角的表格展示了：不同单品的关联单品是什么；该单品在某销售时间段销售了多少件；该单品总共有多少顾客购买（销售总笔数）；其中有多少顾客同时购买了该单品和关联单品（共同销售笔数）；同时购买的顾客占总顾客数量的多少（所占比例）。

下方的矩阵将单品和关联单品货号分别在行列显示；数据为所占比例，红、黄、绿表示不同的数据范围，绿色表示 A 商品和 B 商品有相对较强的关联性，红色则相反。

该模型制作简便，绝大部分操作在 Query 中点击鼠标按键即可完成，只使用了几个简单函数。

12.1　模型搭建

本节的关键是多次使用合并查询功能进行模型搭建。合并查询的先后顺序及合并字段的选择决定了模型的正确与否。

12.1.1　复制产品信息

将产品信息和销售明细数据导入 Power BI 后，在 Query 后台将产品信息查询复制一份，命名为“关联产品信息”，如图 12.2 所示。这两者之间是相互匹配与比对的关系，产品信息表用于体现结果，关联产品信息表用于过程计算。

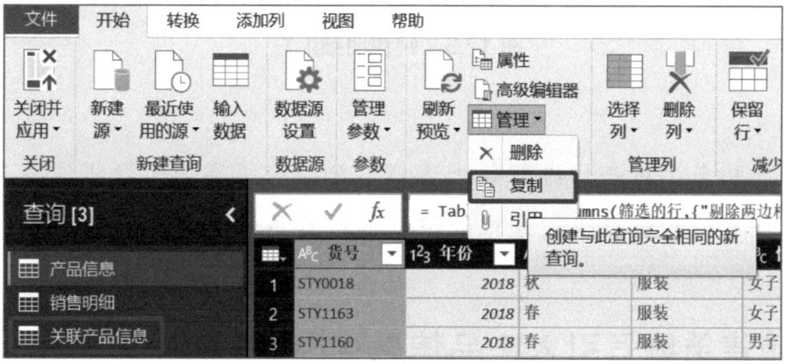

图 12.2　复制产品信息查询

贴士

复制后的查询将与原查询失去关联，原查询更改数据处理步骤不影响复制后的查询步骤。

12.1.2 汇总销售明细

使用分组依据功能，对销售明细进行汇总，保留字段为货号、销售单编号和销售日期，汇总字段为销量，汇总方式为求和，新列名可以与原字段重名，也可按需选择新的名称，如图 12.3 所示。

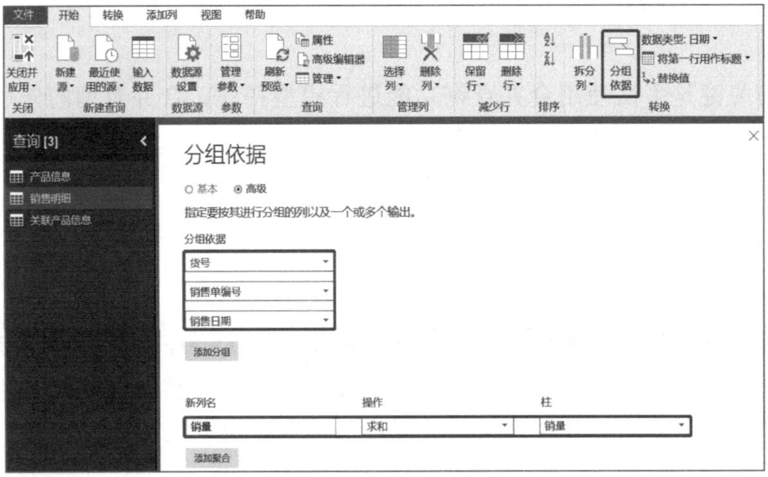

图 12.3 销售明细汇总

贴士

分组查询相当于对查询进行数据透视，分组依据类似于数据透视表中的行标签，销量求和类似于数据透视表中的值。行标签与值都可以不止一个。

12.1.3 销售单编号引入产品信息查询

按货号合并查询，将销售单编号列分别引入产品信息查询和关联产品信息查询，以判断两边的产品存在于哪笔购物小票中，如图 12.4 所示。

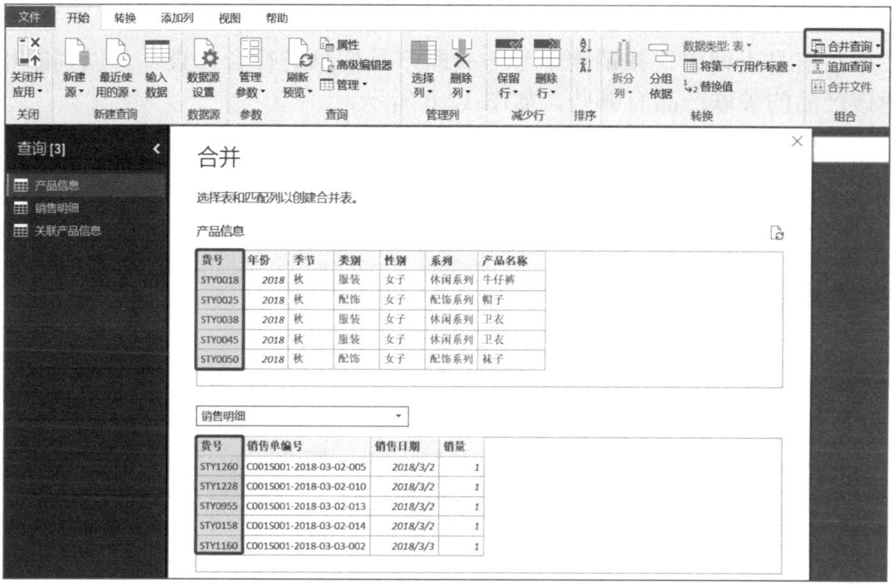

图 12.4　产品信息与销售明细合并

贴士

合并查询的匹配列可以不止一列，可以选中多列进行匹配合并。需要注意的是，两个查询匹配列的数据类型需要保持一致。例如，如需按照年份匹配，一边年份字段为整数，一边为文本，则 Query 将无法识别相同年份进行匹配。

展开的 Table 只选择销售单编号即可，如图 12.5 所示。

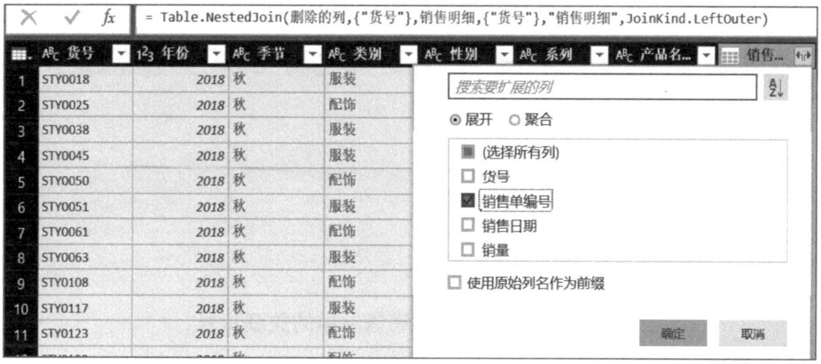

图 12.5　展开保留销售单编号

12.1.4 合并产品信息与关联产品信息

在产品信息查询中，按销售单号与关联产品信息进行合并查询，以判断相同的单号中该产品的关联产品有哪些，如图 12.6 所示。

图 12.6　产品信息与关联产品信息合并

展开的列只保留货号，并重命名为“关联货号”，如图 12.7 所示。

货号	年份	季节	类别	性别	系列	产…	销售单编…	关联货号
STY0018	2018	秋	服装	女子	休闲系列	牛仔裤	C001S001-2018-0…	STY0018
STY0018	2018	秋	服装	女子	休闲系列	牛仔裤	C001S001-2018-0…	STY1163
STY1163	2018	春	服装	女子	休闲系列	卫衣	C001S001-2018-0…	STY0018
STY1163	2018	春	服装	女子	休闲系列	卫衣	C001S001-2018-0…	STY1163
STY1260	2018	春	鞋子	男子	运动系列	运动鞋	C001S001-2018-0…	STY1260
STY1228	2018	秋	配饰	男子	配饰系列	包	C001S001-2018-0…	STY1228
STY0955	2017	冬	鞋子	男子	运动系列	运动鞋	C001S001-2018-0…	STY0955

图 12.7　货号与相同销售单中的关联货号

12.1.5　剔除本身货号

关联货号中含有该货号本身，因此需要进行剔除。添加条件列，当两边货号相等时显示为“N”，不相等时显示为“Y”，如图 12.8 所示。

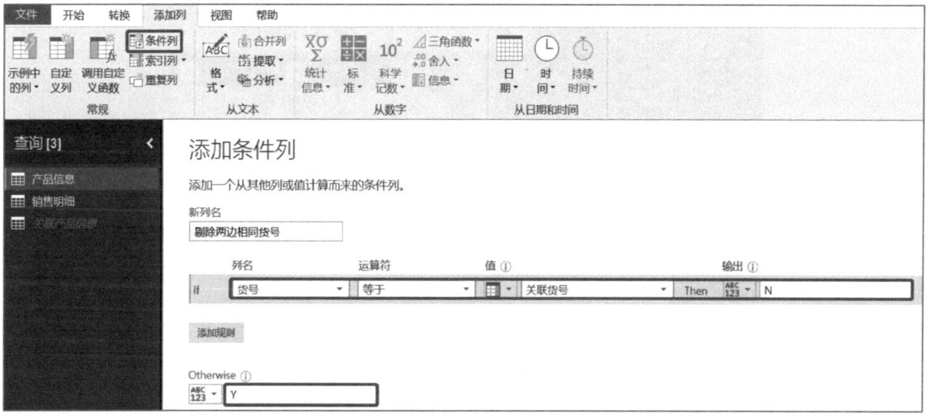

图 12.8　添加条件列判断货号是否相等

贴士

在 Query 中添加条件语句可以直接使用条件列功能，也可以使用自定义列 IF 函数进行添加，效果相同。

是“Y”的货号即不包含本身，需要保留，通过筛选行设置，如图 12.9 所示。

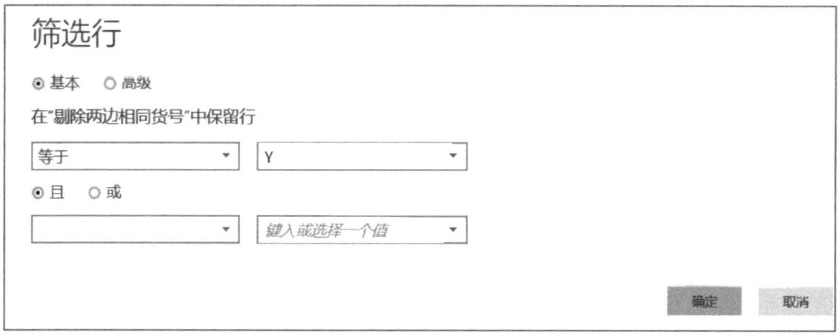

图 12.9　保留“Y”

贴士

筛选行与 Excel 中的筛选操作类似，筛选条件可以是一个，也可以是多个。

12.1.6 去除“关联产品信息”加载

将关联产品信息查询中的启用加载去掉勾选，因为该查询是一个过渡数据，需要的数据已链接至产品信息查询中，如图 12.10 所示。设置完成后关闭并应用。

图 12.10 关联产品信息禁用加载

贴士

将中间计算环节在 Query 后台隐藏有助于保持界面清爽，方便寻找信息。当查询较多并且都需要在最终界面显示时，可用鼠标右键将查询分组至不同文件夹，例如基础资料类、销售类、财务类等。

12.1.7 计算销售笔数、共同销售笔数、所占比例

本节计算产品 A 的所有销售笔数中，同时销售了产品 B 的比例，越高代表 A 和 B 的关联性越强，越低代表关联性越差。

（1）计算销售总笔数，对销售单编号非重复计数即可。

```
销售总笔数 = DISTINCTCOUNT('销售明细'[销售单编号])
```

（2）计算共同销售笔数，因为是 A 商品对每一个 B 商品的共同笔数，所以此处直接计数。

```
共同销售笔数 = COUNTA('产品信息'[关联货号])
```

（3）计算 A 和 B 共同交易笔数在 A 的交易笔数中的占比，将两个度量值直接相除即可。

```
所占比例 = DIVIDE([共同销售笔数],[销售总笔数])
```

贴士

本例中销售总笔数和共同销售笔数属于中间计算过程，此处为了说明清楚进行了拆分。在实际中可只新建最后的所占比例度量值。在该度量值中，将销售总笔数和共同销售笔数用 VAR 定义，然后返回所占比例。但该方案也有缺陷，截至笔者写作本书时，Power BI 尚不支持使用 VAR 定义中文名称，只能使用英文，期待后续的改进。

12.1.8　建立关系

在产品信息与销售明细之间建立关系，如图 12.11 所示。产品信息表中货号原本为非重复值，但引入关联货号后，每个货号存在于不同的销售单中，不同的销售单可能又有多个关联货号，导致货号变为重复值，因此产品信息与销售明细之间的关系为多对多关系。

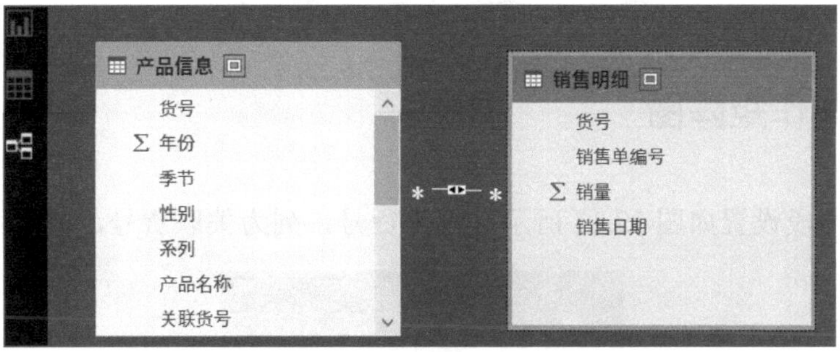

图 12.11　在产品信息和销售明细建立多对多关系

通过以上操作，整个模型即搭建完成。

12.2　制作可视化报告

使用矩阵，横、纵坐标分别表示产品和关联产品，值为所占比例，再加上用条件格式突出显示高比例产品，可以很好地突出产品关联性。另外，使用明细表和卡片图可以辅助显示其他相关信息。

12.2.1 制作明细表和卡片图

本案例使用的图表均为系统默认图表。对于明细表和卡片图，直接拖曳字段并进行格式设置即可。需注意数据中并无“该货号总销量”这个字段，可通过重命名方式，变更“销量”字段显示名称，如图 12.12 所示。

图 12.12　变更“销量”字段显示名称

12.2.2 制作矩阵图

矩阵图字段设置如图 12.13 所示，行为货号，列为关联货号，值为所占比例。

图 12.13　矩阵图字段设置

矩阵图中不同数据区间背景色不同，需要首先设置颜色度量值：

```
    所占比例格式 = IF([所占比例]>=0.3,"Green",if([所占比
例]>=0.2,"Yellow","Red"))
```

将所占比例条件格式中的背景色依据字段设置为“所占比例格式”，数据即可分色显示，如图 12.14 所示。

图 12.14　所占比例背景色设置

整个关联分析模型即制作完成。

贴士

背景色使用度量值定义比使用默认方式灵活，可以使用 IF 或 SWITCH 使条件格式有更多的表现样式。

12.3　总结

要做关联分析，首先需要确定每个单品涉及的销售单号有哪些，本案例通过复制产品信息分别合并销售明细中的销售单编号完成。

其次，需要确定 A 产品中的销售单中还有什么别的产品。再次使用合并查询，以销售单号为基准，对产品信息和关联产品信息进行合并。

最后，通过简单度量值计算总单数、共同销售单数，即可得到 A 产品中含有 B 产品的销售单占比多少。

再通过简单图表制作即可查看关联状况。例如，在 STY1267 这款夹克的所有购买顾客中，有 59%的顾客也购买了 STY1288 这款牛仔裤。二者之间具有较强的关联性。可能顾客比较中意这种搭配。在库存满足的情况下，可在店铺橱窗以模特搭配出样展示，产出更多业绩。

本例中需要注意两点：

- 并不是所有的关联都是有效的，有时，产品 A 和产品 B 完全出现在相同的顾客购物篮中，可能由于只有一个顾客购买这两个产品，基数太小导致不具有参考价值。因此，在业务分析中，需结合支持度、置信度进行筛选。
- 在本例图表设计中可使用前面章节讲到的技巧，只查看交易笔数较大的货号信息，避免无效信息的干扰，可将货号筛选类型设置为前 *N* 个，按照销售总笔数进行筛选，如图 12.15 所示。

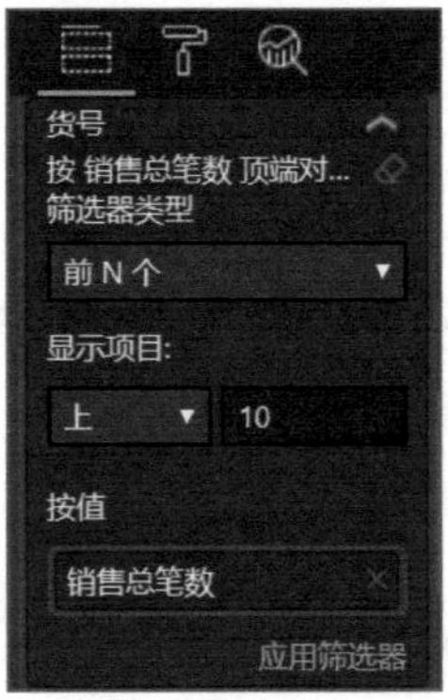

图 12.15　只显示前 *N* 个货号

第 13 章

13

畅销款分析

企业采购的商品畅销才能带来更多的利润。产品部门对历史销售数据进行分析，提炼畅销品，洞察消费者需求，为订货做参考。不少企业在分析畅销款时，只按销售数量或销售金额进行倒序排序确定畅销品。这样可能带来极大的财务风险。本章提供一种相对合理的分析方式，并用 Power BI 构建模型对畅销品进行提炼。

13.1 畅销款的业务逻辑

13.1.1 售罄率高并不代表畅销

售罄率是期货制企业常用的商品指标，用来表示某产品卖出的百分比。

```
售罄率=某段时间销售数量/订货数量*100%
```

有人说，在相同的时间范围内，售罄率越高代表越畅销，其实不然。例如某款衣服进货两件，卖了两件，售罄率为 100%，这个售罄率对企业没有太多意义。即使卖完了，由于盘子太小，也没赚什么钱。我们首先要考虑的是企业的绝对利润值，而不是一个比例，上面这个例子就是如此，即使 100%售罄，创造毛利太有限。所以进货的绝对值和销售的绝对值很重要。采购进货的目的是创造足够多的利润，而不是卖完。

贴士

部分企业使用金额定义售罄率，从大盘的角度与数量定义的售罄率偏差应该不大，细节到单款可能会有差异。不同的定义方式没有优劣，按需选择即可。

13.1.2 销售数量高也不代表畅销

销售数量越高，能否说明该商品越畅销？也不能。

假设某服装零售商 A 商品进货 100 件，10 天销售 50 件；B 商品进货 50 件，10 天销售 40 件。在相同的时间内 A 商品比 B 商品多卖了 10 件，是否表明 A 比 B 畅销？并不能。因为 B 商品总共只进货 50 件，很有可能该商品在卖到 30 件的时候已经断码了，影响了成交率，后期的销售数据并不能真实反映消费者的购物需求。此时，如果把 A 当成畅销品，有可能造成追加式订货的恶劣后果，导致采购了一堆消费者不需要的商品。

那么销售数量和售罄率综合考虑能否说明该商品畅销？

30 天后，A 商品总共销售了 98 件，售罄率为 98%；B 商品销售了 49 件，售罄率也是 98%。如同销售 10 天时，B 商品的销售数据已无法真实反映消费者需求，销售 30 天时 A 商品和 B 商品的售罄率也全部无法反映真实情况。当货品卖到 50%～70%时，可能断码现象已产生了。A 商品在 10 天后的销售也被抑制，比真实值偏低。

所以销售数量和售罄率结合也无法反映商品是否畅销。

13.1.3 结合时间因素判断商品是否畅销

通过以上两个例子我们可以得出结论，判断商品畅销与否需要引入时间因素。在越短的时间内销量越高（本例假设商品为新品，不考虑折扣因素），则商品越畅销。

当商品被充分供应时（即尺码齐全，比方售罄率还未达到 50%），销售数据能够反映消费者的真实需求。因此我们可以做出判断：某商品售罄率越快达到 50%，并且该期间销量越高，则越畅销。通过计算达到售罄 50%之前平均每天的销量进行排名，即可判断什么是真正的畅销品。

```
达到售罄 50%平均每天销量=达到 50%售罄时的销量/达到 50%售罄时销售天数*100%
```

当商品到截止日期仍未达到 50%的售罄，可以认定该商品被一直充分供应，公式中的销售天数为截止日期减去该商品的到货日期。

该思路综合考虑了销量、售罄率、时间三个因素，下一节以此为逻辑对畅销品分析模型进行构建。

13.2　构建畅销品分析模型

图 13.1 是虚拟的某服饰企业订单即销售数据，各数据源之间按照货号建立关联，作为建立模型的基础。

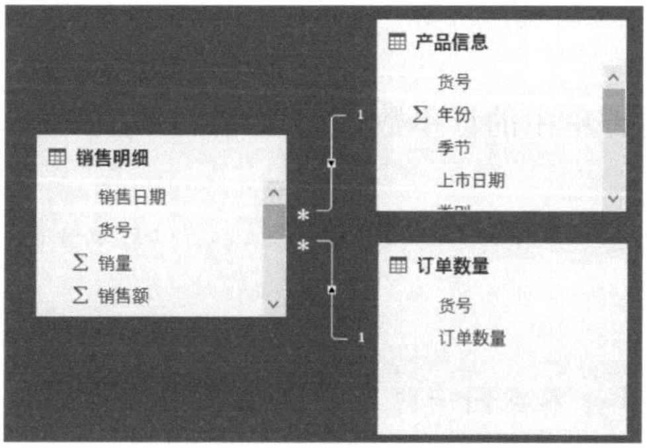

图 13.1　畅销品分析数据源

贴士

建立关系前需对产品信息进行匹配性检查，确保信息完整，对销售明细和订单中的产品有全方位的覆盖。

13.2.1　计算达到 50%售罄时的销售天数

要计算某产品什么时候售罄达到 50%，首先要计算该产品的滚动累计销量，然后滚动销量与订单总数做对比，当达到 50%时停止计算。

在“销售明细表”中完成对以下计算列的添加。

（1）计算滚动销量

```
滚动销量 =
```

```
SUMX (
    FILTER (
        FILTER ( '销售明细', '销售明细'[货号] = EARLIER ( '销售明细'[货号] ) ),
        '销售明细'[销售日期] <= EARLIER ( '销售明细'[销售日期] )
    ),
    '销售明细'[销量]
)
```

对每一个产品的销售数量按日期进行滚动累加，以便与订单数量对比，查看什么日期可以达到 50%售罄：内部的 FLITER 对表格进行截取，同一个货号内构成一个虚拟表；外部的 FILTER 在上述虚拟表的基础上，按照销售日期进行滚动累加；SUMX 对虚拟表条件下的销量进行求和。

（2）计算售罄率

使用 RELATED 对订单中的订单数量进行调用，与上一步算出的滚动销量相除，计算滚动的售罄率。

```
售罄率 = DIVIDE('销售明细'[滚动销量],RELATED('订单数量'[订单数量]))
```

贴士

售罄率分子和分母并不在同一张表中，由于销售明细和订单数量之间存在关系，使用 REALTED 函数可以直接引用订单数据。

（3）计算售罄率大于 50%的最小销售日期

```
售罄率大于 50%的最小销售日期 =
IF (
    MAXX ( FILTER ( '销售明细', '销售明细'[货号] = EARLIER ( '销售明细'[货
号] ) ), '销售明细'[售罄率] )
        < 0.5,
    MAX ('销售明细'[销售日期] ),
    MINX (
        FILTER (
            FILTER ( '销售明细', '销售明细'[货号] = EARLIER ( '销售明细'[货
号] ) ),
            '销售明细'[售罄率] >= 0.5
        ),
        '销售明细'[销售日期]
    )
```

```
)
```

该公式分为两个部分：当该商品售罄一直未达到 50%时，返回最后一个销售日期。FILTER 筛选相同货号，MAXX 判断该货号的最大售罄率，MAX 提取最大销售日期；当该商品最终售罄率在 50%以上时，提取该商品达到 50%的最近的日期。内层 FILTER 构建相同货号的虚拟表，外层 FILTER 截取该虚拟表售罄率大于 50%的部分，MINX 返回该虚拟表当中的最小日期。

（4）引入上市日期

```
上市日期 = RELATED('产品信息'[上市日期])
```

使用 RELATED 将上市日期引入销售明细数据中。

（5）计算达到 50%售罄时销售天数

```
达到50%售罄时销售天数 =DATEDIFF('销售明细'[上市日期],'销售明细'[售罄率大于50%的最小销售日期],DAY)+1
```

DATEDIFF 判断两个日期之间的差值。

13.2.2　计算达到 50%售罄时的销量

```
达到 50%售罄时的销量 =
SUMX (
    FILTER (
        FILTER ( '销售明细', '销售明细'[货号] = EARLIER ( '销售明细'[货号] ) ),
        '销售明细'[销售日期] <= '销售明细'[售罄率大于 50%的最小销售日期]
    ),
    '销售明细'[销量]
)
```

内层 FILTER 构建相同货号的虚拟表，外层 FILTER 对虚拟表截取达到 50%售罄之前的销售，SUMX 在以上嵌套 FILTER 构建的虚拟表条件下，对销量进行求和。

13.2.3　统计畅销款

越快达到 50%售罄的产品越畅销，在达到 50%售罄之前，该产品不受断码等因素影响，可以反映真实的销售状况，使用该期间的销售数量可以倒推出该产品的理想销售数量，从而进行畅销款排名。

（1）新建表，将销售明细表中需要的字段汇总，如图 13.2 所示。

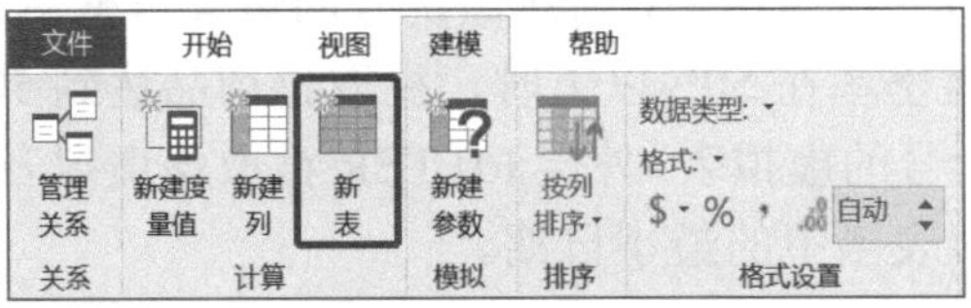

图 13.2　新建畅销款表

```
畅销款 =
SUMMARIZE (
    '销售明细',
    '销售明细'[货号],
    '销售明细'[上市日期],
    '销售明细'[售罄率大于50%的最小销售日期],
    '销售明细'[达到 50%售罄时销售天数],
    '销售明细'[达到 50%售罄时的销量],
    "累计销量", SUM ( '销售明细'[销量] )
)
```

使用 SUMMARIZE 构建虚拟表，截取需要的字段，并对销量进行汇总求和。

（2）引入订单数量到畅销款表中

```
订单数量 = RELATED('订单数量'[订单数量])
```

注意畅销款表需与订单表之间建立关系。

（3）计算累计售罄率

```
累计售罄率 = DIVIDE('畅销款'[累计销量],'畅销款'[订单数量])
```

（4）计算理想平均周销量

```
理想平均周销量 =DIVIDE('畅销款'[达到 50%售罄时的销量],'畅销款'[达到 50%售罄时销售天数]) *7
```

达到 50%售罄时的销量为真实反映顾客需求的销量，换算成周便于比较。

（5）计算排名

```
订单排名 = RANKX(ALL('畅销款'),'畅销款'[订单数量])
累计销量排名 = RANKX(ALL('畅销款'),'畅销款'[累计销量])
修正排名 = RANKX(ALL('畅销款'),'畅销款'[理想平均周销量])
```

使用 ALL 函数确保排名范围为全部产品，RANKX 选取不同排名字段。

贴士

RANKX 函数语法为

```
RANKX(<table>, <expression>[, <value>[, <order>[, <ties>]]])
```

RANKX 对表中的每一行进行计算，返回指定表达式的排名。第一个参数为表，可以是数据源表，也可以是函数生成的表。第二个参数为要排名的表达式。第四个参数为排序方式。其他参数不常用。

（6）制作排名表

选取表格，将畅销款数据中的所有字段添加入表中，如图 13.3 所示。

视觉筛选器中，货号筛选器类型选择“前 N 个”，显示项目为最小的 10 个，按照修正排名进行显示，如图 13.4 所示。

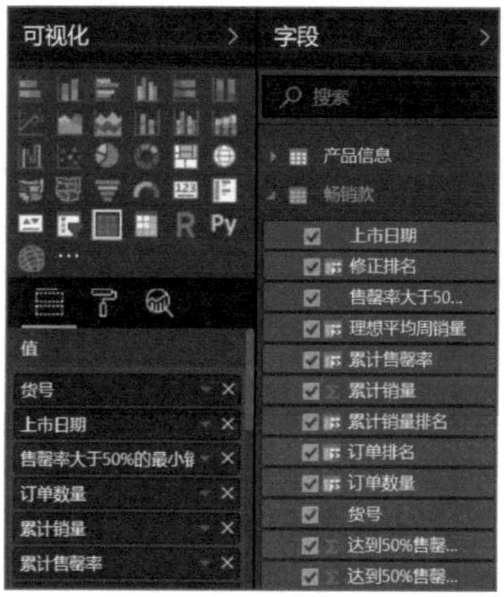

图 13.3　畅销款表设置

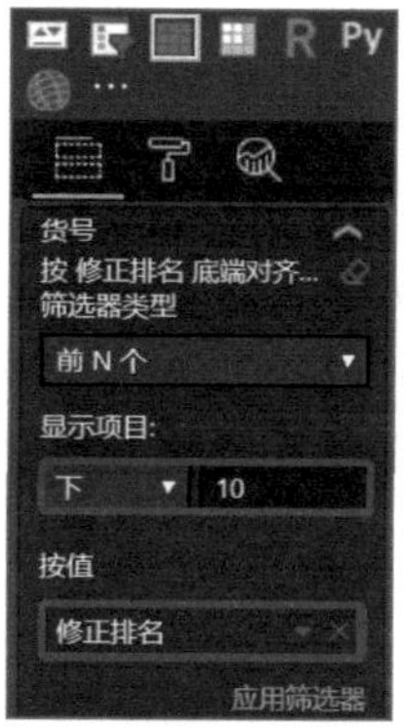

图 13.4　畅销款表格筛选器类型设置

通过以上操作，即完成了整个模型的搭建，输出结果如图 13.5 所示。

货号	上市日期	售罄率大于50%的最小销售日期	订单数量	累计销量	累计售罄率	达到50%售罄时销售天数	达到50%售罄时的销量	理想平均周销量	订单排名	累计销量排名	修正排名
STY1484	2018/5/1	2018/5/1	47	33	70%	1	25	175	117	93	1
STY1333	2018/3/24	2018/4/9	262	200	76%	17	144	59	13	13	2
STY1515	2018/5/24	2018/6/7	210	168	80%	15	120	56	25	21	3
STY1300	2018/3/15	2018/4/4	281	248	88%	21	144	48	9	9	4
STY1301	2018/3/15	2018/4/7	252	240	95%	24	128	37	17	10	5
STY1317	2018/3/18	2018/5/1	446	440	99%	45	240	37	3	2	5
STY1422	2018/4/1	2018/5/12	442	400	90%	42	224	37	4	4	5
STY1445	2018/4/22	2018/5/7	150	144	96%	16	80	35	48	28	8
STY1381	2018/4/1	2018/5/23	527	464	88%	53	264	35	1	1	9
STY1395	2018/4/7	2018/5/20	388	376	97%	44	208	33	5	5	10

图 13.5　畅销款分析表

13.3 总结

畅销款分析的关键在于厘清什么是畅销，对销售数据的准确性进行判断，结合销量、售罄率、时间因素进行综合考虑。在实际搭建模型过程中，灵活使用FILTER+EARLIER对表的范围进行截取，与SUMX、MINX、MAXX配合计算不同范围的和、最小值、最大值。

从图13.5中可以看到：

（1）累计售罄率高的产品不一定排名靠前，因为该“售罄”已失真。

（2）按销量排名和按照修正排名也有很大的不同，因为销量受订量影响，订单数量很小会抑制销量。

（3）修正排名是相对准确的畅销款排名，可为后期订货提供参考。该案例畅销排名与订单前十的重合度只有50%，说明订单下单不是很准确。

需要注意的是，不能只看数据，需要结合现场业务进行评估。比如STY1484这款产品排名第一，在上市的第一天就卖断码了。需要查看是真实零售销售还是团购因素，在分析过程中需要排除干扰。

本案例为全部产品排名，读者可设置不同切片器，查看不同品类产品的排名状况。Power BI支持图片显示，可以准备相应的图片资料，将字段设置为图像URL，畅销显示更直观，如图13.6所示。

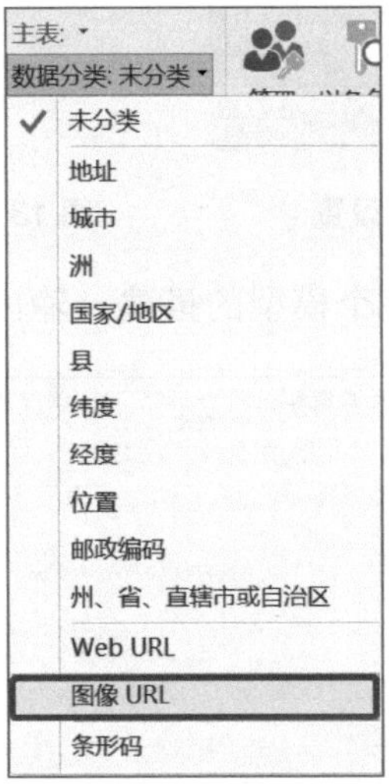

图 13.6　图像 URL 设置

13.4　延伸阅读：DAX书写规范工具

本例中部分 DAX 函数嵌套较多，如果书写不规范，则不易读取。例如图 13.7 的函数书写方式，整个函数无法识别逻辑构成。

```
售罄率大于50%的最小销售日期=IF(MAXX(FILTER('销售明细','销售明细'[货
号]=EARLIER('销售明细'[货号])),'销售明细'[售罄率])<0.5,MAX('销售明细'[销售日
期]),
MINX(FILTER(FILTER('销售明细','销售明细'[货号]=EARLIER('销售明细'[货号])),'销
售明细'[售罄率]>=0.5),'销售明细'[销售日期]))
```

图 13.7　没有格式的 DAX 函数

正确地按层次缩进有助于厘清思路，也便于报告阅读者理解。SQLBI 团队开发的在线 DAX 格式化网站 daxformatter.com 可以辅助我们进行 DAX 的格式化。

打开 daxformatter 官网，将 DAX 函数复制到图 13.8 所示的区域，点击“FORMAT”，即可得到规整的函数，如图 13.9 所示。

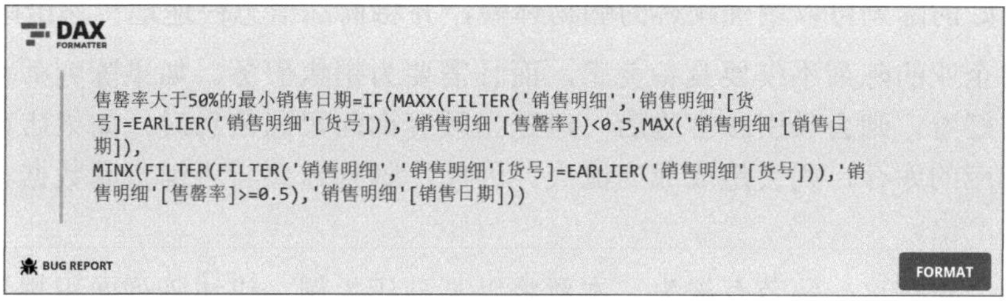
DAX
FORMATTER
售罄率大于50%的最小销售日期=IF(MAXX(FILTER('销售明细','销售明细'[货
号]=EARLIER('销售明细'[货号])),'销售明细'[售罄率])<0.5,MAX('销售明细'[销售日
期]),
MINX(FILTER(FILTER('销售明细','销售明细'[货号]=EARLIER('销售明细'[货号])),'销
售明细'[售罄率]>=0.5),'销售明细'[销售日期]))
BUG REPORT
FORMAT

图 13.8　格式化过程

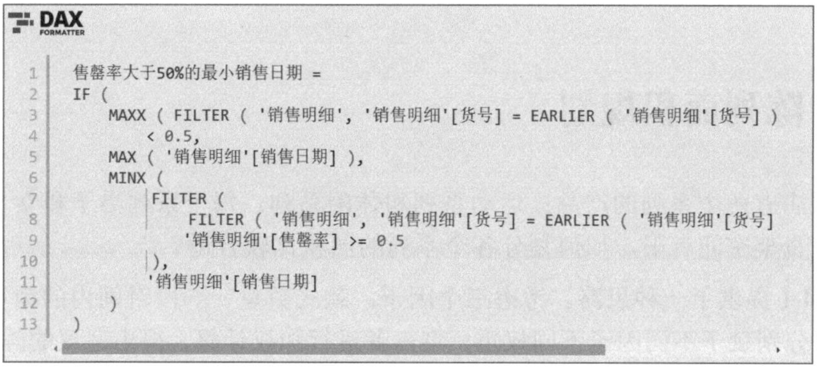
DAX
FORMATTER
售罄率大于50%的最小销售日期 =
IF (
MAXX (FILTER ('销售明细', '销售明细'[货号] = EARLIER ('销售明细'[货号])
< 0.5,
MAX ('销售明细'[销售日期]),
MINX (
FILTER (
FILTER ('销售明细', '销售明细'[货号] = EARLIER ('销售明细'[货号]
'销售明细'[售罄率] >= 0.5
),
'销售明细'[销售日期]
)
)

图 13.9　DAX 格式化结果

第 14 章

14

数据化陈列

陈列指把商品按照一定规律展示给顾客，激发顾客的购买欲望。陈列是一种综合艺术，好的陈列可以增强顾客的购物体验，并将商品信息快速地传递给顾客。

零售企业的陈列不仅要具备美感，而且需要为销售服务。如果陈列师将橱窗搭配得非常好看，则会吸引顾客进店。但是当顾客询问尺码信息时，如果店铺断码，并没有相应的库存，则会造成成交流失。因此，陈列需要与店铺货品数据相结合才能最大化产出。

很多公司在这一环节有缺失。本章将以某鞋店为例，讲述陈列面积规划、单品陈列规划如何与店铺销售、库存、新品到货情况相结合，艺术+数据组合出击形成完美陈列。

14.1 陈列面积规划

该鞋店有两个系列的产品：运动系列和休闲系列。每个系列男子和女子鞋款均有销售。货架空间有限，如何划分各个系列的面积比较合适？

图 14.1 提供了一种思路。考虑三个因子：款式数量、一段时间内的销售额、库存金额。分别赋予不同因子不同权重，将三者进行加权计算，得出建议的陈列面积。

在业务实际开展中，陈列侧重于关注哪个因子即把图中上方该因子权重使用滑杆调高，建立陈列占比也将会偏重该因子。一般情况下考虑库存和销售的因素比重较多，款式数量也不能不考虑，因为库存量大可能是单款深度偏大造成的，款式不足将无法满足大面积陈列表现。中间的树状图反映建议的系列陈列面积，下钻可看到各系列男女分配。下方的矩阵为各系列款式数量、销售状况、库存状况等明细。下面将讲述制作过程。

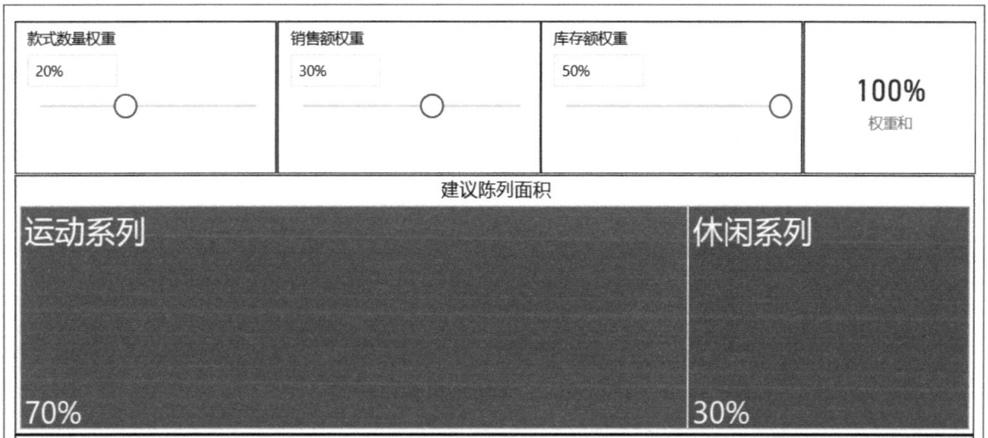

系列	库存款式数量	销售数量	库存量	平均单款库存量	销售额	库存额	款式数量占比	销售额占比	库存额占比	加权	建议陈列占比
休闲系列	**31**	**67**	**375**	**12**	**15883**	**116550**	**41%**	**21%**	**31%**	**30%**	**30%**
男子	19	33	273	14	6902	83574	25%	9%	22%	19%	19%
女子	12	34	102	9	8981	32976	16%	12%	9%	11%	11%
运动系列	**45**	**157**	**622**	**14**	**58791**	**262806**	**59%**	**79%**	**69%**	**70%**	**70%**
男子	27	116	318	12	44675	131634	36%	60%	35%	42%	42%
女子	18	41	304	17	14116	131172	24%	19%	35%	28%	28%
总计	**76**	**224**	**997**	**13**	**74674**	**379356**	**100%**	**100%**	**100%**	**100%**	**100%**

图 14.1　各系列陈列面积占比建议

14.1.1　设置权重参数

新建款式数量权重参数，数据类型为十进制数字，变化范围为 0～50%之间，变化幅度为 5%，并添加切片器。设置如图 14.2 所示。

类似地，对销售额、库存额分别设置参数，并添加切片器，切片器显示类型设置为单个值。因默认显示为小数，需在建模选项卡下将三个参数数据类型都变更为百分比，如图 14.3 所示。

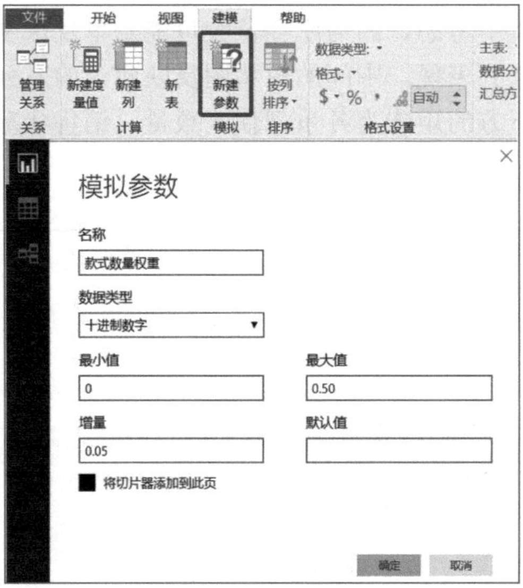

图 14.2　款式数量权重参数

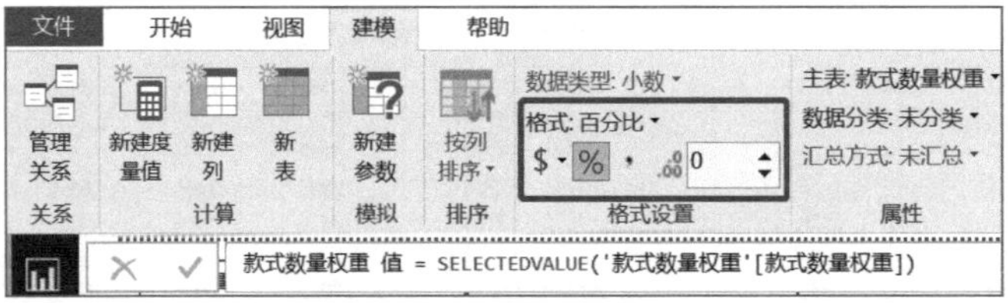

图 14.3　将款式数量权重参数设置为百分比格式

三个参数的权重之和应该为 100%，可以新建三个参数和为度量值，并建立卡片图用于检查：

```
权重和 = [库存额权重 值]+[款式数量权重 值]+[销售额权重 值]
```

贴士

三个参数也可只新建两个，另一个设立卡片图，度量值设置为 1-两个参数之和即可，这样也可以省去检查环节。

14.1.2　建立基础度量值

由上一节可知，权重包含库存额、款式数量、销售额三个方面，因此对这三个数值进行计算，销售数量、库存数量度量值保留作为参考。

```
销售数量 = SUM('销售库存明细'[销量])
销售额 = SUM('销售库存明细'[销售金额])
库存量 = SUM('销售库存明细'[库存数量])
库存额 = SUM('销售库存明细'[库存金额])
库存款式数量 =
CALCULATE(DISTINCTCOUNT('销售库存明细'[货号]),'销售库存明细'[库存数量]>0)
平均单款库存量 = DIVIDE([库存量],[库存款式数量])
```

其中在库存款式数量计算中，因为部分货号已完全销售完毕，库存为 0，所以需要用 CALCULATE 添加条件将库存为 0 的款式剔除。

14.1.3　计算建议陈列占比

本例的陈列面积是个相对的比例关系，因此将权重涉及的款式数量、销售额、库存额全部换算为占比。

（1）建立占比度量值

```
款式数量占比 =
DIVIDE([库存款式数量],CALCULATE([库存款式数量],ALL('销售库存明细')))
销售额占比 =
DIVIDE([销售额],CALCULATE([销售额],ALL('销售库存明细')))
库存额占比 =
DIVIDE([库存额],CALCULATE([库存额],ALL('销售库存明细')))
```

三个占比计算方式相同，筛选条件的值除以总值。ALL 用来忽略分母的筛选条件，确保分母为所有数据的值。

（2）占比与权重相结合计算加权

```
加权 = [款式数量占比] *[款式数量权重 值]+[销售额占比]*[销售额权重 值]+[库存额占比]*[库存额权重 值]
```

引用三个参数的当前值，计算加权占比。

（3）计算建议陈列占比

```
建议陈列占比 =DIVIDE([加权],CALCULATE([加权],ALLSELECTED('销售库存明细')))
```

建议陈列占比的分母使用 ALLSELECTED 而不是 ALL，这是由于我们只清除该图表范围的筛选器计算总值，外部筛选器仍对其发生作用。例如，当只看运动系列的建议陈列面积时，ALLSELECTED 可以使得建议陈列占比构成仍为 100%，而 ALL 仍然显示全部数据的结果，不能达到我们的查看目的，图 14.4 所示是正确的显示结果。

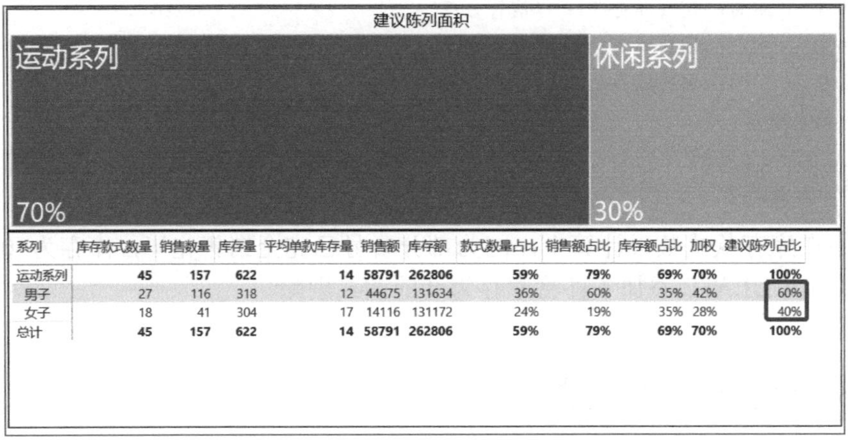

系列	库存款式数量	销售数量	库存量	平均单款库存量	销售额	库存额	款式数量占比	销售额占比	库存额占比	加权	建议陈列占比
运动系列	45	157	622	14	58791	262806	59%	79%	69%	70%	100%
男子	27	116	318	12	44675	131634	36%	60%	35%	42%	60%
女子	18	41	304	17	14116	131172	24%	19%	35%	28%	40%
总计	45	157	622	14	58791	262806	59%	79%	69%	70%	100%

图 14.4　正确查看部分系列建议陈列面积

图 14.5 使用 ALL 计算建议陈列占比，查看运动系列的状况时，男女加起来小于 100%，不能达到使用需求。

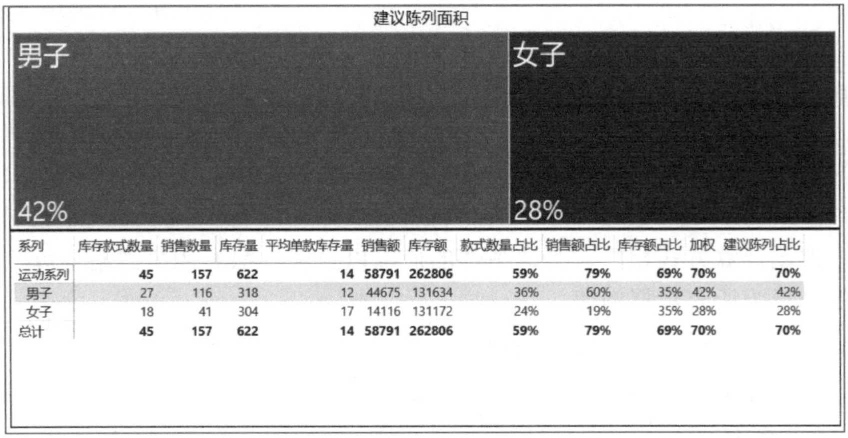

系列	库存款式数量	销售数量	库存量	平均单款库存量	销售额	库存额	款式数量占比	销售额占比	库存额占比	加权	建议陈列占比
运动系列	45	157	622	14	58791	262806	59%	79%	69%	70%	70%
男子	27	116	318	12	44675	131634	36%	60%	35%	42%	42%
女子	18	41	304	17	14116	131172	24%	19%	35%	28%	28%
总计	45	157	622	14	58791	262806	59%	79%	69%	70%	70%

图 14.5　错误的局部建议陈列占比

14.1.4　制作建议陈列面积树状图

树状图是由不同大小的方框组成的，框的大小受值的大小影响。通过框的大小很容易展示陈列面积的大小。因此建议陈列面积使用树状图，字段设置如图 14.6 所示，组为“系列”和“性别”，值为“建议陈列占比”，可通过下钻查看各系列性别分布。

图 14.6　建议陈列面积树状图设置

14.1.5　制作陈列占比矩阵

建立陈列占比矩阵，矩阵行按如图 14.7 所示进行设置，值字段按如图 14.1 所示罗列。

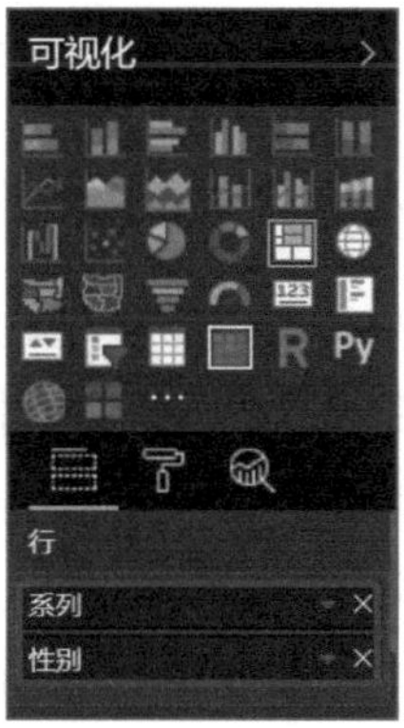

图 14.7　建议陈列占比矩阵行设置

注意行显示方式设置为“扩展至下一级别”，系列和性别方可同时显示，如图 14.8 所示。

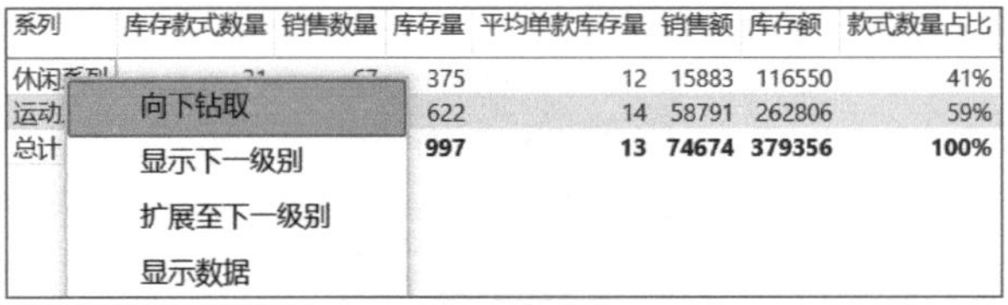

图 14.8　矩阵扩展至下一级别

贴士

矩阵图有多种层级显示方式，当行字段有多个时，默认可向下钻取到下一层级，但两个层级不会同时显示。如需两个层级同时显示，则可扩展至下一层级。

通过以上操作，即可计算得出各系列陈列面积如何划分。

14.2　单品陈列规划

各系列陈列面积确定后，需确定各个子区域具体单品怎么进行陈列。每个卖场板块都有相对较好的位置，这些位置的顾客视线佳，用来陈列最好的货品；也有中等的位置；还有较差的位置，顾客较少注意到。

陈列位置的好坏容易区分，但什么是货品的好坏？什么是最好的货品？在实际工作中，考虑货品好坏的因素可能很多，这里我们简化为三个：销售状况、库存状况、上市日期，即销售越好、库存越充足、越新的货品越是好的货品，应该陈列在最好的位置。三个因素的重要程度可能不同，同样，我们可以设立权重综合进行排名。

图 14.9 展示了单品的排名结果。

- 上方是三个切片器，右边两个切片器按性别和系列查看。左边选择金靴查看排名前 20%的最重要的产品，选择银靴查看排名在 20%～50%的产品。
- 下方的表格为产品资料、销售库存状况及排名状况。星级中金色五角星为前 20%黄金货品，银色五角星为排名在 20%～50%货品。

该分析结果可用来指引陈列人员进行重点陈列。

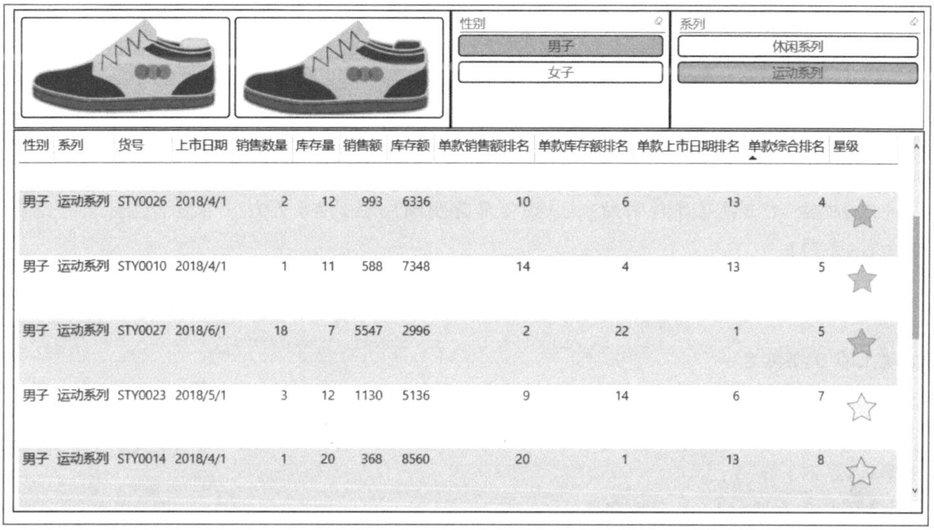

图 14.9　单品看板

14.2.1　单款排名分组

单款排名细化到不同性别不同系列的组内排名，首先从销售额、库存额、上市日期三个维度分别进行排名，依据不同权重计算出组内总排名，然后按照组内排名位置对名词进行相应分组。

（1）新建性别和系列合并列

```
性别&系列 = '销售库存明细'[性别]&'销售库存明细'[系列]
```

单款排名计算的是每个性别每个系列内部的款式排名，合并性别和系列两个字段以备排名使用。

贴士

合并列是一种常用的缩小字段层级的方式。本例中最小排名层级为不同性别的不同系列，因此将性别和系列进行合并。

（2）从销售额、库存额、上市日期三个维度进行排名

```
单款销售额排名 =
RANKX (
    FILTER ( '销售库存明细', '销售库存明细'[性别&系列] = EARLIER ( '销售库存
```

```
明细'[性别&系列] ) ),
        '销售库存明细'[销售金额]
    )
    单款库存额排名 =
    RANKX (
        FILTER ( '销售库存明细', '销售库存明细'[性别&系列] = EARLIER ( '销售库存
明细'[性别&系列] ) ),
        '销售库存明细'[库存金额]
    )
    单款上市日期排名 =
    RANKX (
        FILTER ( '销售库存明细', '销售库存明细'[性别&系列] = EARLIER ( '销售库存
明细'[性别&系列] ) ),
        '销售库存明细'[上市日期]
    )
```

三个维度排名方式相同，新建列，使用 FILTER 对表格筛选，同性别、同系列产品为一个虚拟表。RANKX 对筛选后的表格相应字段进行排名。

（3）加权排名

```
    加权指数 = '销售库存明细'[单款销售额排名]*0.3+'销售库存明细'[单款库存额排
名]*0.4+'销售库存明细'[单款上市日期排名]*0.3
    单款综合排名 =
    RANKX (
        FILTER ( '销售库存明细', '销售库存明细'[性别&系列] = EARLIER ( '销售库存
明细'[性别&系列] ) ),
        '销售库存明细'[加权指数],
        ,
        ASC
    )
```

对三个维度的排名分别赋予合适的权重计算加权指数，计算完成后使用加权指数对货品进行综合排名。

贴士

RANKX 默认的排名方式是按照从大到小，但本例中加权指数越小排名越靠前，这与销售额越大排名越靠前是一种相反的趋势，因此需要新增参数改变排名方式。

（4）单款排名分组

```
内部款式数 =
COUNTAX (
    FILTER ( '销售库存明细', '销售库存明细'[性别&系列] = EARLIER ( '销售库存明细'[性别&系列] ) ),
    '销售库存明细'[货号]
)
单款排名分组 =
VAR Mingci =
    DIVIDE ( '销售库存明细'[单款综合排名], '销售库存明细'[内部款式数] )
RETURN
    IF ( Mingci <= 0.2, "前 20%", IF ( Mingci <= 0.5, "20%-50%", "后 50%" ) )
```

新建列，使用 COUNTAX+FILTER 配合判断每个性别每个系列中有多少款式。

将单款排名与内部款式数相除，使用 IF 判断该款式在内部的位置。图 14.10 所示是局部计算结果。

性别&系列	单款销售额排名	单款库存额排名	单款上市日期排名	加权指数	单款综合排名	内部款式数	单款排名分组
男子运动系列	27	18	13	19.2	26	28	后50%
男子运动系列	22	25	13	20.5	27	28	后50%
男子运动系列	7	20	13	14	18	28	后50%
男子运动系列	1	28	13	15.4	22	28	后50%
男子运动系列	11	17	13	14	19	28	后50%
男子运动系列	25	9	6	12.9	15	28	后50%
男子运动系列	21	13	13	15.4	21	28	后50%
男子运动系列	23	16	13	17.2	25	28	后50%
男子运动系列	19	5	1	8	3	28	前20%
男子运动系列	14	4	13	9.7	5	28	前20%
男子运动系列	6	26	1	12.5	13	28	20%-50%
男子运动系列	26	21	1	16.5	24	28	后50%

图 14.10　单款计算

贴士

使用 VAR 新增名次变量，有助于缩减 IF 函数的书写长度，并且易懂。

14.2.2　制作金靴银靴切片器

为美化报告，本例使用鞋子图片切片器。在网络上找到对应图片，标记数据分类为图像格式，再使用 Chiclet Slicer 自定义图表设置切片器。

（1）在网络上寻找鞋靴图片，新建列，将排名在前 20%的款式设置为金靴，将排名在 20%～50%的款式设置为银靴，其他设置为空白，并将该列数据分类设置为图像 URL，如图 14.11 所示。

```
配图 =
IF (
    '销售库存明细'[库存数量] > 0,
    SWITCH (
        '销售库存明细'[单款排名分组],
        "前 20%", "https://img3.doubanio.com/view/photo/l/public/
p2533133332.webp",
        "20%-50%", "https://img3.doubanio.com/view/photo/l/public/
p2533133335.webp",
        BLANK ()
    )
)
```

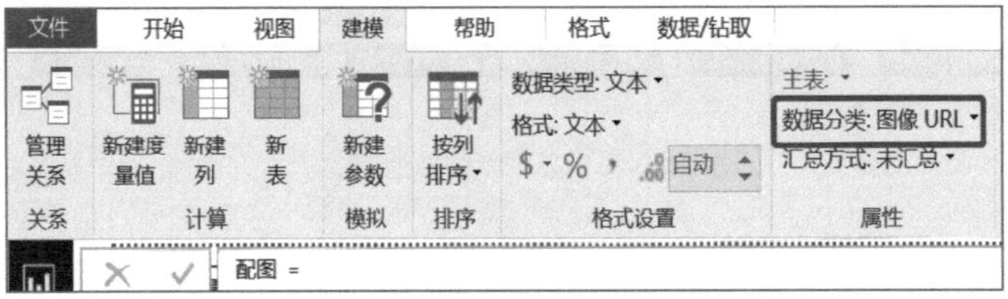

图 14.11　配图设置为图像 URL

（2）在图表市场选择 Chiclet Slicer 自定义图表，按以下字段进行设置，如图 14.12 所示。

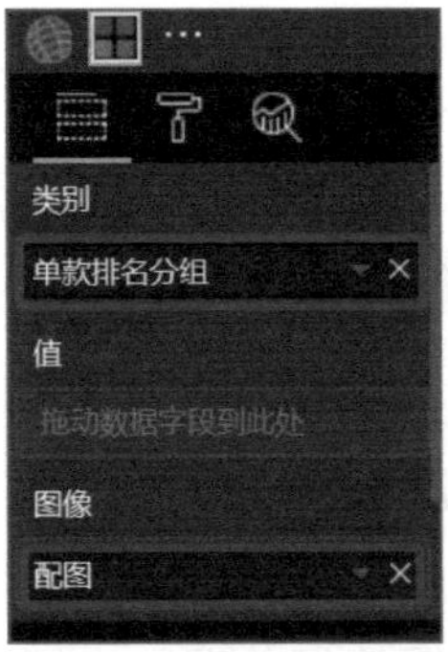

图 14.12　金靴银靴切片器字段

在格式中，将 Image Split 设置为 100，图片即可填充显示。

贴士

在 Chiclet Slicer 中设置图片切片器时，可以只显示图片，也可以同时显示文字和图片，如需显示文字，则将 Image Split 设置为小于 100 即可。

14.2.3　制作星级展示表格

星星是常用的表示等级的图标，网络上有丰富的星星图片供选择导入 Power BI 使用，但许多并不免费，有版权因素。本节介绍自制星星标记并应用于 Power BI 的方法。

（1）制作金银五角星

本案例中的五角星并非 JPG 等格式的图片，而是 SVG 格式的矢量图，在 Power BI 中可以直接调用。打开 Inkscape 开源软件，使用“创建星形或多边形”，创建一个五角星，如图 14.13 所示。

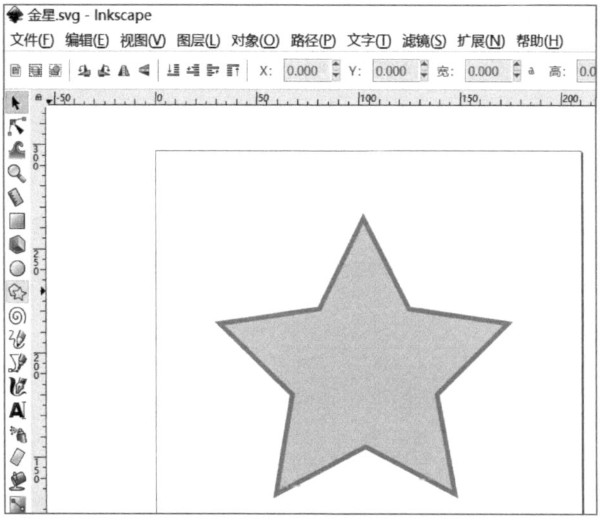

图 14.13　新建五角星

五角星的边框和内部可使用填充和笔刷面板进行更新，如图 14.14 所示。

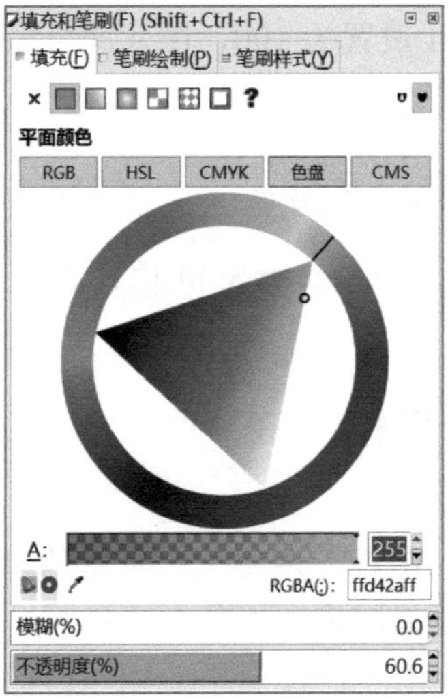

图 14.14　Inkscape 的填充和笔刷面板

分别变换颜色制作金星和银星，并保存为 SVG 格式的文件。

贴士

用 Inkscape 不仅可以创建 SVG 文件，还可以将 PNG、JPG 等格式的图片转换为 SVG 格式，这大大拓展了 Power BI 图片显示的发挥空间。另外，Inkscape 可与自定义图表 synoptic.design（见第 10 章）配合，产生丰富的报告表现形式。

（2）新建 SVG 存放表

通过输入数据的方式新建表格，一列为单款分组，一列将金星的 SVG 编码与前 20%对应，银星的 SVG 编码与 20%～50%对应，对于后 50%，本例不予显示，如图 14.15 所示。

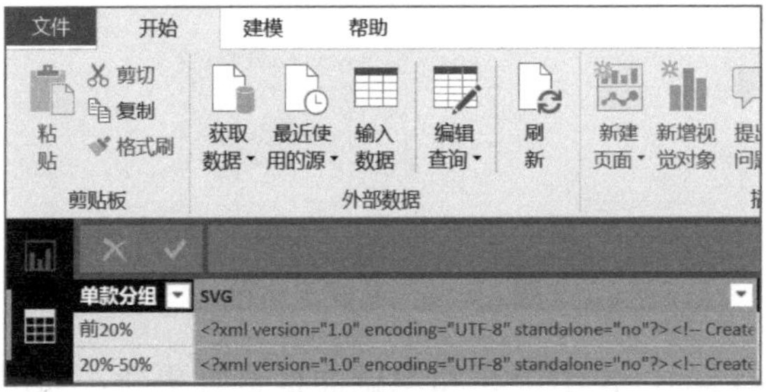

图 14.15　新建 SVG 存放表

SVG 的编码可通过使用记事本打开 SVG 文件等方式获得。

（3）引用 SVG 图片

新建列，使用“data:image/svg+xml;utf8,”与 SVG 编码相连，如图 14.16 所示

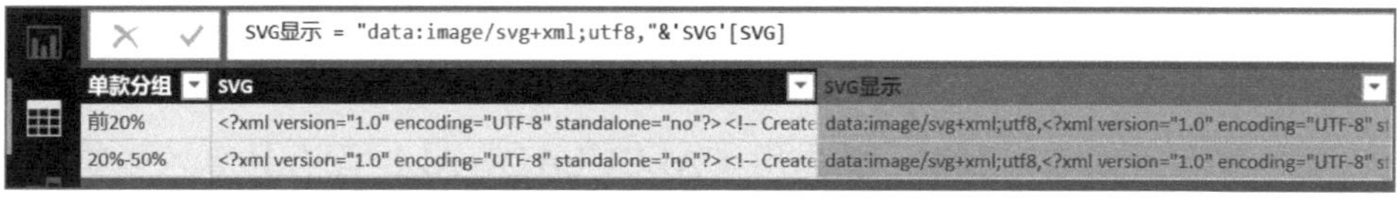

图 14.16　引用 SVG

贴士

当 SVG 显示前缀“data:image/svg+xml;utf8,”直接与 SVG 代码相连时，须将 SVG 代码中的双引号改为单引号。

（4）SVG 显示导入销售库存明细表

SVG 表与销售库存明细表之间使用“单款分组”字段建立关系。在销售库存明细表中，新建星级列，RELATED 函数将 SVG 字段导入，并将星级的数据分类设置为“图像 URL”。

```
星级 = RELATED('SVG'[SVG显示])
```

（5）新建表格，将相应字段拖入值区域，星级图片即可正常显示，如图 14.9 显示。

（6）隐藏后 50%数据

在页面筛选器中，将后 50%及库存为 0 的数据隐藏，如图 14.17 所示。

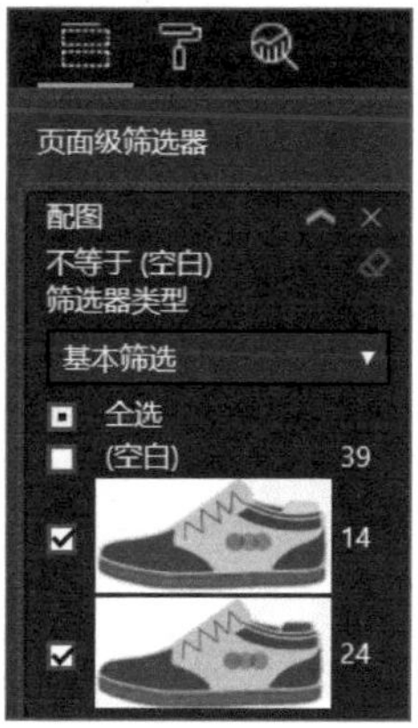

图 14.17　隐藏后 50%数据

通过以上操作，数据化陈列模型即搭建完成。

14.3 总结

数据化陈列的内容分为两个部分：

- 要计算各系列陈列面积，首先用 CALCULATE+ALL 配合计算各影响因素占比，再通过新建参数将权重引入占比计算加权值，最后的建议陈列占比灵活使用 ALLSELECTED 改变筛选条件。
- 要计算单款陈列规划，首先用 RANKX+FILTER+EARLIER 计算每款产品内部排名，再通过不同因子的权重加权计算综合排名。切片器中金银靴图片直接引用网络图片，星级图片可使用 Inkscape 软件创建并引入 Power BI。

本案例依据作者行业经验进行的影响因素考量，并进行了一定程度的简化。其他零售企业可参考这种方式，以满足自己的业务需求。

第 5 篇

财务案例

第 15 章

盈亏平衡分析

盈亏平衡分析是企业结合收入、成本、利润的综合分析方法，它可以判断企业的经营状况，为企业未来的经营方向提供指引。

因收入=总成本+利润，盈亏平衡点是收入正好等于总成本的销售额。通过计算盈亏平衡点能判断销售额需要达到多少才可以保本。

本章以零售业店铺为例使用 Power BI 进行盈亏平衡分析，但不局限于盈亏平衡计算，还可以从人、货场的角度对业务问题进行诊断：

- 人员的配置数量提升或者提成系数增加将会给店铺盈利能力产生什么样的影响？
- 商品的销售折扣太低，活动力度过大，会对店铺盈利产生什么影响？
- 线下店铺无论是租金形式还是扣点形式，费用变动对利润的影响有多大？电商仓库租金、网络平台销售扣点对利润的影响又有多大？

本案例致力于这些问题的解决。如图 15.1 所示。

- 总成本包含固定成本和变动成本。左侧为变动成本，成本随着销售额的增加而增加，具体包含货品的进货成本、商场平台扣点、员工的销售提成等。
- 右侧为固定成本，成本不随销售额的变化而变化，包含员工底薪、水电费等日常费用。
- 中间上方为销售额估算及员工数量统计，中部为成本、利润计算结果。下方为在当前条件下，实现保本需要达到的销售额。

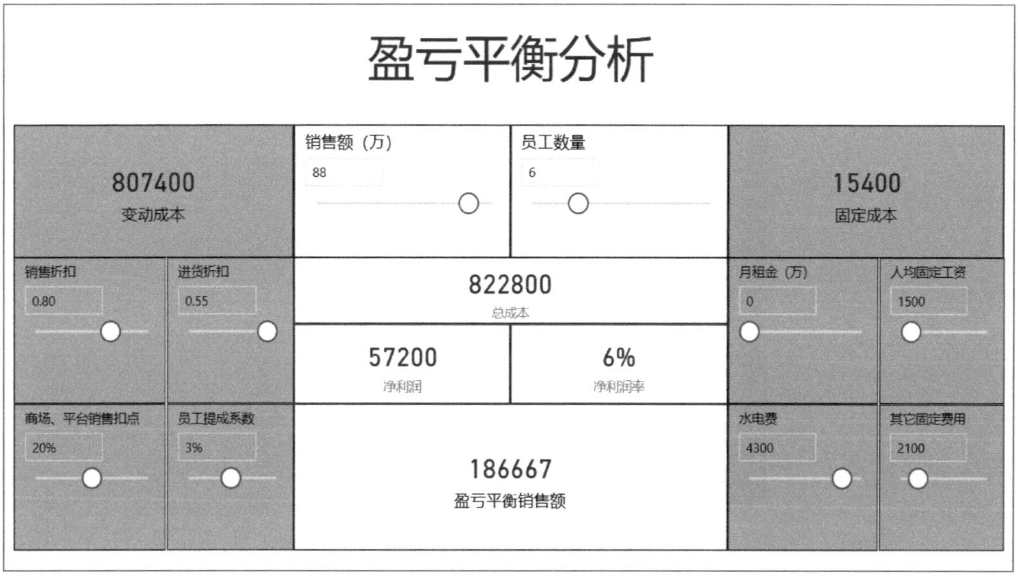

图 15.1　盈亏平衡分析仪表盘

拖动图中相应滑杆，即可改变变量值，查看相应结果变化。人力资源部、采购部、运营部等部门可依据测算结果通力合作，改善利润状况。

需要注意的是，本案例为聚焦问题本身，并未考虑税务因素。读者在实操中可按照当前的税率标准添加条件。

15.1　新建变量参数

由图 15.1 可知，本案例共有 10 个因子可以进行滑杆调节。使用新建参数的方式，可以设立变量切片器。

（1）新建参数，以销售额为例，数据类型为整数，变动范围在 5 万～100 万之间，增量为 1 万，注意将“切片器添加到此页”勾选，如图 15.2 所示。

类似地，可对其他变量新建参数，自动生成相应表格及度量值，如图 15.3 所示。

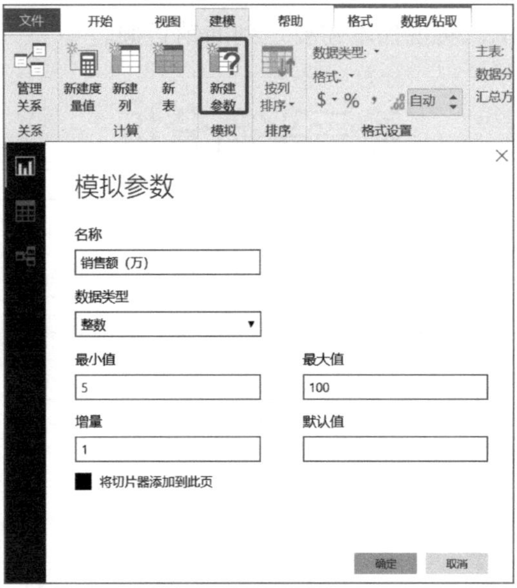

图 15.2　新建销售额参数

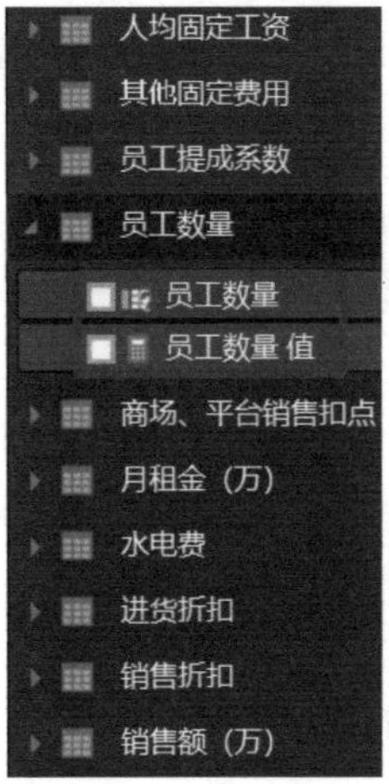

图 15.3　十个参数列表

（2）格式调整

将切片器切片方式调整为单个值，边框、背景色、字体可按需设置。由于参数不支持直接显示百分比，因此提成系数、扣点等数据格式需要在建模选项卡下重新设置，如图 15.4 所示。

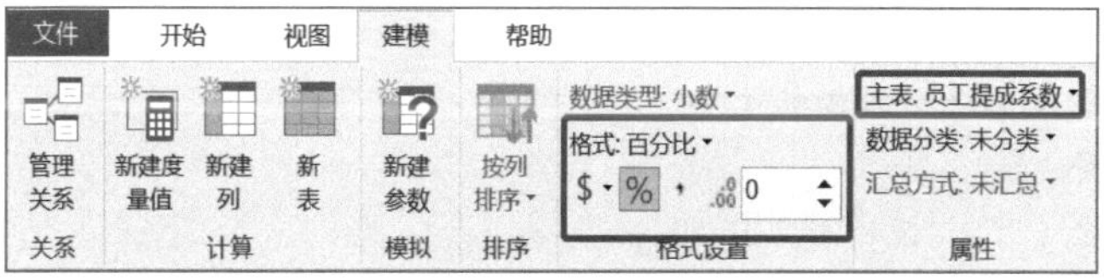

图 15.4　员工提成系数格式变更为百分比

15.2　建立逻辑关系

本节使用度量值将以上 10 个参数建立连接，通过权衡成本与利润，算盈亏平衡点。由于度量值较多，为方便管理，使用单独空表对度量值进行存放。

15.2.1　新建度量值存放空表

新建度量值存放空表，使用输入数据的方式，如图 15.5 所示（但不输入任何数据），命名为“度量值”。

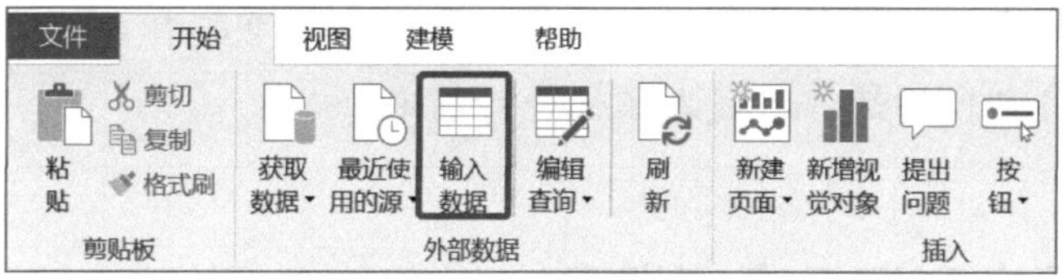

图 15.5　新建存放度量值的空表

贴士

度量值的存放位置不影响其使用，因此可以新建一个空表，对度量值进行集中管理。可以新建多个空表，存放不同类型的度量值。

15.2.2　计算成本

固定成本是不随业绩变化而变化的成本，例如水电费，无论业绩多少，水电费都是固定支出。变动成本随着业绩变化而变化，例如业绩越多，给员工的提成越多。

在度量值空表下新建度量值：

```
固定成本 =
[人均固定工资 值] * [员工数量 值]
    + [水电费 值]
    + [月租金（万） 值] * 10000
    + [其他固定费用 值]
```

本例固定成本为固定工资总额、水电费、租金、其他固定费用之和，需注意租金万元需要换算成元。

```
变动成本 =
[销售额（万） 值]*10000/[销售折扣 值]*[进货折扣 值]+
[销售额（万） 值]*10000*[员工提成系数 值]+
[销售额（万） 值]*10000*[商场、平台销售扣点 值]
```

本例变动成本包含货品的进货成本、员工的提成奖金、商场的扣点费用。进货成本的计算需要将销售额换算为出厂零售价乘以进货折扣，因为进货折扣是按照出厂定价而不是实际销售价计算的。

```
总成本 = [变动成本]+[固定成本]
```

贴士

本案例对成本进行了相当程度的简化，实际企业可能有百种以上的成本相关科目，可与财务部门沟通，对成本属性进行确定。

15.2.3 计算净利润及净利润率

销售额扣除所有成本后就是净利润（本案例未考虑税务因素），净利润率即每100元能赚多少钱，净利润率越高代表企业盈利能力越强。

```
净利润 = [销售额（万） 值]*10000-[总成本]
净利润率 = DIVIDE([净利润],[销售额（万） 值]*10000)
```

15.2.4 计算盈亏平衡销售额

当盈亏平衡时，意味着企业没有利润，即净利润为 0，或者销售额=总成本，细分可知：

销售额=固定成本+变动成本，即

销售额=固定成本+商场扣点佣金+员工提成奖金+商品进货成本，即

销售额=固定成本+销售额*商场、平台销售扣点+销售额*员工提成系数+销售额/销售折扣*进货折扣，由此可得

```
盈亏平衡销售额 =
DIVIDE (
    [固定成本],
    1 - [商场、平台销售扣点 值]
        - [员工提成系数 值]
        - DIVIDE ( [进货折扣 值], [销售折扣 值] )
)
```

将总成本、净利润、净利润率、盈亏平衡销售额添加为卡片图，略微排版得到图 15.1 所示的结果。当该店铺销售额达 88 万元时，可以获得 5.7 万元的利润，当销售额达到 18.7 万元时，即可实现保本。

15.3　总结

盈亏平衡在于把握收入、成本和利润之间的关系。将收入、成本和利润的构成因子层层细分，将其中可以改变的点作为变量，使用 Power BI 参数功能调整变量值，即可构成模型分析经营上可能做出的提升点。

该模型无论是租金方式店铺还是扣点方式店铺均适用，租金店铺将扣点设置为0%即可，反之亦然。电商需要两种方式结合，扣点和租金分别设置相应值即可。

当分析中涉及变量较多时，可使用 XMIND 等软件进行脑图分解，有助于厘清思路，如图 15.6 所示。

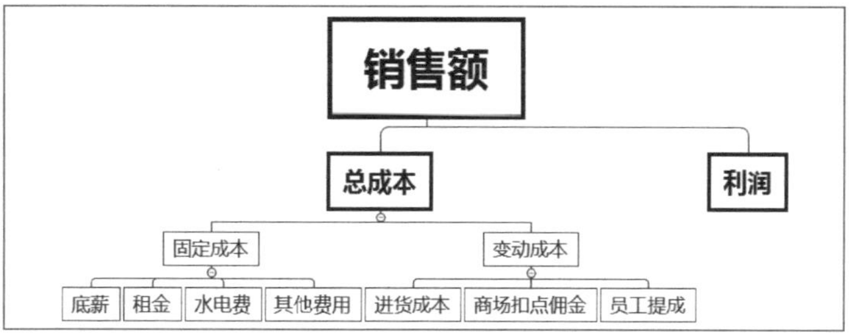

图 15.6　销售额因子分解

第 16 章

上市公司利润表分析

利润表是反映企业在一定会计期间经营成果的财务报表，它可以全面揭示企业在该期间的收入、费用成本、利润情况。利润表反映企业的流量数据，可以使人们对企业的经营状况和盈利能力进行分析。本章以国内两大休闲服饰品牌美邦服饰和森马服饰为例，以 2008—2017 年十年的年报数据为基准，从竞品的角度和时间的角度对两大企业的盈利状况进行分析。历年利润表数据可在新浪财经搜索相关公司获取，如图 16.1 所示。

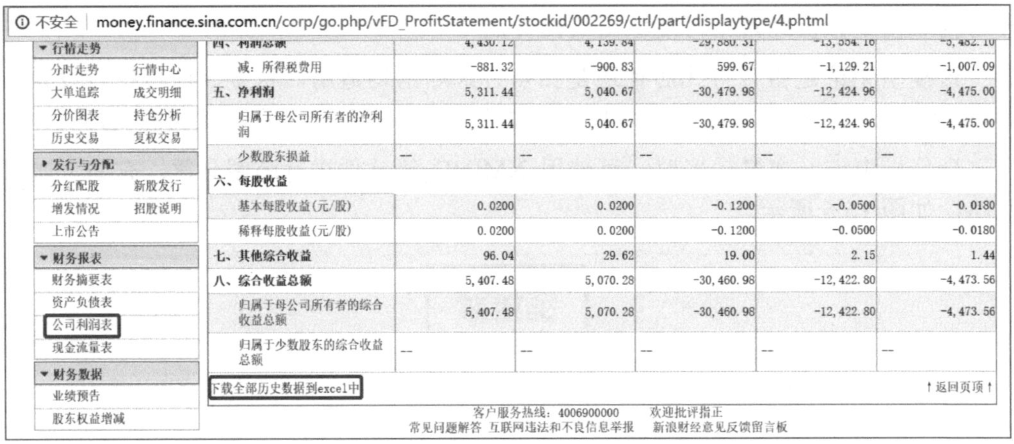

图 16.1　新浪财经获取两大公司历年利润表数据

16.1　建立利润明细表

利润明细表列举了数据源中的所有科目，格式与数据源基本一致。不同的是，数据源单位为元，不方便查看，本例设置切片器，读者可依据自己习惯按照元、千元、万元、百万元切换查看，如图 16.2 所示。

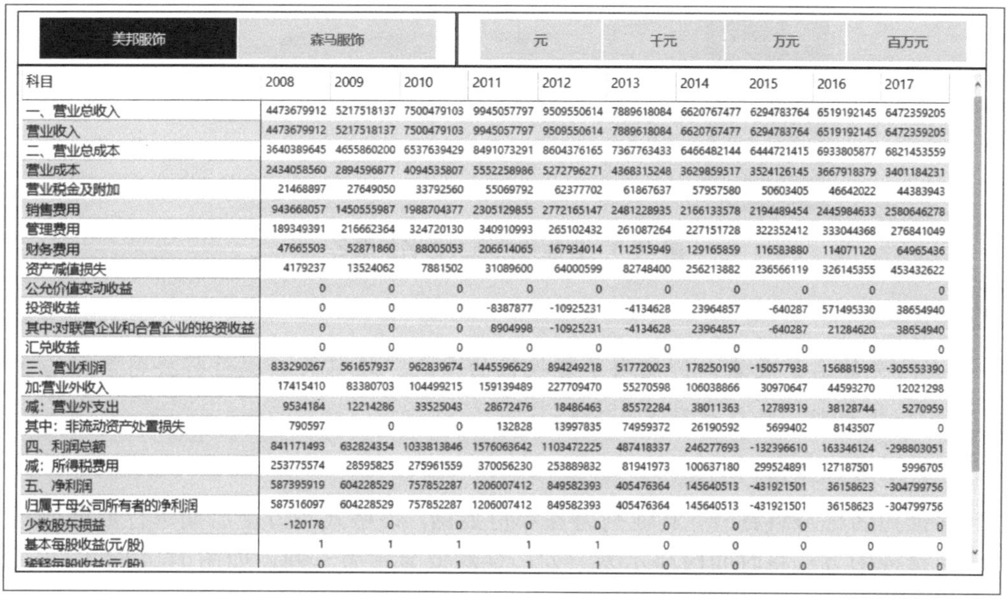

科目	2008	2009	2010	2011	2012	2013	2014	2015	2016	2017
一、营业总收入	4473679912	5217518137	7500479103	9945057797	9509550614	7889618084	6620767477	6294783764	6519192145	6472359205
营业收入	4473679912	5217518137	7500479103	9945057797	9509550614	7889618084	6620767477	6294783764	6519192145	6472359205
二、营业总成本	3640389645	4655860200	6537639429	8491073291	8604376165	7367763433	6466482144	6444721415	6933805877	6821453559
营业成本	2434058560	2894596877	4094535807	5552258986	5272796271	4368315248	3629859517	3524126145	3667918379	3401184231
营业税金及附加	21468897	27649050	33792560	55069792	62377702	61867637	57957580	50603405	46642022	44383943
销售费用	943668057	1450555987	1988704377	2305129855	2772165147	2481228935	2166133578	2194489454	2445984633	2580646278
管理费用	189349391	216662364	324720130	340910993	265102432	261087264	227151728	322352412	333044368	276841049
财务费用	47665503	52871860	88005053	206614065	167934014	112515949	129165859	116583880	114071120	64965436
资产减值损失	4179237	13524062	7881502	31089600	64000599	82748400	256213882	236566119	326145355	453432622
公允价值变动收益	0	0	0	0	0	0	0	0	0	0
投资收益	0	0	0	-8387877	-10925231	-4134628	23964857	-640287	571495330	38654940
其中:对联营企业和合营企业的投资收益	0	0	0	8904998	-10925231	-4134628	23964857	-640287	21284620	38654940
汇兑收益	0	0	0	0	0	0	0	0	0	0
三、营业利润	833290267	561657937	962839674	1445596629	894249218	517720023	178250190	-150577938	156881598	-305553390
加:营业外收入	17415410	83380703	104499215	159139489	227709470	55270598	106038866	30970647	44593270	12021298
减：营业外支出	9534184	12214286	33525043	28672476	18486463	85572284	38011363	12789319	38128744	5270959
其中：非流动资产处置损失	790597	0	0	132828	13997835	74959372	26190592	5699402	8143507	0
四、利润总额	841171493	632824354	1033813846	1576063642	1103472225	487418337	246277693	-132396610	163346124	-298803051
减：所得税费用	253775574	28595825	275961559	370056230	253889832	81941973	100637180	299524891	127187501	5996705
五、净利润	587395919	604228529	757852287	1206007412	849582393	405476364	145640513	-431921501	36158623	-304799756
归属于母公司所有者的净利润	587516097	604228529	757852287	1206007412	849582393	405476364	145640513	-431921501	36158623	-304799756
少数股东损益	-120178	0	0	0	0	0	0	0	0	0
基本每股收益(元/股)	1	1	1	1	1	0	0	0	0	0
稀释每股收益(元/股)	0	0	1	1	1	0	0	0	0	0

图 16.2　利润明细表

16.1.1　数据导入及整理

由于不同公司数据存放在不同工作簿中，且格式相同，因此可以使用导入文件夹的方式导入数据。之后进行相应的清洗处理以达到建模需求。

（1）数据导入

本案例数据存放在同一个文件夹中，并且格式相同，使用 Excel.Workbook 导入即可（详见第 1 章的相关内容）。

（2）将文件名中的扩展名去掉，并将改列命名为“公司名称”，如图 16.3 所示。

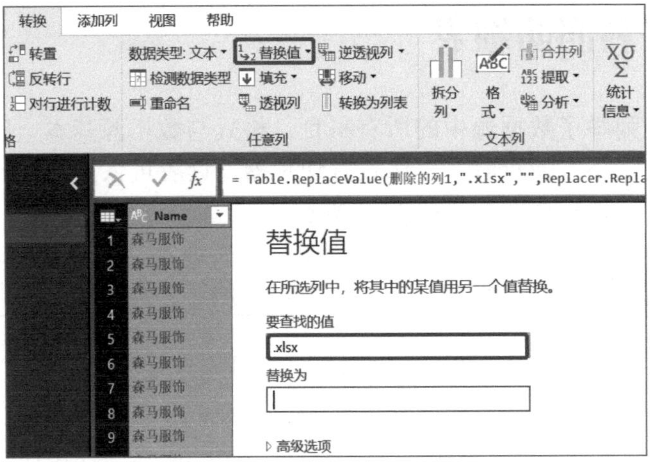

图 16.3 去除数据源文件名扩展名

贴士

去除文件名扩展名本例使用了替换值的方式，还可按分隔符将公司名称与扩展名拆分为两列，再将扩展名列删除。

（3）逆透视数据列

除公司名称与科目外，其他列为各年份数据，该格式不方便后期进行数据分析，使用逆透视的方式将时间段显示为一列，金额值显示为一列，如图 16.4 所示。

图 16.4 逆透视数据列

（4）将时间段的数据类型更改为日期，如图 16.5 所示。两家公司财年与自然年相同，如图 16.5 所示。

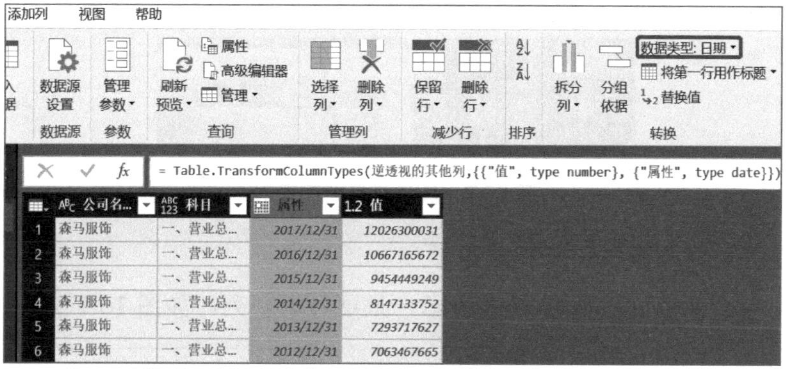

图 16.5　财年年底数值更改为日期格式

（5）添加年份列，如图 16.6 所示。

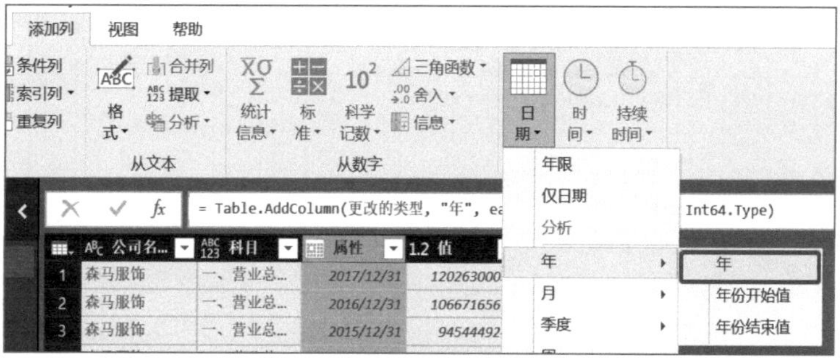

图 16.6　添加财年年份

贴士

日期相关常用的字段可在 Query 后台直接添加，或者在进入 Power BI 主界面后，使用 DAX 函数 YEAR、MONTH 等进行添加。

（6）新增科目列表查询并添加索引

将利润表查询复制一份，更名为“科目列表”，只保留一家公司的科目名称（即非重复值），并添加索引列，如图 16.7 所示。此步骤是为了实现后续显示科目列表时按照指定顺序显示。

图 16.7　添加科目列表索引

（7）合并科目列表索引到利润表

按照科目合并查询，如图 16.8 所示，只展开索引列，如图 16.9 所示。

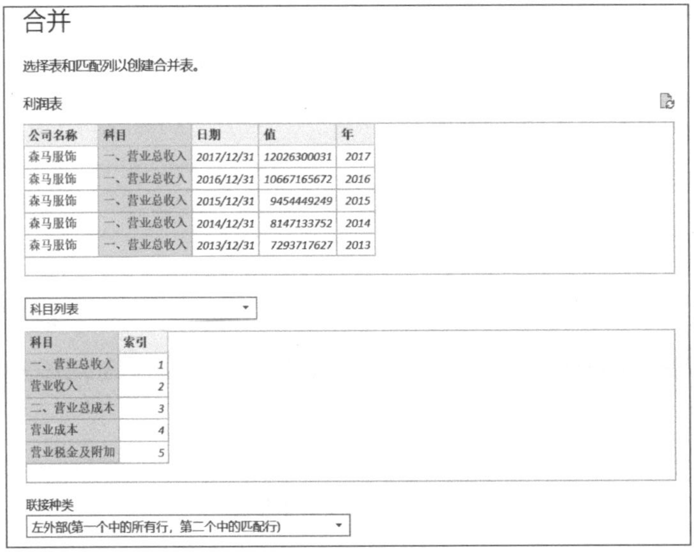

16.8　合并利润表和科目列表

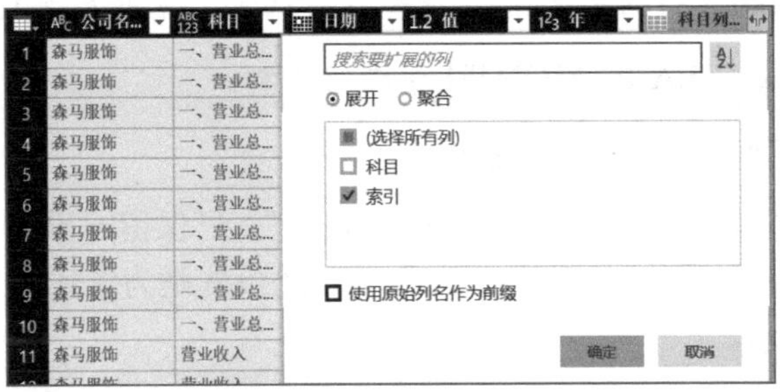

图 16.9　展开科目列表中的索引列

贴士

有时数据源不规范，含有不明字符或者多余空格，导致合并查询不成功，可在 Query 中使用格式中的修整和清除功能先进行处理，再合并查询。

16.1.2　制作金额单位切片器及明细矩阵

本例中有四种金额单位显示方式，因此首先要新建金额单位列表，然后将单位列表引入计算金额的相关度量值。

（1）新建显示单位表

通过输入数据的方式新建表格，罗列不同单位名称，如图 16.10 所示。分母列用于后期与数据源金额相除。顺序列用来按照该顺序显示切片器，设置方式如图 16.11 所示。

图 16.10　显示单位表

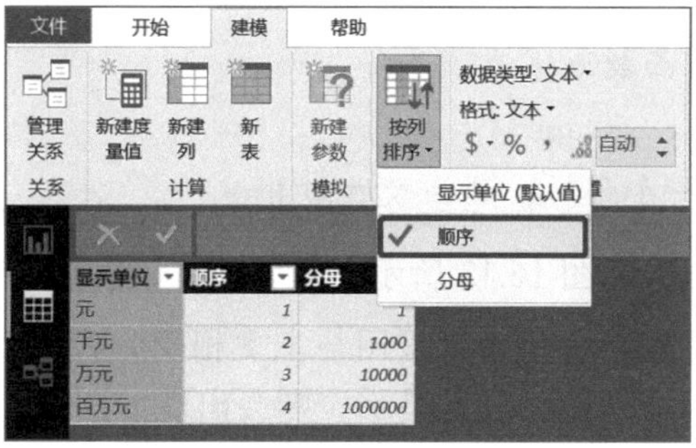

图 16.11　显示单位按顺序列排序

（2）建立切片器，字段为显示单位，方向设置为水平，如图 16.12 所示。

图 16.12　金额单位切片器设置

（3）金额与显示单位绑定，建立显示金额度量值。

```
显示金额 =
IF (
    HASONEVALUE ( '显示单位'[显示单位] ),
    DIVIDE ( SUM ( '利润表'[金额] ), VALUES ( '显示单位'[分母] ) ),
    SUM ( '利润表'[金额] )
)
```

该公式的含义为：

- 当显示单位为唯一值时（即切片器选中一个单位），金额与显示单位中的分母相除；
- 当切片器未选中任何值时，按照原金额显示（即单位为元）。

贴士

HASONEVALUE 函数语法为

```
HASONEVALUE(<columnName>)
```

当指定列中只有一个值时，该函数返回 true。

（4）新建明细矩阵，如图 16.13 所示。

补充公司名称切片器，并将科目采用与上文相同方式按列排序，整个明细表即设置完成。选择美邦服饰，按百万元显示，则会出现如图 16.14 的显示结果，更加清晰易读。

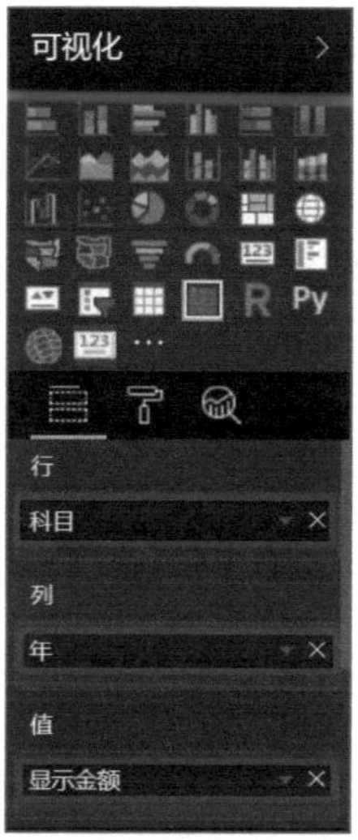

图 16.13　新建各科目各年份明细矩阵

科目	2008	2009	2010	2011	2012	2013	2014	2015	2016	2017
一、营业总收入	4474	5218	7500	9945	9510	7890	6621	6295	6519	6472
营业收入	4474	5218	7500	9945	9510	7890	6621	6295	6519	6472
二、营业总成本	3640	4656	6538	8491	8604	7368	6466	6445	6934	6821
营业成本	2434	2895	4095	5552	5273	4368	3630	3524	3668	3401
营业税金及附加	21	28	34	55	62	62	58	51	47	44
销售费用	944	1451	1989	2305	2772	2481	2166	2194	2446	2581
管理费用	189	217	325	341	265	261	227	322	333	277
财务费用	48	53	88	207	168	113	129	117	114	65
资产减值损失	4	14	8	31	64	83	256	237	326	453
公允价值变动收益	0	0	0	0	0	0	0	0	0	0
投资收益	0	0	0	-8	-11	-4	24	-1	571	39
其中:对联营企业和合营企业的投资收益	0	0	0	9	-11	-4	24	-1	21	39
汇兑收益	0	0	0	0	0	0	0	0	0	0
三、营业利润	833	562	963	1446	894	518	178	-151	157	-306
加:营业外收入	17	83	104	159	228	55	106	31	45	12
减：营业外支出	10	12	34	29	18	86	38	13	38	5
其中：非流动资产处置损失	1	0	0	0	14	75	26	6	8	0
四、利润总额	841	633	1034	1576	1103	487	246	-132	163	-299
减：所得税费用	254	29	276	370	254	82	101	300	127	6
五、净利润	587	604	758	1206	850	405	146	-432	36	-305
归属于母公司所有者的净利润	588	604	758	1206	850	405	146	-432	36	-305
少数股东损益	0	0	0	0	0	0	0	0	0	0
基本每股收益(元/股)	0	0	0	0	0	0	0	0	0	0

图 16.14　百万元利润表

16.2　利润表分析

本节从竞品和时间两个角度对两家公司的盈利能力进行分析。如图 16.15 所示为森马服饰状况。

- 左上角切片器选择森马服饰，右上角选择 2017 年。则卡片图展示森马 2017 年营收、成本费用、利润状况。
- 中部柱形图、折线图展示相关指标随年份变化情况。
- 下方矩阵展示每年数据同上一年相比的变化幅度。

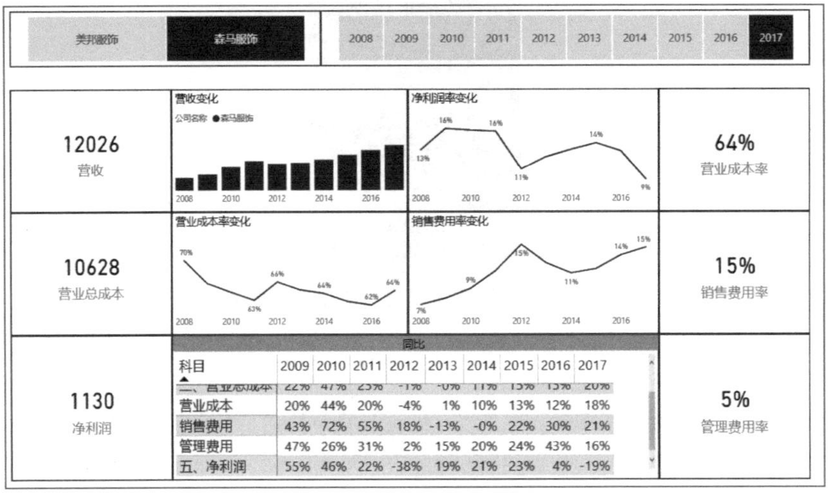

图 16.15　森马服饰状况

当公司名称不选择时，即为两家公司对比，如图 16.16 所示。

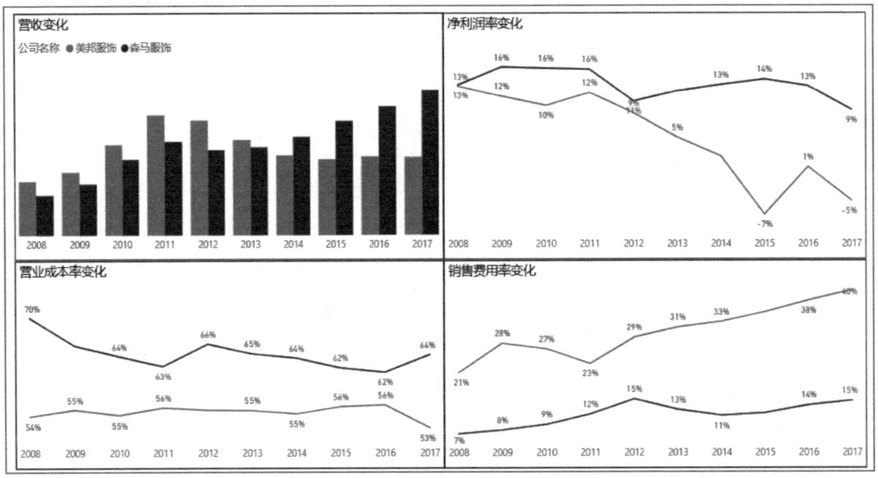

图 16.16　美邦和森马时间轴对比

16.2.1　设置基础度量值

利润表相关的基础指标营收、成本、费用、利润在数据源中都有列出，使用 CALCULATE 加条件进行相应提取即可。

```
营收 = CALCULATE ( [显示金额], '利润表'[科目] = "一、营业总收入" )
营业总成本 = CALCULATE ( [显示金额], '利润表'[科目] = "二、营业总成本" )
营业成本 = CALCULATE ( [显示金额], '利润表'[科目] = "营业成本" )
销售费用 = CALCULATE ( [显示金额], '利润表'[科目] = "销售费用" )
管理费用 = CALCULATE ( [显示金额], '利润表'[科目] = "管理费用" )
净利润 = CALCULATE ( [显示金额], '利润表'[科目] = "五、净利润" )
```

16.2.2　设置率值相关度量值

不同公司由于规模、结构并不相同，成本、费用等指标直接比较没有实际意义，换算成率值后才可以进行有效的分析。

```
营业成本率 = DIVIDE([营业成本],[营收])
销售费用率 = DIVIDE([销售费用],[营收])
管理费用率 = DIVIDE([管理费用],[营收])
净利润率 = DIVIDE([净利润],[营收])
```

16.2.3　设置卡片图

将营收、营业总成本、净利润、营业成本率、销售费用率、管理费用率度量值设置为卡片图。此处需要注意的是，营收等数值默认显示为元。可将之前设置的显示单位卡片图同步到该页，两页显示相同单位，设置方式如图 16.17 所示。

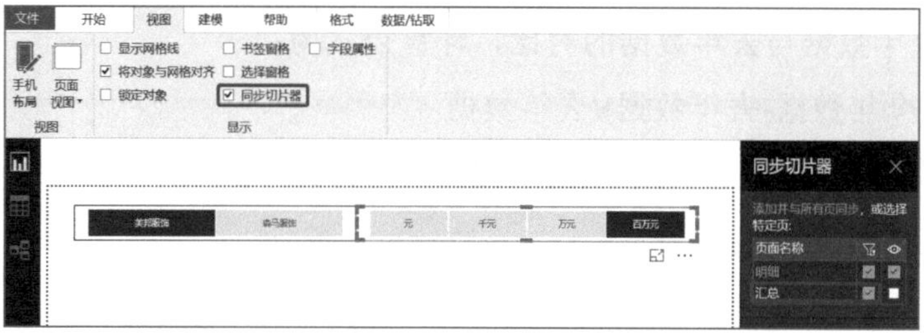

图 16.17　同步切片器

贴士

同步切片器功能可以使得同一切片器作用于不同页面，该切片器可以仅显示在一个页面，也可在多页同时显示。两种方式各有优劣：只显示在一个页面有助于节省页面空间，多页同时显示切片器有助于阅读者明确当前数据范围。

16.2.4 设置柱形图和折线图

柱形图和折线图设置方式相同，轴为年，图例为公司名称，值对应图表中的度量值即可，如图 16.18 所示。

图 16.18 柱形图和折线图设置

公司名称卡片图和年份卡片图可参考第 1 章的相关内容，除同比矩阵外的图表即设置完成。

16.2.5 计算同比

同比即今年数据与去年数据的对比，计算公式为：

同比%=(今年数据-去年数据)/去年数据

因此，我们首先要计算去年数据，然后计算同比数据。

（1）新建去年金额度量值

```
去年金额 =
VAR LastYear =
```

```
    SELECTEDVALUE ( '利润表'[年] ) - 1
RETURN
    CALCULATE ( [显示金额], '利润表'[年] = LastYear )
```

使用 VAR 定义去年，CALCULATE 筛选去年数据。

贴士

本例计算同比并没有用时间智能函数，这是由于本例中不具备标准的时间格式。如读者仍然坚持使用时间智能函数，可将案例中的年份字段变更为当年的任意某天日期，然后新建日期表进行计算。

（2）新建同比度量值

```
同比 = IF(SELECTEDVALUE('利润表'[年])>2008,DIVIDE([显示金额]-[去年金额],[去年金额]))
```

因 2008 年为最小年份，没有同比数据，因此使用 IF 语句进行剔除。

（3）修正同比

图 16.19 显示了森马服饰各项指标的同比数据，看上去没有异常。

科目	2009	2010	2011	2012	2013	2014	2015	2016	2017
一、营业总收入	28%	48%	23%	-9%	3%	12%	16%	13%	13%
二、营业总成本	22%	47%	25%	-1%	-0%	11%	15%	15%	20%
营业成本	20%	44%	20%	-4%	1%	10%	13%	12%	18%
销售费用	43%	72%	55%	18%	-13%	-0%	22%	30%	21%
管理费用	47%	26%	31%	2%	15%	20%	24%	43%	16%
五、净利润	55%	46%	22%	-38%	19%	21%	23%	4%	-19%

图 16.19　森马服饰同比数据

但是当我们聚焦于美邦服饰的净利润时，会发现一些明显不合常理的地方，如图 16.20 所示。

科目	2008	2009	2010	2011	2012	2013	2014	2015	2016	2017
五、净利润	587	604	758	1206	850	405	146	-432	36	-305

科目	2009	2010	2011	2012	2013	2014	2015	2016	2017
五、净利润	3%	25%	59%	-30%	-52%	-64%	-397%	-108%	-943%

图 16.20　美邦服饰净利润同比

美邦服饰 2015 年亏损，2016 年盈利，单同比却为-108%，这显然是一个不合逻辑的错误值：生意在朝向好的方向发展，同比却为负值。

我们可以增加条件，对负值进行特殊处理：当本期净利润为负值、去年同期利润为正值时，显示“L”，表示由盈利转为亏损；当本期净利润为正值、去年同期为负值时，显示“P”，表示本期扭亏为盈。

同比度量值可更改如下。

```
同比_修正 =
IF (
    SELECTEDVALUE ( '利润表'[年] ) > 2008,
    IF (
        [显示金额] >0
            && [去年金额] < 0,
        "P",
        IF ( [显示金额] < 0 && [去年金额] > 0, "L", DIVIDE ( [显示金额] - [去
年金额], [去年金额] ) )
    ),
    BLANK ()
)
```

美邦服饰正确的同比显示如图 16.21 所示。

科目	2009	2010	2011	2012	2013	2014	2015	2016	2017
一、营业总收入	17%	44%	33%	-4%	-17%	-16%	-5%	4%	-1%
二、营业总成本	28%	40%	30%	1%	-14%	-12%	-0%	8%	-2%
营业成本	19%	41%	36%	-5%	-17%	-17%	-3%	4%	-7%
销售费用	54%	37%	16%	20%	-10%	-13%	1%	11%	6%
管理费用	14%	50%	5%	-22%	-2%	-13%	42%	3%	-17%
五、净利润	3%	25%	59%	-30%	-52%	-64%	L	P	L

图 16.21　修正后的美邦服饰同比

16.3　总结

本章以两家服饰公司为例，讲解如何在 Power BI 中对利润表进行分析。为优化明细显示方式，我们使用虚拟表对金额单位进行按需显示，并且该虚拟表并不需要与数据源之间建立关系，如图 16.22 所示。具体分析时，难点在于同比的设置，去年同期数据需要 VAR / RETURN、VALUES 和 CALCULATE 配合。同比度量值注意负数异常值的修正。

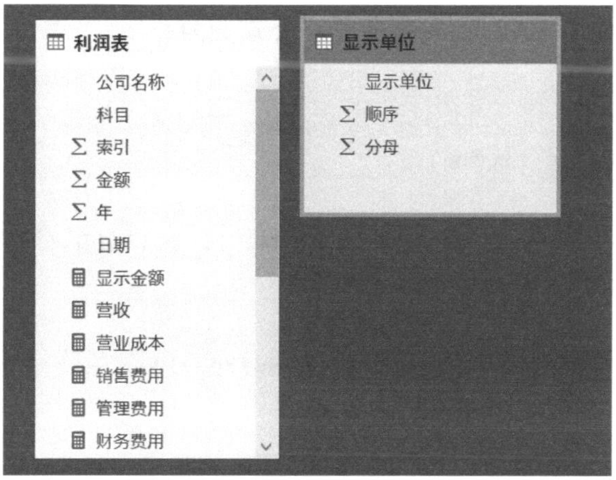

图 16.22　虚拟表和数据源之间无关系连接

本例中，我们可以看到一些对比结果：

- 在营收上，美邦服饰在 2011 年达到近十年的顶峰，并在 2014 年被森马服饰超越；
- 在利润率方面，美邦服饰一直低于森马服饰；
- 营业成本率美邦一直维持低于森马的水平，通过对财报的深挖，我们得知主要是两家公司批发和零售的结构有所不同；
- 销售费用率美邦和森马近年都有上升势头。

16.4　延伸阅读：VAR+ RETURN简化DAX书写

当 DAX 逻辑复杂时，除格式化外，还可使用 VAR 定义变量增强公式的可读性。比如计算两年销售额对比增长状况（即同比），不使用 VAR 公式时这样的：

```
    同比 =
    DIVIDE (
        SUM ( '销售明细'[销售额] )
            - CALCULATE ( SUM ( '销售明细'[销售额] ), DATEADD ( '日期表'[日期],
-1, YEAR ) ),
        CALCULATE ( SUM ( '销售明细'[销售额] ), DATEADD ( '日期表'[日期], -1,
YEAR ) )
    )
```

非常不易读，使用 VAR 定义变量后，公式变为：

```
同比 =
    VAR ThisYear =
        SUM ( '销售明细'[销售额] )
    VAR LastYear =
        CALCULATE ( SUM ( '销售明细'[销售额] ), DATEADD ( '日期表'[日期], -1,
YEAR ) )
    RETURN
        DIVIDE ( ThisYear - LastYear, LastYear )
```

6 第6篇

人力资源案例

第 17 章

17

人员结构及离职率分析

人力资源优化是所有公司面临的课题。本章通过分析虚拟的某公司人员结构及离职率，来帮助企业掌握各部门目前人员配置信息及员工异动状况。

本章使用的数据源比较简单，如图 17.1 所示。

员工工号	姓名	性别	部门	职称	职级	出生日期	入职日期	离职日期	员工状态	文化程度
SS0001	张阳	男	总经办	总经理	15	1963/12/19	2016/1/1		在职	本科
SS0002	土重	男	总经办	副总经理	14	1973/2/4	2016/6/19		在职	本科
SS0003	李泉	女	总经办	副总经理	14	1975/2/12	2016/11/19		在职	硕士
SS0004	张起	男	总经办	总助	9	1986/7/24	2016/8/20		在职	本科
SS0006	李动	女	总经办	总助	9	1987/1/17	2016/8/31	2017/8/1	离职	本科
SS0007	独孤理	女	总经办	总助	8	1992/5/30	2016/2/12		在职	大专
SS0008	张翠	女	人力资源部	部门经理	12	1972/9/7	2016/5/23	2016/6/26	离职	本科
SS0009	杨李	女	人力资源部	专员	6	1994/1/2	2016/3/12	2017/6/8	离职	初中
SS0010	令狐湖	男	人力资源部	专员	8	1979/2/25	2016/5/30	2018/2/19	离职	初中
SS0011	丘山	男	人力资源部	专员	6	1992/2/12	2016/11/16		在职	高中

图 17.1　员工信息表

该公司是一家生产与销售兼备的公司。在维度上，我们将从部门、职称、性别、文化程度等方面进行分析。另外，我们还可以从时间的角度看到人员变化状况。

17.1　人员结构分析

人员结构是指目前在职员工的人员构成。图 17.2 为人员结构分析仪表盘。

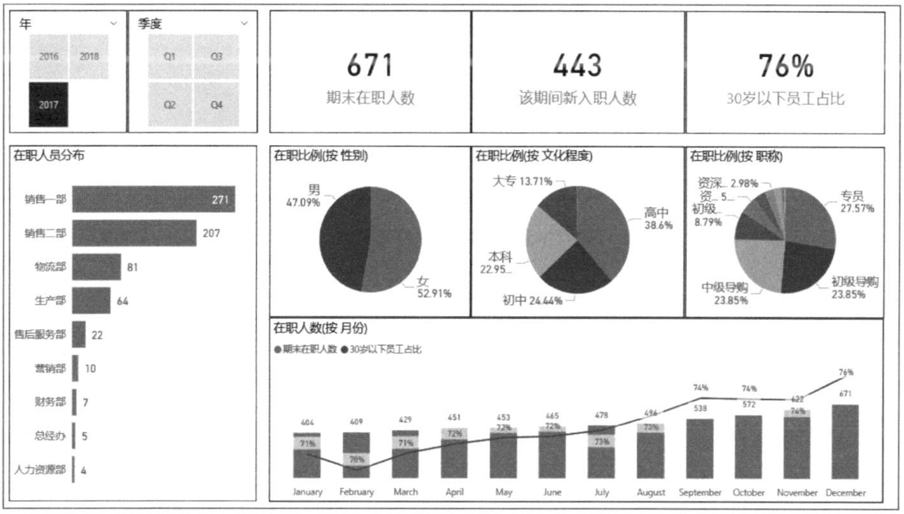

图 17.2　人员结构分析仪表盘

在图 17.2 中，左上角是时间维度切片器，可以动态选择任意时间区间，查看当时的公司人员结构状态；右上角卡片图是该时间状态下，公司总体在职人数、新入职人数、30 岁以下员工状况；左下角为各部门人员数量状况；饼图从性别、文化程度、职称三个维度查看人员构成；右下方折线和簇状柱形图细化到每个月的员工数量变化趋势及 30 岁以下员工占比趋势。

17.1.1　搭建人员结构模型

本节的核心在于计算当前在职人数、新入职人数、30 岁以下员工人数。从图 17.1 中可以注意到，有单独的员工状态字段，理论上只需要对员工状态为“在职”的人员进行计数，即可得到在职人员信息。但该在职状态为最后的期末状态，任意时间的在职状态则无法统计。例如某员工 2016 年入职，2017 年离职，当切片器为 2016 年时，该员工算在职人员，当切片器为 2017 年时，需要将该员工剔除。除在职人数外，其他需要计算的字段也有类似的问题。我们需要搭建动态变化的度量值重新进行计算。

（1）新建日期表

员工信息表中有出生日期、入职日期和离职日期三个日期列，使用 CALENDARAUTO 新建表，自动抓取所有日期中的最小日期和最大日期建立日期表，如图 17.3 所示。

图 17.3 CALENDARAUTO 建立日期表

在日期表中添加必要的年、季度、月字段：

```
年 = YEAR('日期表'[日期])
月 = MONTH('日期表'[日期])
季度 = "Q"&FORMAT('日期表'[日期],"Q")
```

贴士

FORMAT 函数语法为

```
FORMAT(<value>, <format_string>)
```

将值（第一个参数）转换为指定格式（第二个参数）。例如对于 2018 年 10 月 10 日，“YYYY”格式将返回 2018，“YY”将返回 18，“MM”将返回 10，“Q”将返回 4，“YYMM”将返回 1810。

（2）去除日期表与员工信息的所有关系

在使用时间智能函数时，日期表需要与数据中的日期建立关系。但在本例中，日期只是用来添加切片器进行动态切换，因此二者之间无须建立关系。当日期表与出生日期、入职日期或者离职日期中间的任意一列建立关系时，会创造一种筛选情境，导致错误的计算值。如图 17.4 所示为去除所有关系后的界面。

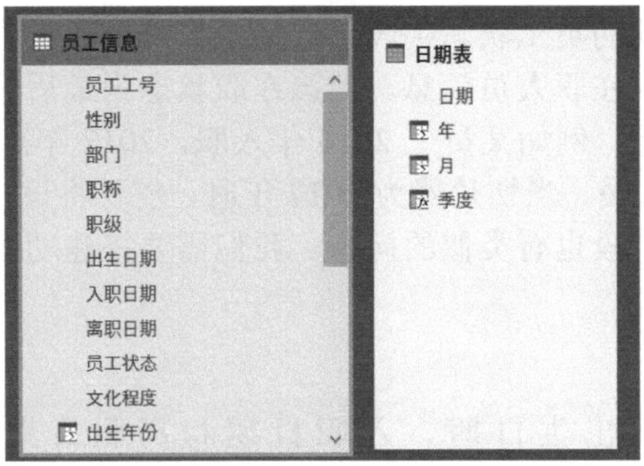

图 17.4 去除员工信息表和日期表之间的所有关系

（3）计算期末在职人数

```
期末在职人数 =
CALCULATE (
    DISTINCTCOUNT ( '员工信息'[员工工号] ),
    FILTER (
        FILTER ( '员工信息', '员工信息'[入职日期] <= MAX ( '日期表'[日期] ) ),
        '员工信息'[离职日期] > MAX ( '日期表'[日期] )
            || '员工信息'[离职日期] = BLANK ()
    )
)
```

CALCULATE 在该度量值中分为两个部分：第一部分使用 DISTINCTCOUNT 对所有员工进行非重复计数，统计所有人数；第二部分为人数设置条件，MAX 用来判断切片器选定的截止日期，内层 FILTER 对员工信息表进行截取——限定范围为所有入职日期不大于当前切片日期，外层 FILTER 对上一层 FILTER 选取的范围再次进行缩小——保留离职日期大于当前最大日期的人员（在当前切片日期条件下，该员工仍然在职）及没有离职的人员。剩余的人员即截至当前日期的所有在职人员。

（4）计算该期间新入职人数

```
该期间新入职人数 =
CALCULATE (
    DISTINCTCOUNT ( '员工信息'[员工工号] ),
    FILTER (
        FILTER (
            '员工信息',
            '员工信息'[入职日期] <= MAX ( '日期表'[日期] )
                && '员工信息'[入职日期] >= MIN ( '日期表'[日期] )
        ),
        '员工信息'[离职日期] > MAX ( '日期表'[日期] )
            || '员工信息'[离职日期] = BLANK ()
    )
)
```

CALCULATE 在该度量值中的第一个部分与计算在职人数时相同；第二个部分内层 FILTER 对员工信息表进行截取——只选取在当前切片条件范围内的入职人员（比方切片器选择 2018Q1，则只截取 2018 年 1 月 1 日到 2018 年 3 月 31 日入职的人员，外层 FILTER 再次缩小范围，保留在该切片日期范围之外离职的人员及未离职人员。

（5）计算年龄

```
年龄 = MAX('日期表'[年])-MAX('员工信息'[出生年份])
```

该年龄为度量值而不是常规的计算列，这是为了使得年龄在日期切片器条件下可以动态变化。

（6）计算 30 岁以下员工占比

```
30 岁以下员工占比 =
VAR SN_Under30 =
    CALCULATE ( [期末在职人数], FILTER ( ALLSELECTED ( '员工信息'[员工工号] ),
[年龄] < 30 ) )
VAR SN_All =
    CALCULATE ( [期末在职人数], ALLSELECTED ( '员工信息'[员工工号] ) )
RETURN
    DIVIDE ( SN_Under30, SN_All )
```

该度量首先定义两个变量，一个是 30 岁以下人数，另一个是总人数。30 岁以下人数使用 FILTER 进行截取即可。全部人数使用 ALLSELECTED 保证所有员工在范围内，但又不影响其他筛选条件的使用。最后用 DIVIDE 将两者相除。

17.1.2 制作人员结构可视化报告

本例中的图表全部使用 Power BI 默认的图表类型：

- 年份、季度切片器字段为日期表中的年份、季度，日期表中的年从 1963 年开始，我们将页面筛选器进行设置，如图 17.5 所示，显示最近的年份即可。
- 卡片图分别选择期末在职人数、该期间新入职人数、30 岁以下员工占比的度量值。
- 按部门查看在职人员数量时使用条形图，并按照人数排序。
- 按性别、文化程度、职称查看在职人员构成比例时使用饼图，注意设置为类别和百分比同时显示。
- 时间趋势的变化使用折线和簇状柱形图，在职人数放列位置，30 岁以下员工占比放行位置。

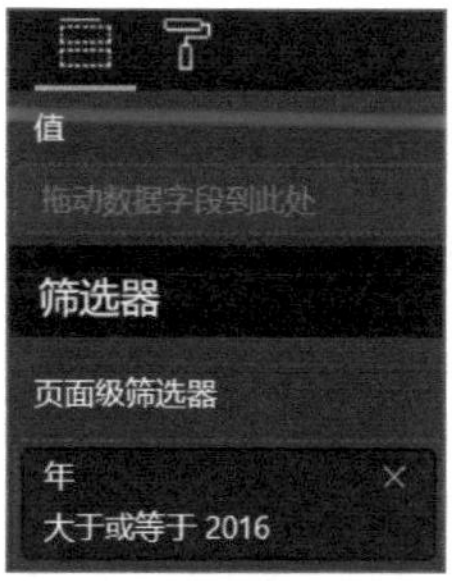

图 17.5　年份页面级筛选器设置为最近三年

17.2　离职率分析

离职率是衡量企业人员流动性的指标。离职率高表明员工对企业的满意度较差，会造成人力成本的上升，工作效率的低下。离职率很低也未必是好事，企业没有新的血液进入，可能会失去活力。离职率算法众多，本例采取以下公式进行计算：

离职率%=期间离职人数/（期间离职人数+期末在职人数）×100%）

如图 17.6 所示为离职率分析仪表盘，大部分图表类型与上一节人员结构分析图表保持一致，只是关键度量值替换成了离职人数。比较大的不同是下方的折线和簇状柱形图有三个数据字段——期间离职人数、该期间新入职人数及离职率。

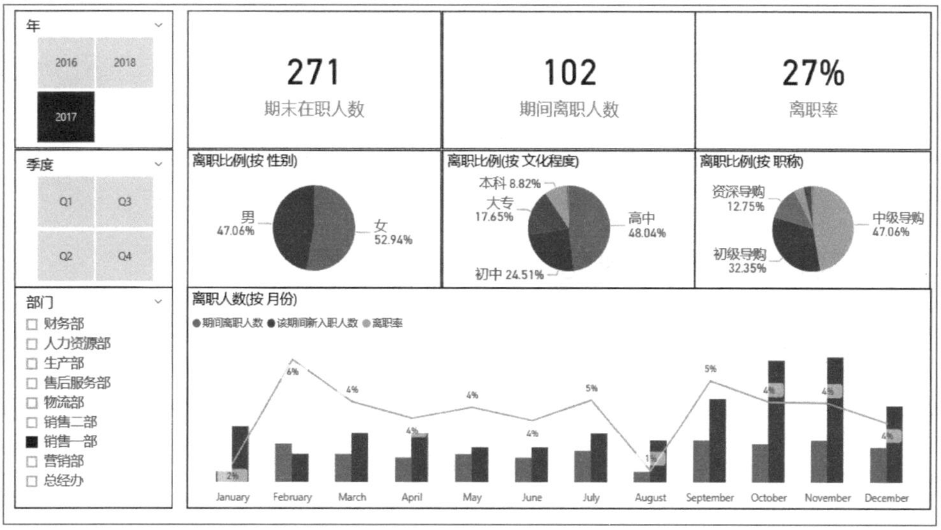

图 17.6　离职率分析仪表盘

17.2.1 计算离职率

离职率计算的核心是计算离职人数，由于本例是一个随着时间变化而变化的动态离职率，因此需使用函数对动态的日期区间进行判断。

（1）计算期间离职人数

```
期间离职人数 =
CALCULATE (
    DISTINCTCOUNT ( '员工信息'[员工工号] ),
    FILTER (
        FILTER ( '员工信息', '员工信息'[入职日期] <= MAX ( '日期表'[日期] ) ),
        '员工信息'[离职日期] <= MAX ( '日期表'[日期] )
           && '员工信息'[离职日期]>=MIN('日期表'[日期])
    )
)
```

该度量值 CALCULATE 有两个参数，第一个参数的作用与前文计算在职人员的一致;第二个参数内层 FILTER 对员工信息表进行截取——限定范围为所有入职日期不大于当前切片日期,外层 FILTER 以离职日期范围判断该期间的离职人员进行筛选。

贴士

计算员工人数一般使用工号而不是姓名，因为可能有重名人员导致人数计算错误，而工号可以和每个员工一一对应。

（2）计算离职率

```
离职率 = DIVIDE([期间离职人数],[期末在职人数]+[期间离职人数])
```

17.2.2 制作离职率可视化报告

卡片图、切片器的制作方式和 17.1 节介绍的制作方式相同，本节不再赘述。离职人数按时间变化的图表选择折线和簇状柱形图，字段按图 17.7 所示设置。共享轴为“日期”，列值为“期间离职人数”和“该期间新入职人数”方便对比净流入状况，行值为“离职率”。

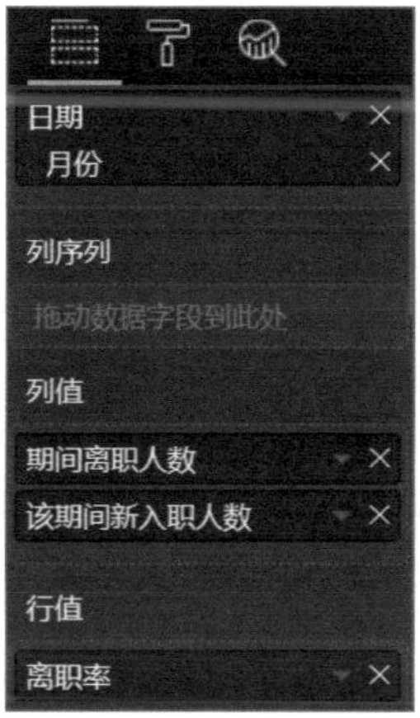

图 17.7　离职人数（按月份）折线和簇状柱形图设置

17.3　总结

动态人员结构和离职率分析的核心在于对日期的灵活使用，建立可以动态变化的度量值。最关键的环节是 FILTER 和 MAX/MIN 配合选取合适的表格范围，头脑中需要对入职人员、离职人员的判断条件有清晰的概念。

在本例中，我们可以得到以下信息：

- 该公司的员工以销售人员为主，男女比例相对均衡。
- 2016—2017 年该公司员工数量急剧攀升，可能是业务扩张所致，2018 年则相对平缓。这种扩张同样体现在离职分析中，2017 年每月离职人员数量都小于入职人员数量，员工净流入。
- 该公司以 30 岁以下员工为主，非常年轻化。
- 2016—2018 年该公司离职率虽然有攀升的态势，但基本维持在 30%左右。以笔者的经验来看，对于销售型公司，这个离职率相当低，该公司人员稳定性相对良好。因为许多企业销售人员在一年中全部更新一遍也是有可能的。
- 各部门离职状况中，在销售二部离职人员中含有大量的店长，需要引起警示，如图 17.8 所示。

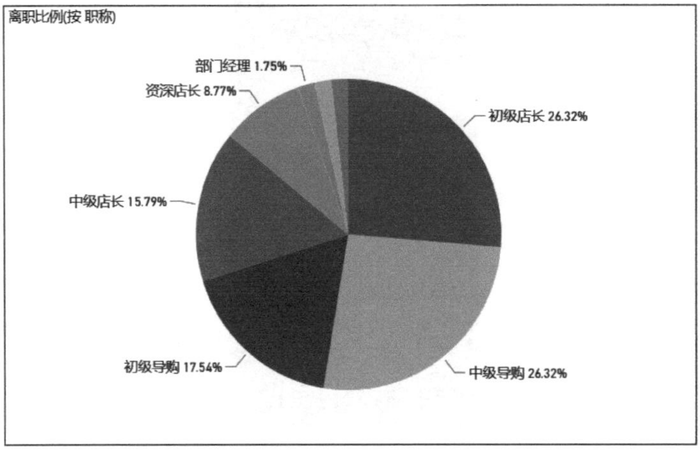

图 17.8　销售二部离职人员构成

需要补充的是，离职分析在实际应用中可加入离职原因分析，以便发现公司管理问题所在，但不能浮于表面，需要和离职员工做良好的沟通，了解真实原因。另外，异常状态的部门可通过与别的部门横向比较以发现问题所在，比如本例中销售二部大量店长（一线管理者）离职，但销售一部并没有类似的问题，可以相互探讨，找到解决方案。

第 18 章 新员工分析

新员工是公司未来发展的基石。上一章讲述人员结构及离职率分析时侧重于动态地从时间趋势上分析，本章则静态地对新员工进行分析——截止到目前的新员工状况，另外增加了培训状况。对新员工的入职培训总是应给予更多关注，这有利于新员工快速融入团队。

在本章的数据源中，员工信息表以上一章为基础，另外新增培训记录数据，如图 18.1 所示。该公司总共有 5 门入职培训课程，分别是《企业文化》《考勤制度》《绩效考核标准》《晋升体系》《办公系统操作》，每门课程满分为 100 分，60 分及格，空白处指该员工未参加该课程考试。

员工工号	培训日期	姓名	企业文化	考勤制度	绩效考核标准	晋升体系	办公系统操作
SS0286	2018/9/5	王骞伟	95	77	86		55
SS0512	2018/9/5	张晓	59	57	97	70	88
SS1106	2018/9/4	崔长	95		62	54	98
SS0292	2018/9/2	王智伟	56	80	88	77	90
SS0680	2018/8/31	张永	68	67		89	62
SS0880	2018/8/31	李宇	91	75	69	95	74
SS0497	2018/8/30	张晨	54	63	76	77	
SS0275	2018/8/29	王嘉伟	67	69		77	92

图 18.1　培训记录数据

本案例将会设计两个仪表盘，一个用来展示新员工整体概况，另一个用来分析每个员工目前的培训结果。

18.1　新员工概况分析

本节从新员工占比和新员工总体培训状况两个角度进行分析，如图 18.2 所示。

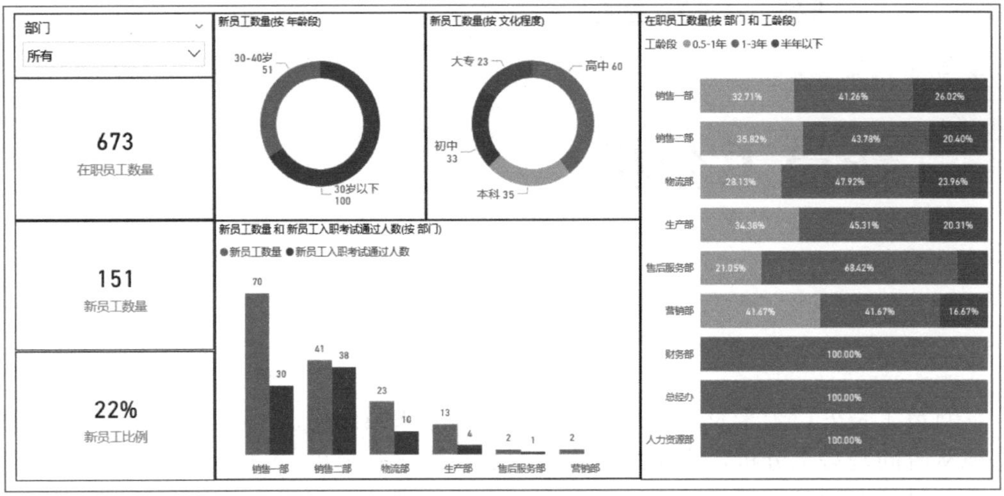

图 18.2　新员工概况分析

在本案例中，新员工的定义为入职时间在半年以内的员工。左侧卡片图显示该公司新员工总体数量及新员工占比；上方的切片器也可按部门进行查看；环形图可查看新员工的年龄分布及学历分布；下方簇状柱形图显示各部门新员工数量及完成入职培训考试员工的数量；右侧百分比堆积条形图显示各部门员工工龄结构。

以下从模型制作及建立图表两个部分进行讲解。

18.1.1　搭建新员工概况模型

本案例的培训记录数据不能直接使用，需要进行一定处理才行。使用的大部分公式比较简单，统计通过入职培训考试的员工数量是本节的难点。

（1）培训数据空值替换

在数据源中，有一部分空值，代表该员工没有参加该课程的考试，需要替换为 0，使得在后期操作时这部分课程名称也可以显示。替换方式如图 18.3 所示。

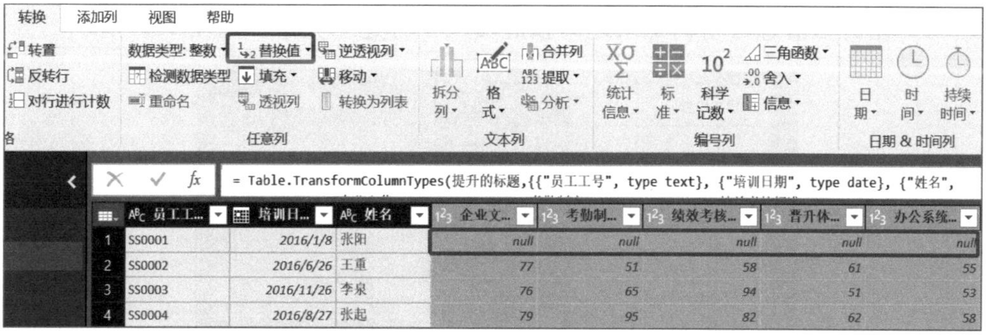

图 18.3　替换课程中的空值为 0

（2）培训数据逆透视

数据源中每个课程为一列，不方便后期的计算。因此通过逆透视的方式将课程名称显示在一列，成绩显示在一列，如图 18.4 所示，选中非课程列，逆透视其他列。

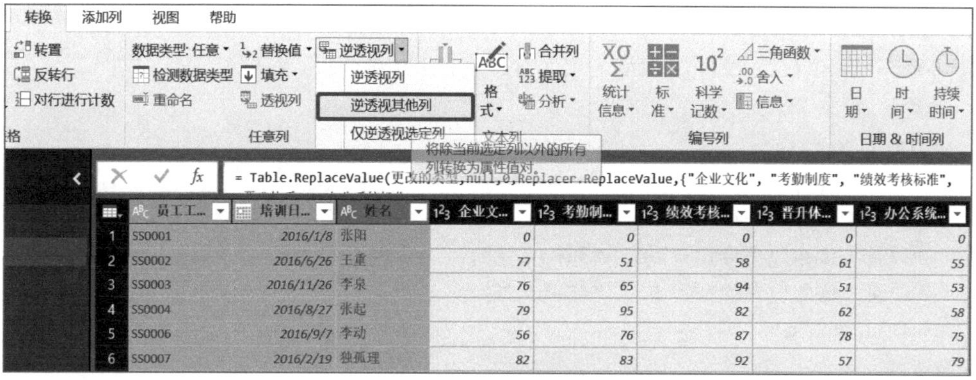

图 18.4　逆透视课程列

（3）将课程列和得分列重命名，图 18.5 是逆透视并重命名后的结果。

	员工工...	培训日...	姓名	课程名...	得分
1	SS0001	2016/1/8	张阳	企业文化	0
2	SS0001	2016/1/8	张阳	考勤制度	0
3	SS0001	2016/1/8	张阳	绩效考核标准	0
4	SS0001	2016/1/8	张阳	晋升体系	0
5	SS0001	2016/1/8	张阳	办公系统操作	0
6	SS0002	2016/6/26	王重	企业文化	77
7	SS0002	2016/6/26	王重	考勤制度	51
8	SS0002	2016/6/26	王重	绩效考核标准	58
9	SS0002	2016/6/26	王重	晋升体系	61

图 18.5　课程列和得分列重命名

（4）在员工信息与培训记录之间按照员工工号建立关系，如图 18.6 所示。

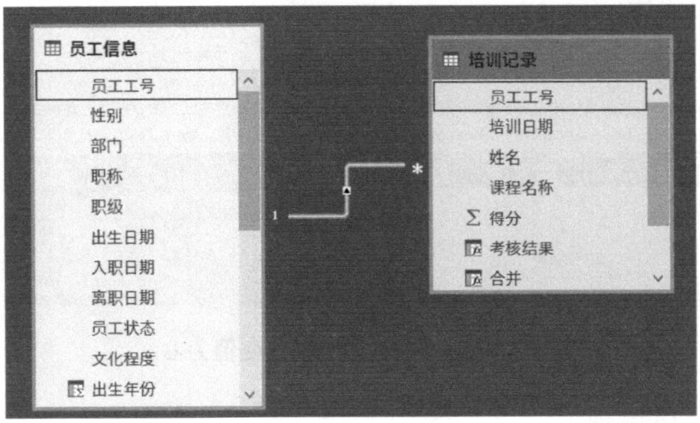

图 18.6　员工信息与培训记录建立关系

（5）计算年龄与工龄

在员工信息表中新建以下列：

```
年龄 = YEAR(TODAY())-YEAR('员工信息'[出生日期])
年龄段 =
SWITCH (
    TRUE (),
    '员工信息'[年龄] < 30, "30 岁以下",
    '员工信息'[年龄] < 40, "30-40 岁",
    '员工信息'[年龄] < 50, "40-50 岁",
    "50 岁以上"
)
工龄 =
IF (
    '员工信息'[离职日期] > 0,
    ROUND ( ( '员工信息'[离职日期] - '员工信息'[入职日期] ) / 365, 1 ),
    ROUND ( ( TODAY () - '员工信息'[入职日期] ) / 365, 1 )
)
工龄段 =
SWITCH (
    TRUE (),
    '员工信息'[工龄] < 0.5, "半年以下",
    '员工信息'[工龄] < 1, "0.5-1 年",
    '员工信息'[工龄] < 3, "1-3 年",
```

```
    "3 年以上"
  )
```

工龄的计算需注意离职员工工龄截止到离职日期，在职员工截止到“今天”；年龄段和工龄段使用 SWITCH 函数进行条件判断。

贴士

在 DAX 函数中，日期之间可以直接进行加减计算，但在 Query 中使用 M 函数无法实现同样的效果，需要首先将日期转换为数值。

（6）计算培训考核结果

在培训记录中新增列，60 分为考试通过：

```
考核结果 = IF('培训记录'[得分]>=60,"通过",IF('培训记录'[得分]>0,"不及格","未提交答卷"))
```

（7）新建度量值，计算在职员工数量、新员工数量、新员工比例

```
在职员工数量 = CALCULATE(DISTINCTCOUNT('员工信息'[员工工号]),'员工信息'[员工状态]="在职")
新员工数量 = CALCULATE([在职员工数量],'员工信息'[工龄段]="半年以下")
新员工比例 = DIVIDE([新员工数量],[在职员工数量])
```

（8）计算每个员工考试通过的课程数量

已知考试成绩在培训记录表中，需要将成绩汇总后引入员工信息表。在员工信息表中新建列：

```
通过课程数量 = COUNTROWS(FILTER(RELATEDTABLE('培训记录'),'培训记录'[考核结果]="通过"))
```

在数据关系中，员工信息表是“一端”，培训记录是“多端”，将多端数据引入一端需要借助 RELATEDTABLE。但 RELATEDTABLE 返回的是表，无法直接显示，因此 COUNTROWS 对行数进行计数。又因为我们需要的不是全部行，而是考试通过的行，所以 FILTER 增加条件对符合“通过”条件的行进行筛选。

贴士

COUNTROWS 函数语法为

```
COUNTROWS(<table>)
```

用来计算表或者表达式定义的表的行数，本例对 FILTER 定义的表计算行数。

贴士

RELATEDTABLE 函数语法为

```
RELATEDTABLE(<tableName>)
```

对于建立关系的两张表，该函数用来将多端数据返回一端。

（9）计算新员工入职考试通过课程数量

该公司有 5 门入职培训课程，因此当通过课程数量为 5 时，表示该员工全部考试通过。新建度量值计算新员工入职考试通过人数：

```
新员工入职考试通过人数 = CALCULATE([新员工数量] ,'员工信息'[通过课程数量]=5)
```

18.1.2　制作新员工概况可视化报告

新员工概况仪表盘全部使用 Power BI 默认图表类型。在职员工数量、新员工数量、新员工比例使用卡片图；按年龄段和文化程度查看新员工比例分布使用环形图；各部门新员工数量和入职考试通过人数使用簇状柱形图；在职员工各部门比例分布使用百分比堆积条形图，字段设置如图 18.7 所示。

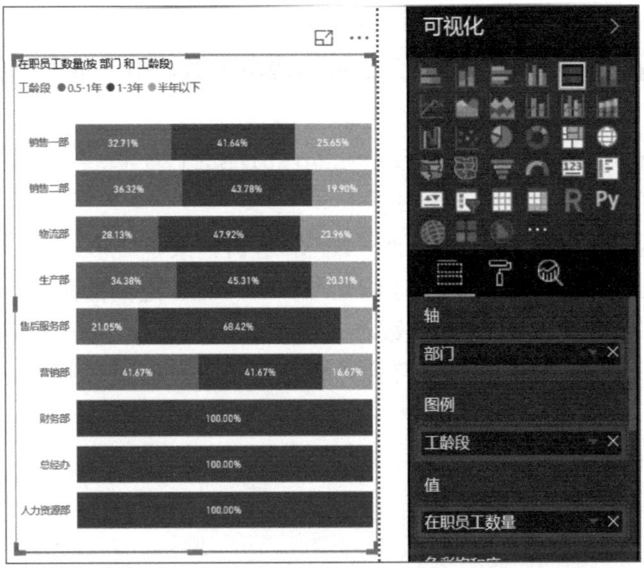

图 18.7　在职员工各部门比例图表设置

18.2　新员工个人仪表盘

个人仪表盘用来反映每个新员工的个人详情，包含姓名、出生日期、入职日期、文化程度、所在部门、职称等信息，也包含该员工的入职考试情况，如图 18.8 所示。

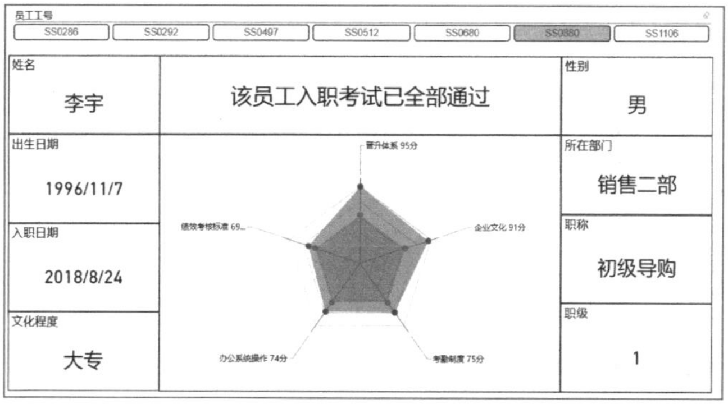

图 18.8　新员工个人仪表盘

通过上方切片器选择员工工号；下方卡片图则显示相应员工信息，并提示该员工入职考试是否已全部通过；通过雷达图查看该员工 5 门考试成绩状况，内侧多边形部分代表 60 分及格线，外侧多边形部分为员工实际成绩。

18.2.1　设置员工工号切片器

切片器在图表市场选择 ChicletSlicer，与默认切片器相比，它的优点就是可以强制筛选，本文数据没有经过 DAX 特殊处理，如默认不筛选将会出现错误值，另外多重选择也需要关闭，设置方式如图 18.9 所示。

图 18.9　切片器强制选择

18.2.2 设置培训信息提示

新建度量值对员工培训是否全部通过、几门课程未通过进行信息提示：

```
培训信息提示 =
VAR PASS_N=SUM('员工信息'[通过课程数量])
RETURN
IF(PASS_N=5,"该员工入职考试已全部通过","该员工尚有"&5-PASS_N&"门课程未通过")
```

以上公式含义为：当考试通过课程数量为 5 时，提示“该员工入职考试已全部通过”；当通过不足 5 门时，提示未通过数量。

度量值建立完成后设立卡片图即可。

18.2.3 设置考试成绩雷达图

雷达图并非默认图表，在市场中搜索并添加到 Power BI 中，如图 18.10 所示。

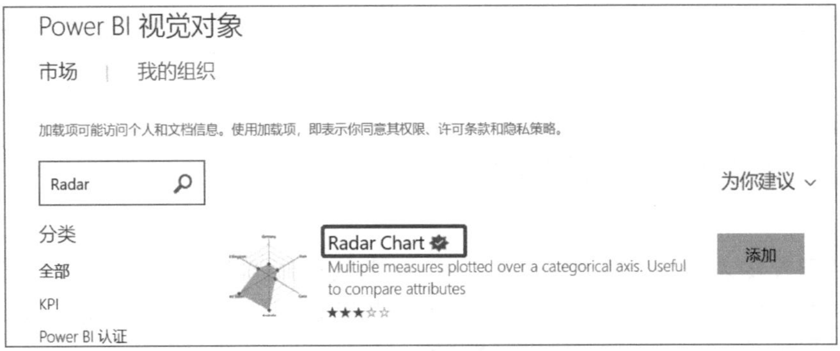

图 18.10　雷达图

从 18.8 中可以注意到，雷达图有个 60 分的分界线，分界线需要我们在培训记录中新建列，后续添加到图表中：

```
及格线 = 60
```

贴士

本例雷达图增加了及格线，分数统一为 60 分，当对不同课程有不同要求时，可使用条件语句 IF 或者 SWITCH 进行不同条件设置。

同时，可以观察到雷达图上直接显示了分数，默认的雷达图并无此功能，需要我们新建合并列后续添加：

```
合并 = '培训记录'[课程名称]&"   "&'培训记录'[得分]&"分"
```

以上准备工作完成后，对雷达图进行如图 18.11 所示的字段设置，即可得到正确结果。

图 18.11　雷达图字段设置

贴士

雷达图还可用在员工能力象限测评等环节。

18.2.4　设置显示人员范围

如果只看新员工状况，那么在页面筛选器中筛选工龄段为“半年以下”的员工即可。但有时我们想查看更近日期入职的员工状况，比如要查看近一个月入职的员工状况，可以使用相对日期的筛选方式，如图 18.12 所示。

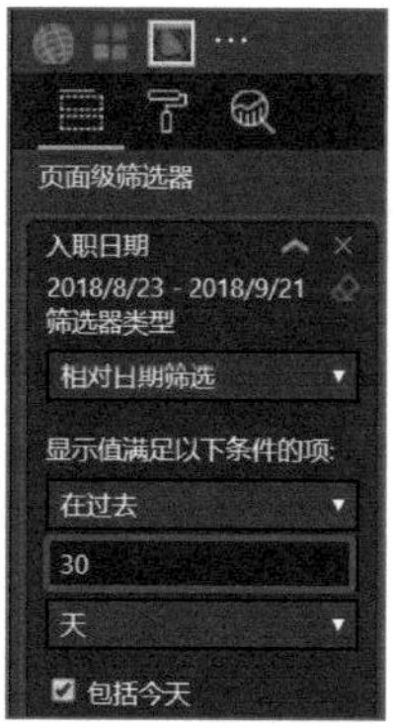

图 18.12　相对日期筛选

其他人员信息卡片图同样采用系统默认卡片图即可。

18.3 总结

本章对新员工的概况进行了分析，并重点关注了新员工的入职培训状况。模型搭建的关键点是通过使用 RELATEDTABLE 将培训记录的多端数据引入员工信息；图表大部分为系统默认图表，自定义图表切片器 ChicletSlicer 强制筛选合理使用可以规避显示错误，在散点图功能不足、无法显示详细分数时可通过合并单元格变相实现。

第 19 章 考勤分析

考勤是指考查员工在一定时间内的出勤状况。大部分企业考勤方式为让员工在指定地点使用指纹、门禁卡等方式打卡。考勤数据通常为类似图 19.1 中的样式。

日期	员工工号	姓名	考勤方式	上班打卡时间	下班打卡时间	请假状态
2018/8/1	SS1343	崔乙	刷卡-月休5天	13:00	19:20	
2018/8/2	SS1343	崔乙	刷卡-月休5天	9:32	15:36	
2018/8/3	SS1343	崔乙	刷卡-月休5天	9:32	15:36	年假
2018/8/4	SS1343	崔乙	刷卡-月休5天	9:32	15:36	
2018/8/5	SS1343	崔乙	刷卡-月休5天	13:00	19:20	
2018/8/6	SS1343	崔乙	刷卡-月休5天	13:00	19:20	事假
2018/8/7	SS1343	崔乙	刷卡-月休5天	9:32	15:36	
2018/8/8	SS1343	崔乙	刷卡-月休5天	9:32	15:36	
2018/8/9	SS1343	崔乙	刷卡-月休5天	9:32	15:36	
2018/8/10	SS1343	崔乙	刷卡-月休5天	9:32	15:36	

图 19.1　考勤数据

考勤数据不仅可作为发放工资的依据，还可以深入分析发现异动状况，提前做出沟通与预警。本章虚拟了某公司 2018 年 8 月全月的考勤数据，从全勤和工作时长的角度分析目前该公司的考勤状况。

19.1　全勤分析

全勤是指在指定时间按照公司规定的上班天数上班，并且没有迟到/早退等现象。该公司有三种类型的考勤方式：

- 对于经理级别以上的管理层，采取弹性上班制，无须打卡，每周一到周五上班。
- 非销售岗员工上班时间固定，每天工作 8 小时，从早上 9 点到下午 17 点为上班时间段，每周一到周五上班。当天 9 点以后打卡算迟到，17 点之前打卡算早退，未打卡算旷工。
- 对于销售岗员工，采用非固定上班时间制度，每天工作 6 小时，每个月可以排班休息 5 天，上下班打卡时间少于 6 小时算迟到/早退，未打卡算旷工。

除周末、节假日等必要休息时间外，该公司员工享有一定天数的请假福利。本节以此为基础，分析该公司员工的全勤状况。图 19.2 所示为全勤分析仪表盘。

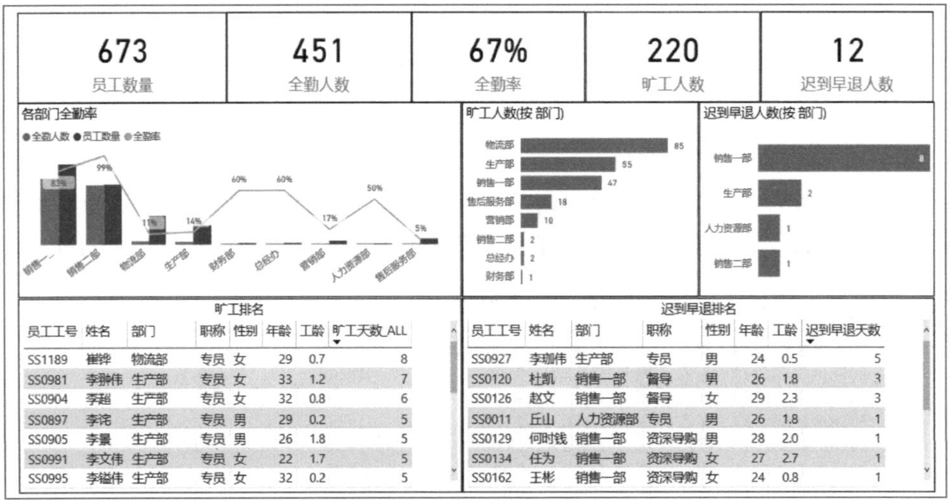

图 19.2　全勤分析仪表盘

上方卡片图为整体考勤状况；中间左侧为各部门全勤对比；中间右侧两个条形图为各部门旷工和迟到/早退人数排行；下方表格为旷工和迟到/早退人员排行。

19.1.1　对考勤日期分类

非销售岗人员在周一到周五上班，因此我们在考勤信息数据中新增列对日期进行分类。星期采取中国使用的方式，周一为每周第一天，周一到周五算工作日，周六、周日为周末。

```
星期 = WEEKDAY('考勤信息'[日期],2)
日期分类 = IF('考勤信息'[星期]>5,"周末","工作日")
```

19.1.2　计算每天每个员工的上班小时数

除管理层外，其他员工有上班时长要求，因此新增上班小时数列。

```
上班小时 = DIVIDE(DATEDIFF('考勤信息'[上班打卡时间],'考勤信息'[下班打卡时间],MINUTE),60)
```

使用 DATEDIFF 计算时间差，即上班分钟数，再除以 60 换算为小时。DATEDIFF 本身也支持计算小时数，将上述公式最后的参数 MINUTE 替换为 HOUR 即可，但是这样不够精确。例如某员工某日上午 9 点 32 分打卡上班，下午 18 点 14 分下班，图 19.3 显示了两种计算方式结果的区别。

上班小时_MINUTE	上班小时_HOUR
8.7	9.0

图 19.3　DATEDIFF 选择 MINUTE 和 HOUR 参数对计算结果的影响

贴士

对于不同的日期精度，可按照公司管理方式的不同选择使用，如果公司管理比较严格，1 分钟差异也算考勤问题，则需要使用更细的时间颗粒。

19.1.3　判断考勤状态

本章将考勤状态分为三种：正常、迟到/早退及旷工。由于有三种不同的考勤方式，给计算考勤状态增加了难度。新增考勤状态列：

```
考勤状态 =
IF (
    '考勤信息'[请假状态] = BLANK (),
    SWITCH (
        '考勤信息'[考勤方式],
        "弹性", IF('考勤信息'[日期分类]="工作日","正常",BLANK()),
        "刷卡-月休 5 天", IF ( '考勤信息'[上班小时] >= 6, "正常", IF ( '考勤信息'[上班小时] >0, "迟到/早退", BLANK() ) ),
        "刷卡-双休", IF (
            '考勤信息'[日期分类] = "工作日",
            IF (
                '考勤信息'[上班小时] = 0,
```

```
                "旷工",
                IF (
                    '考勤信息'[上班打卡时间] > TIME ( 9, 0, 0 )
                        || '考勤信息'[下班打卡时间] < TIME ( 17, 0, 0 ),
                    "迟到/早退",
                    "正常"
                )
            ),
            BLANK ()
        )
    ),
    BLANK()
)
```

该公式最外层 IF 语句先判断该员工当天是否请假，如果请假则返回空值，否则进入下一步计算。

使用 SWITCH 函数对不同考勤方式分类进行判断：

- 当考勤方式为“弹性”时，不考核该员工上班时长，只要是工作日，就返回“正常”，否则为空值。
- 当考勤方式为“刷卡-月休 5 天时”，若该员工当天上班满 6 小时，则记为“正常”，不满 6 小时，则记为“迟到/早退”，未打卡记为空值。此处未打卡并不能判断员工是否旷工，因为该考勤方式的浮动缘故，后续我们将补充如何判断该部分员工是否旷工。
- 当考勤方式为“刷卡-双休”时，首先判断当天是否是工作日，如果不是工作日，则返回空值。如果是工作日，则进入下一步计算。如果当天未打卡，则显示“旷工”，如果当天打卡，则当上班打卡时间晚于早上 9 点或下班打卡时间早于下午 5 点时，记为“迟到/早退”，否则为正常。

19.1.4 新增工作日数量和当月总天数度量值

考勤数据中含有当月的每一天，因此通过非重复计数可以计算当月的总天数。另外，在 19.1.1 节对工作日进行了区分，可使用 CALCULATE 判断工作日天数。

```
当月天数 = DISTINCTCOUNT('考勤信息'[日期])
工作日数量 = CALCULATE(DISTINCTCOUNT('考勤信息'[日期]),'考勤信息'[日期分
```

```
类]="工作日")
```

19.1.5　考勤汇总

在“建模选项卡”使用 SUMMARIZE 新增表，保留工号、姓名、考勤方式三个基础字段，并对正常考勤天数、迟到/早退天数、旷工天数、请假天数、工作时长按不同列汇总。

```
    考勤汇总 =
    SUMMARIZE (
        '考勤信息',
        '考勤信息'[员工工号],
        '考勤信息'[姓名],
        '考勤信息'[考勤方式],
        "正常出勤天数", COUNTROWS ( FILTER ( '考勤信息', '考勤信息'[考勤状态] = "
正常" ) ),
        "迟到/早退天数", COUNTROWS ( FILTER ( '考勤信息', '考勤信息'[考勤状态] =
"迟到/早退" ) ),
        "旷工天数", COUNTROWS ( FILTER ( '考勤信息', '考勤信息'[考勤状态] = "旷
工" ) ),
        "请假天数", COUNTROWS ( FILTER ( '考勤信息', '考勤信息'[请假状态] <> BLANK
() ) ),
        "工作时长",SUM('考勤信息'[上班小时])
    )
```

贴士

SUMMARIZE 不仅可以将原表进行汇总，而且可以依据条件将同一列内容拆分为多列。

19.1.6　建立关系

员工信息、考勤汇总、考勤信息之间分别使用“员工工号”字段建立关系，以便数据相互引用，如图 19.4 所示。注意，员工信息表和考勤汇总表的员工工号均为非重复值，因此是一对一的关系。

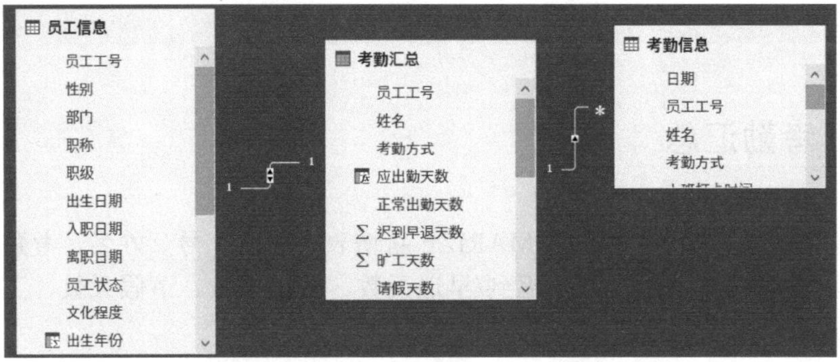

图 19.4　员工信息、考勤汇总、考勤信息关系图

19.1.7　计算每位员工的应出勤天数

在考勤汇总中新增列：

```
应出勤天数 =IF('考勤汇总'[考勤方式]="刷卡-月休5天",[当月天数]-5,[工作日数量])
```

已知管理层及非销售人员是双休制，所以他们的应出勤天数为当月工作日天数；销售人员每月总共休息 5 天，因此他们的应出勤天数为当月总天数减 5 天。图 19.5 显示了部分计算结果。

员工工号	姓名	考勤方式	应出勤天数	正常出勤天数	迟到早退天数	旷工天数	请假天数	工作时长
SS0927	李珈伟	刷卡-双休	23	15	5	3		182
SS1189	崔铧	刷卡-双休	23	15		8		139
SS0981	李翀伟	刷卡-双休	23	16		7		149
SS0904	李超	刷卡-双休	23	17		6		157
SS1006	李诣伟	刷卡-双休	23	18		5		167
SS1077	崔兴伟	刷卡-双休	23	18		5		167
SS1110	崔洋	刷卡-双休	23	18		5		167

图 19.5　应出勤天数计算结果

19.1.8　计算正确的旷工天数

在 19.1.5 节统计了旷工天数，但这个“旷工天数”对于考勤方式为“刷卡-月休 5 天”的人员并不适用，我们并没有为该考勤方式员工设立旷工条件值。

图 19.5 显示部分销售人员应该上班 26 天，但是正常出勤天数只有 25 天，旷工天数列并未有任何提示，如图 19.6 所示。

员工工号	姓名	考勤方式	应出勤天数	正常出勤天数	迟到/早退天数	旷工天数	请假天数	工作时长
SS0764	李灵伟	刷卡-月休5天	26	25				208
SS1308	崔挹	刷卡-月休5天	26	25				153
SS1309	崔燚	刷卡-月休5天	26	25				153
SS1312	崔佾	刷卡-月休5天	26	25				153
SS1313	崔议	刷卡-月休5天	26	25				153
SS1316	崔荣	刷卡-月休5天	26	25				153
SS1318	崔晋	刷卡-月休5天	26	25				153

图 19.6　错误的旷工天数值

因此，我们需要新增列对这一情况进行纠正。

```
旷工天数_ALL =
VAR GAP = '考勤汇总'[应出勤天数] - '考勤汇总'[正常出勤天数]
    - '考勤汇总'[请假天数]
    - '考勤汇总'[迟到/早退天数]
RETURN
IF ( '考勤汇总'[考勤方式] <> "刷卡-月休 5 天", '考勤汇总'[旷工天数], IF ( GAP >
0, GAP, BLANK () ) )
```

当考勤方式不是“刷卡-月休 5 天”时，返回原旷工天数值；当考勤方式为“刷卡-月休 5 天”时，通过应出勤天数与正常出勤天数、请假天数、迟到/早退天数相减，计算出正确的旷工天数，如图 19.7 所示。

员工工号	姓名	考勤方式	应出勤天数	正常出勤天数	迟到/早退天数	旷工天数	请假天数	工作时长	旷工天数_ALL
SS0764	李灵伟	刷卡-月休5天	26	25				208	1
SS1308	崔挹	刷卡-月休5天	26	25				153	1
SS1309	崔燚	刷卡-月休5天	26	25				153	1
SS1312	崔佾	刷卡-月休5天	26	25				153	1
SS1313	崔议	刷卡-月休5天	26	25				153	1
SS1316	崔荣	刷卡-月休5天	26	25				153	1
SS1318	崔晋	刷卡-月休5天	26	25				153	1

图 19.7　正确的旷工天数

19.1.9　计算全勤人数、请假人数、旷工人数、迟到/早退人数、全勤率

新增度量值，对考勤中常用的全勤、旷工、迟到/早退等指标分别进行计算。全勤指完全按照或超出指定天数上班，没有迟到/早退等情况。旷工指未打卡或未上够指定天数。迟到/早退指打卡但未按指定时间出勤。

```
员工数量 = DISTINCTCOUNT('员工信息'[员工工号])
```

```
全勤人数 = CALCULATE(DISTINCTCOUNT('考勤汇总'[员工工号]), FILTER('考勤汇总','考勤汇总'[正常出勤天数]>='考勤汇总'[应出勤天数]))
全勤率 = DIVIDE([全勤人数],[员工数量] )
旷工人数 = CALCULATE(DISTINCTCOUNT('考勤汇总'[员工工号]), FILTER('考勤汇总','考勤汇总'[旷工天数_ALL]>0))
请假人数 = CALCULATE(DISTINCTCOUNT('考勤汇总'[员工工号]), FILTER('考勤汇总','考勤汇总'[请假天数]>0))
迟到/早退人数 = CALCULATE(DISTINCTCOUNT('考勤汇总'[员工工号]), FILTER('考勤汇总','考勤汇总'[迟到/早退天数]>0))
```

旷工人数、请假人数、迟到/早退人数计算方式相同，都是在所有员工中筛选相应天数大于 0 的人员；全勤人数的计算需考虑部分人员可能有加班的情况，所以筛选范围为正常出勤天数不小于应出勤天数的人员。

19.1.10 制作全勤分析可视化报告

本节使用的图表均为系统默认图表。

（1）员工数量、全勤人数、全勤率、旷工人数、迟到/早退人数使用卡片图体现公司整体状况。

我们可以注意到该公司全勤人数+旷工人数+迟到/早退人数已经大于员工总数量，这是由于部分员工不仅旷工而且有迟到/早退现象。

（2）各部门全勤率使用折线和簇状柱形图体现，字段设置如图 19.8 所示。

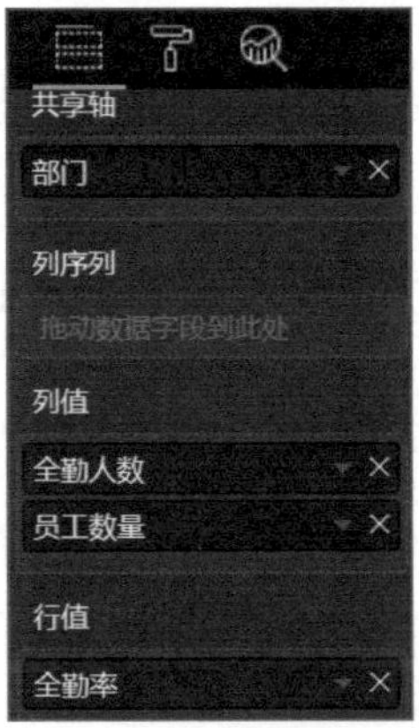

图 19.8 各部门全勤率图表设置

（3）部门旷工人数和迟到/早退人数排名使用簇状条形图。

（4）员工旷工排名和迟到/早退排名使用表格。

排名无须显示全部员工，可在视觉筛选器中设置显示前 10 名的员工，如图 19.9 所示。

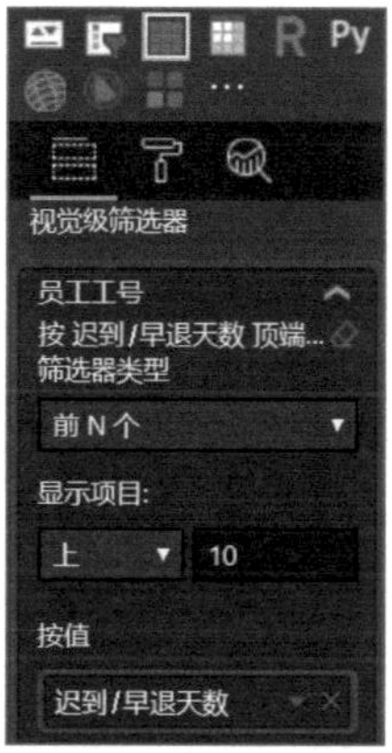

图 19.9　迟到/早退排名视觉筛选器设置

19.2　工作时长分析

工作时长在许多情况下可以反映员工的工作强度，可以对比各部门人员平均工时，对人员进行合理调配或者外部招聘。对于工作时长持续偏高的人员可进行沟通，分析问题所在，做出合理调整，长期高强度加班并非一个正常的现象。

图 19.10 反映了该公司的工作时长情况，由于部分员工不打卡，因此使用页面筛选器剔除了弹性上班的员工。

左上角卡片图为整个公司的人均工作时长；中部的条形图为两种不同考勤方式对应的工作时长；下方的柱形图为各部门平均工作时长；右侧为公司范围内员工工作时长排名。

本节内容模型搭建相对简单，只需在上一节的基础上增加人均工作时长度量值：

```
人均工作时长 = DIVIDE(SUM('考勤汇总'[工作时长]),DISTINCTCOUNT('考勤汇总'[员工工号]))
```

图表也与上一节类似，需强调的是，工作时长员工排名视觉筛选器也可按照“前 *N* 个”方式设置，无须显示全部员工。

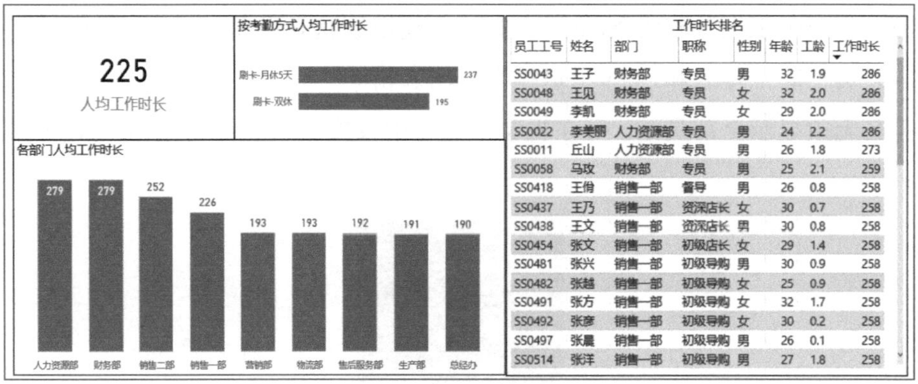

图 19.10　工作时长仪表盘

19.3　总结

考勤数据相对简单，但是却可以挖掘出丰富的内涵。本章以全勤分析和工作时长分析对考勤数据进行了挖掘。要点在于理清不同考勤方式对应的考勤状态计算方法。本章使用的函数并不复杂，复杂的是判断条件相对较多。

本例我们可以分析出该公司目前的考勤状态具有以下特点：

- 整体全勤率偏低，只有 67%，旷工人数达到了三分之一，整个考勤管理有问题。
- 差中有好，销售二部员工几乎都是全勤，物流部、生产部、售后服务部的员工全勤率垫底，需要反思。
- 物流部旷工人数达到 85 人，为公司之最，需检查是物流中心打卡机有故障还是存在管理问题。
- 人力资源部和财务部人员上班双休，理论上该月上班时长为 184 小时，但这两个部门的员工加班时长几乎达到 100 小时，可能人员面临很大的压力。
- 销售部门该月理论上正常上班时间为 156 个小时，但也存在非常多的加班现象。

“加班与旷工齐飞”是该公司的一大亮点，当然本案例数据是虚拟的，读者掌握其中思路并合理应用即可。

第 7 篇

7

简化报告的技巧

第 20 章

一页报告体现更多内容（上篇）

有时候，业务报告比较复杂，有非常多需要展示的内容。用户翻页很麻烦，如图 20.1 所示，可能需要拖曳滚动条才能抵达目标页面信息。这就需要我们尽可能地在较少的页面容纳更多的信息，或者精准定位目标页面，减少用户人工翻页查找的次数，提升用户友好度。

图 20.1　含有许多页的业务报告

本章将介绍在 Power BI Desktop 报表视图界面实现页面优化的 5 种方案，第 21 章介绍后台优化的两种方案。

20.1　图表下钻

图表下钻功能在本书前面的案例中略有涉猎，通过下钻可以在同一个图表中将信息以丰富的层次展现，提取同类型的信息只需要一个图表，大幅度地节省报告空间。本节以第 18 章的新员工分析为蓝本，讲解下钻的使用方法。总共分为两部分，第一部分讲解单个图表下钻的各种功能，第二部分单独对矩阵下钻进行讲解。

20.1.1　下钻的使用方式

假设我们想按部门、性别、年龄段分别查看新员工占比，传统的方法可能如图 20.2 所示。

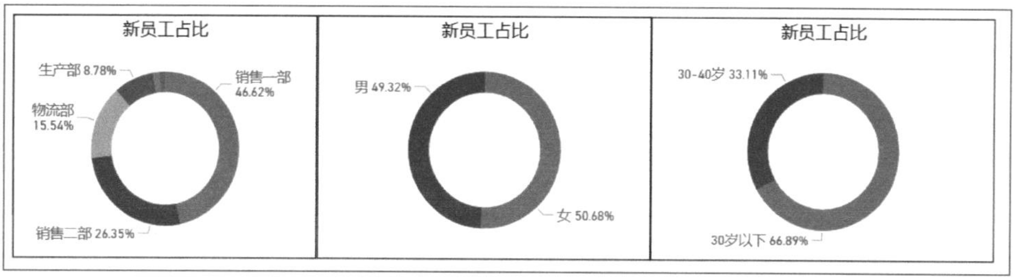

图 20.2　按部门、性别、年龄段分别查看信息

三个环形图略显重复，并且可能至少会占据整个页面三分之一的空间，这是一种相对低效的方式。当环形图字段设置为将三个维度叠加时，如图 20.3 所示，我们将看到更丰富的维度。

设置完成后，可以看到该图表上方出现了 4 个按钮，如图 20.4 所示。我们将分别讲述这些按钮的作用。

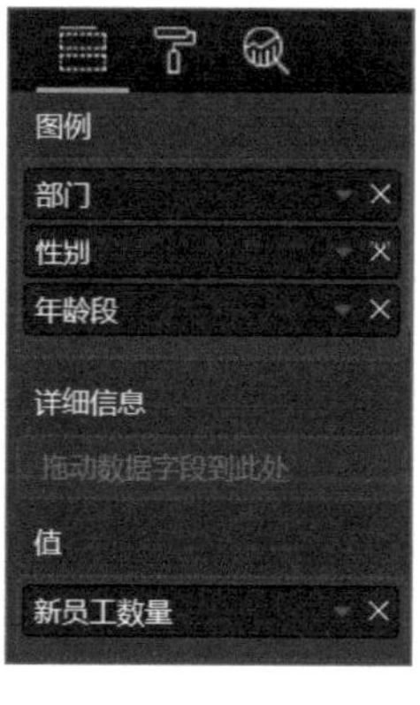

图 20.3　环形图图例设置三个字段

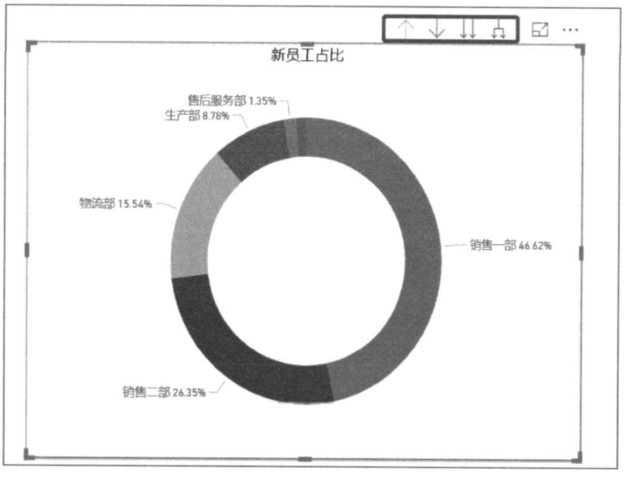

图 20.4　下钻环形图的四个按钮

1．转至层次结构中的下一级别

我们先介绍第三个平行向下的双箭头按钮，点击后，会发现图表如图 20.5 所示，

切换到了性别占比，再次点击该按钮将切换到年龄段占比，钻取的顺序取决于图例中的字段设置顺序。这一功能已帮助我们实现了图 20.2 中三个图表的功效。但下钻的能力显然不止这些。

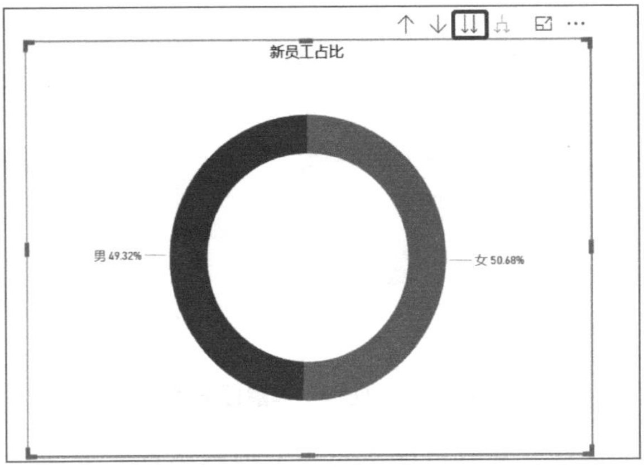

图 20.5　转至层次结构中的下一级别按钮

2. 向上钻取

第一个向上的箭头为向上钻取按钮，顾名思义，返回上一层级。比如，由部门下钻至性别时，按向上箭头再次返回部门占比。

3. 启用深化

单击第二个向下的箭头按钮，将启用深化模式，如图 20.6 所示。深化模式可以局部下钻信息。

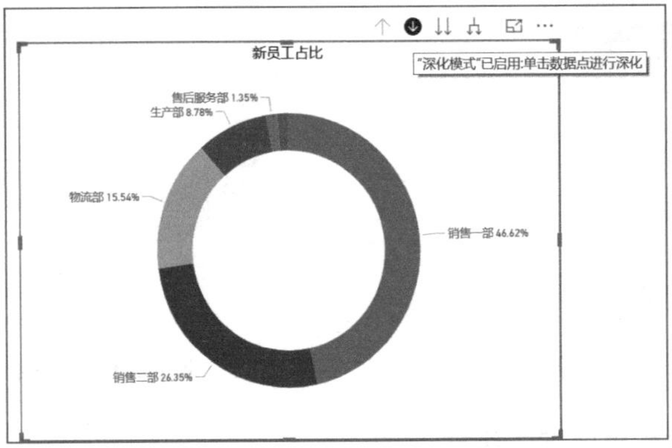

图 20.6　启用深化模式

例如，当我们单击图表中的销售一部、未启用深化模式时，销售一部会高亮显示，如图 20.7 所示。

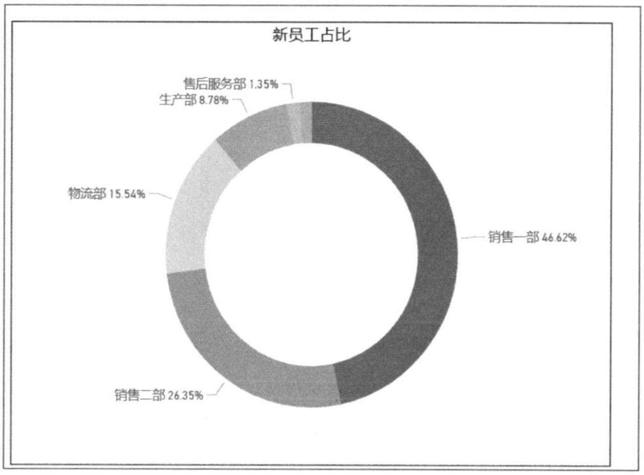

图 20.7　销售一部高亮显示

启用深化模式时，会跳转到男女占比信息，如图 20.8 所示。此时，图表会显示销售一部中的男女新员工占比，而非整个公司的男女新员工占比。

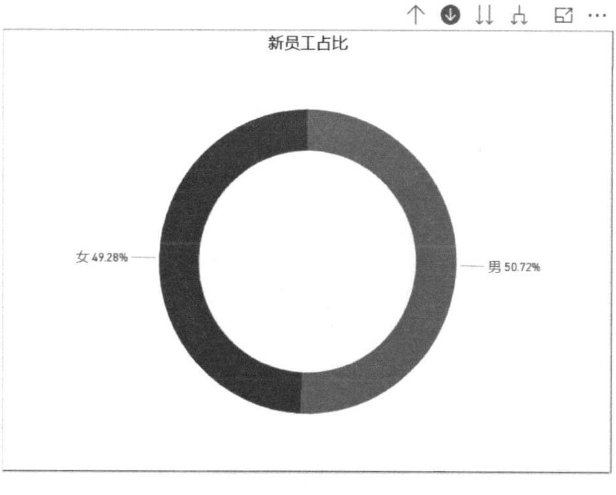

图 20.8　启用深化模式点击销售一部后

4. 展开层次结构中的所有下移级别

最后一个按钮用来展开所有层次，如图 20.9 是展开后的结果。可以看到三个层级的所有子分类都会显示，用于查看最小分类的数据。

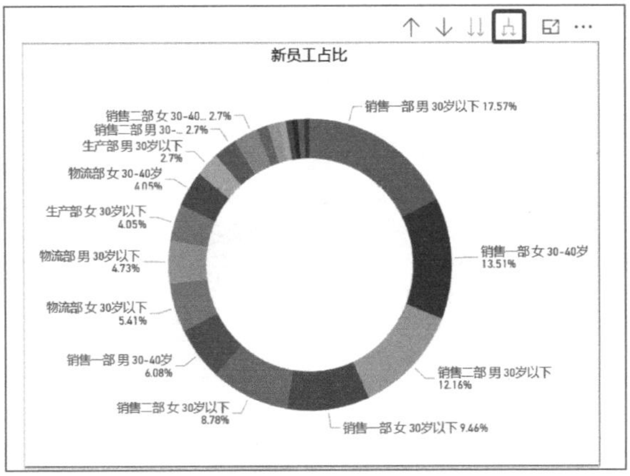

图 20.9　展开层次结构中的所有下移级别

20.1.2　矩阵的下钻

Power BI 中的矩阵图有些类似于 Excel 中的数据透视表。我们知道数据透视表具有优良的展现多维度数据的功能，矩阵图也不例外，因此有必要将矩阵图的下钻单独拿出来加以说明。

假设我们设置了一个复杂的新员工数量矩阵图，行和列都具有层级，如图 20.10 所示。

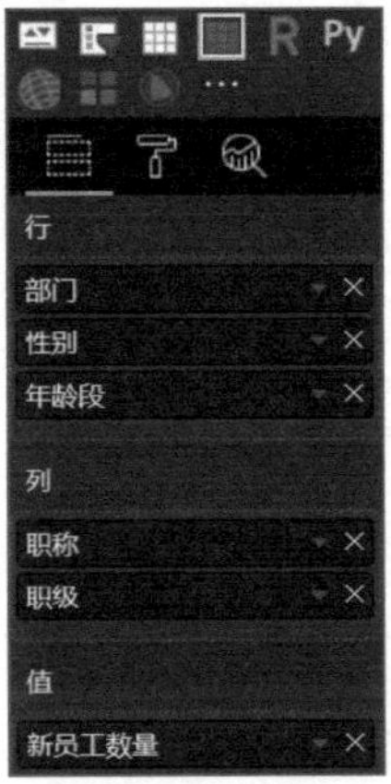

图 20.10　新员工矩阵图设置

1. 选择行列下钻

我们可以观察到，在矩阵图的上方出现了钻取方向下拉选择按钮，如图 20.11 所示。

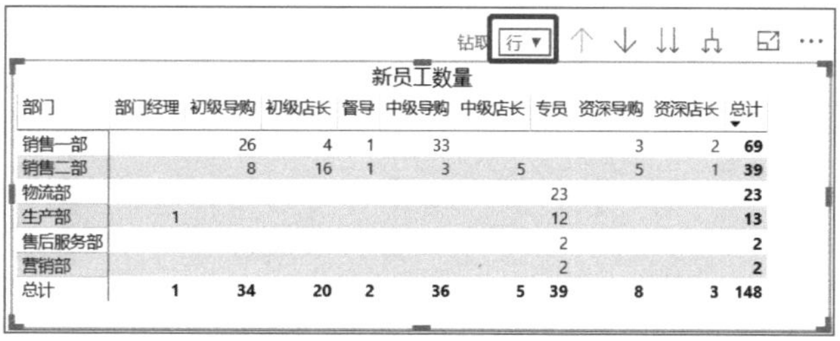

部门	部门经理	初级导购	初级店长	督导	中级导购	中级店长	专员	资深导购	资深店长	总计
销售一部		26	4	1	33			3	2	69
销售二部		8	16	1	3	5		5	1	39
物流部							23			23
生产部	1						12			13
售后服务部							2			2
营销部							2			2
总计	1	34	20	2	36	5	39	8	3	148

图 20.11　选择行或列进行钻取

当选择“行”时，单击“转到结构层次中的下一级别”，可以看到行由“部门”变成了“性别”，如图 20.12 所示。

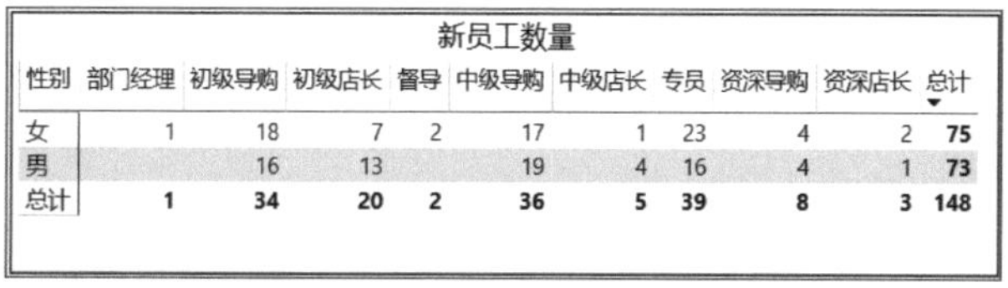

性别	部门经理	初级导购	初级店长	督导	中级导购	中级店长	专员	资深导购	资深店长	总计
女	1	18	7	2	17	1	23	4	2	75
男		16	13		19	4	16	4	1	73
总计	1	34	20	2	36	5	39	8	3	148

图 20.12　矩阵行方向的下钻

类似地，当选择列时，列将会由“职称”切换为“职级”进行显示。

2. 扩展至下一级别

有时，在行方向上我们不仅要显示一个字段，还想同时显示部门和性别，可单击鼠标右键扩展至下一级别（该功能不限于矩阵图），如图 20.13 所示。

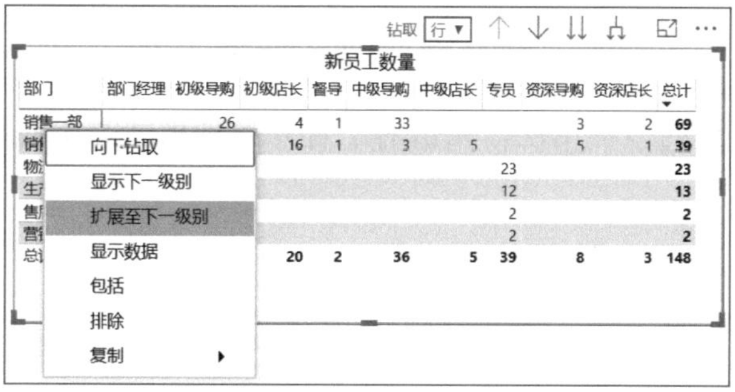

图 20.13　扩展至下一级别设置

3. 关闭渐变布局

扩展至下一级别可以得到图 20.14 所示的图表。但这似乎与传统的数据透视表经典布局不同，可否将部门合并单元格显示？

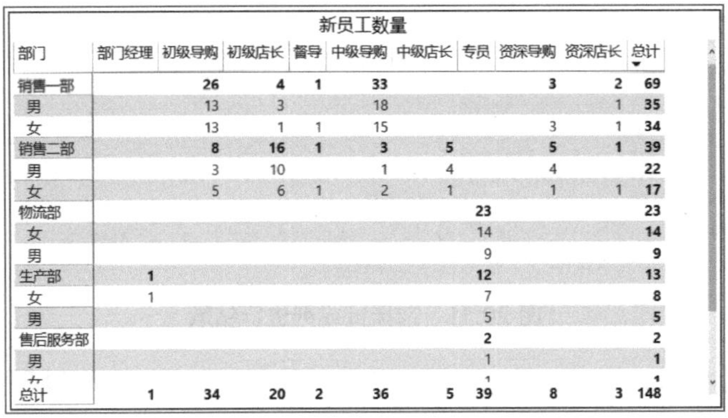

新员工数量										
部门	部门经理	初级导购	初级店长	督导	中级导购	中级店长	专员	资深导购	资深店长	总计
销售一部		26	4	1	33			3	2	69
男		13	3		18				1	35
女		13	1	1	15			3	1	34
销售二部		8	16	1	3	5		5	1	39
男		3	10		1	4		4		22
女		5	6	1	2	1		1	1	17
物流部							23			23
女							14			14
男							9			9
生产部	1						12			13
女	1						7			8
男							5			5
售后服务部							2			2
男							1			1
女							1			1
总计	1	34	20	2	36	5	39	8	3	148

图 20.14　扩展至下一级别显示结果

在“格式设置-行标题”内，关闭渐变布局，可以得到我们想要的结果，如图 20.15 所示。

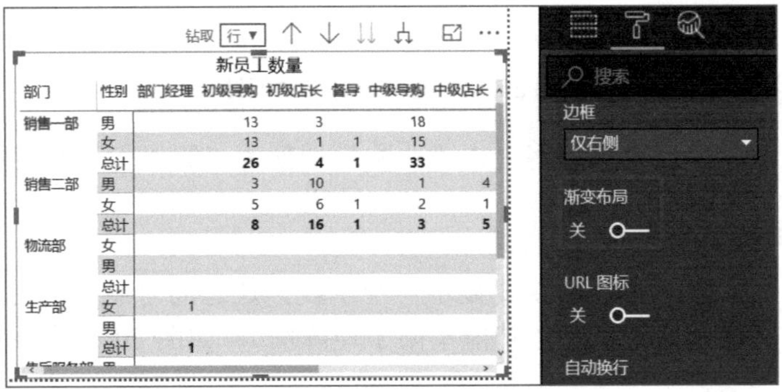

部门	性别	部门经理	初级导购	初级店长	督导	中级导购	中级店长
销售一部	男		13	3		18	
	女		13	1	1	15	
	总计		26	4	1	33	
销售二部	男		3	10		1	4
	女		5	6	1	2	1
	总计		8	16	1	3	5
物流部	女						
	男						
	总计						
生产部	女	1					
	男						
	总计	1					

图 20.15　关闭渐变布局

以上介绍了下钻的多种用法，相信对于合并多种相同类型的图表、减少冗余会有一定帮助。

20.2　按钮与书签

第 20.1 节对相同类型的图表进行了精简，但有时不同类型的图表也需要减少页面切换，此时按钮与书签就有了用处。本节以第 10 章的存货分析为例进行优化。

20.2.1　局部切换按钮与书签

在库存概况仪表盘中，新增两个按钮——“按库存数量”和“按库存金额”，当用 Ctrl+鼠标左键单击“按库存数量”时，我们可以看到仪表盘如图 20.16 所示。当单击“按库存金额”时，仪表盘如图 20.17 所示。

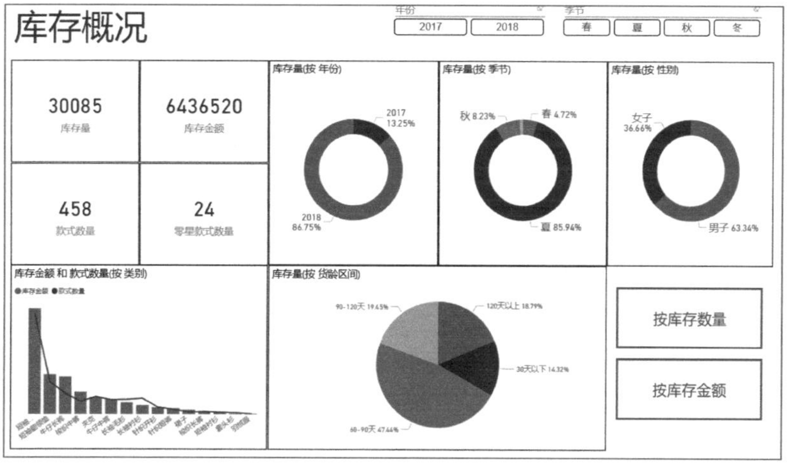

图 20.16　按库存数量的库存概况

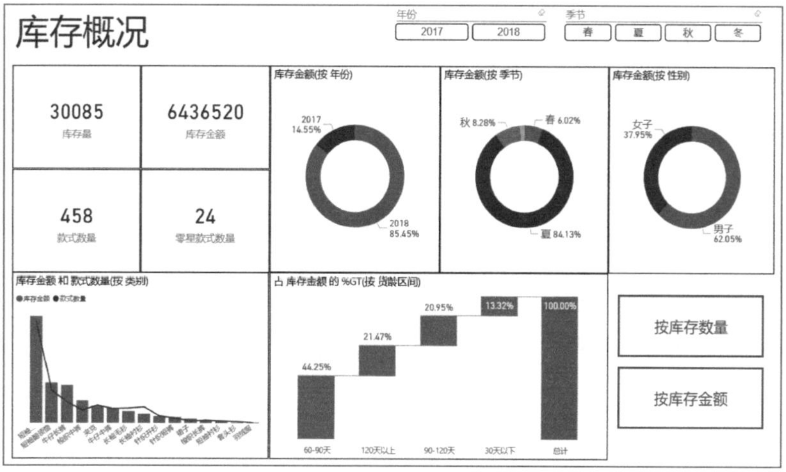

图 20.17　按库存金额的库存概况

两者的区别是，环形图：一个按照数量显示占比，一个按照金额显示占比；右下方的图表：一个是饼图，一个是瀑布图；其他图表保持一致。这种切换方式显然比一页页翻方便很多。以下是实现步骤。

（1）新增两个空白按钮

在“开始”选项卡下，按图 20.18 所示新建两个空白按钮，打开按钮文本，分别命名为“按库存数量”和“按库存金额”。

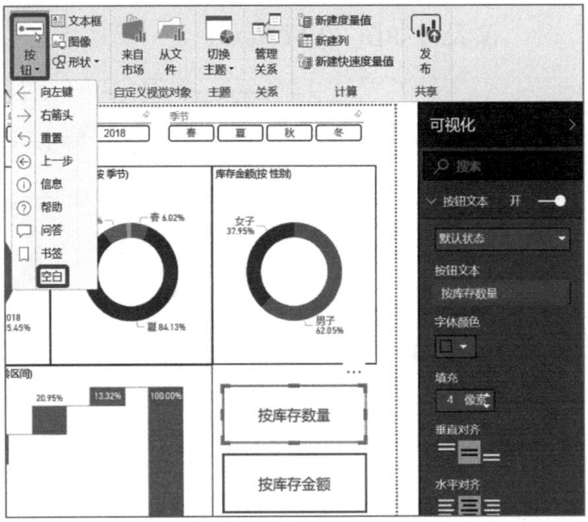

图 20.18　新建空白按钮

（2）新建 4 个库存数量相关图表

原库存概况图表中全部为库存金额相关，新建 3 个库存数量环形图 1 个库存数量饼图，大小与金额相关图表完全一致并完全叠加，如图 20.19 所示显示为重叠效果，通过后续的书签设置再将图表按需分别清晰显示。

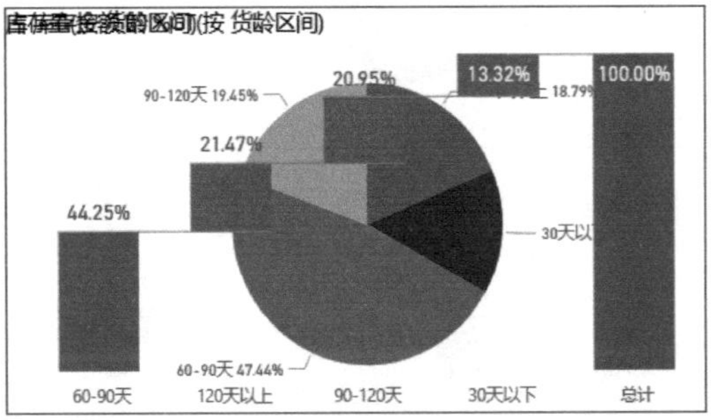

图 20.19　按货龄查看库存数量图和库存金额图完全叠加

（3）打开书签窗格与选择窗格，如图 20.20 所示。

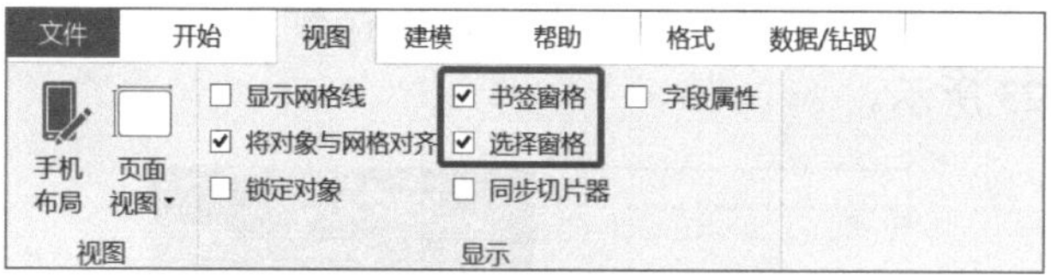

图 20.20　打开书签窗格与选择窗格

（4）添加“按库存金额”和“按库存数量”书签

按图 20.21 所示分别添加书签，当书签为“按库存金额时”，将选择窗格下的库存数量相关图表隐藏，反之亦然。

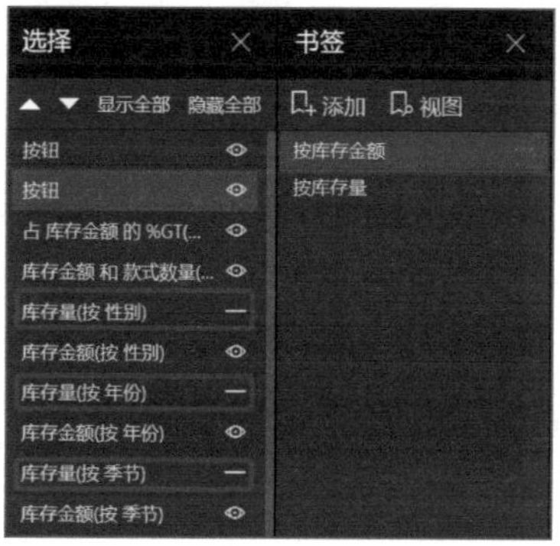

图 20.21　添加书签

库存金额书签隐藏库存数量相关图表后，需在书签窗格更新以便新的书签生效，如图 20.22 所示。

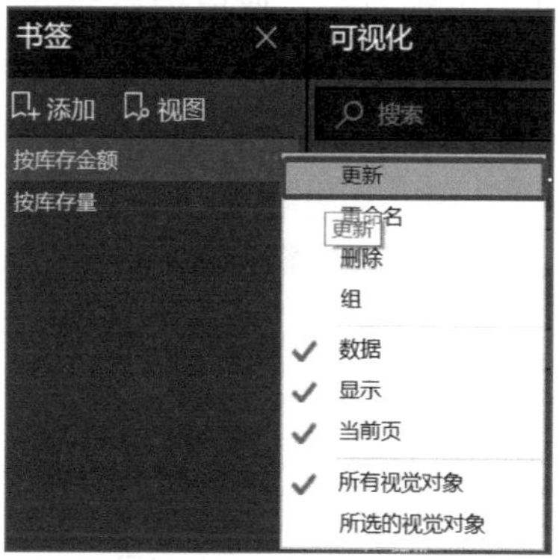

图 20.22　更新书签

（5）为按钮设置操作类型

选择按钮，将按钮操作类型设置为书签，库存数量按钮选择库存数量书签，金额亦然，如图 20.23 所示。

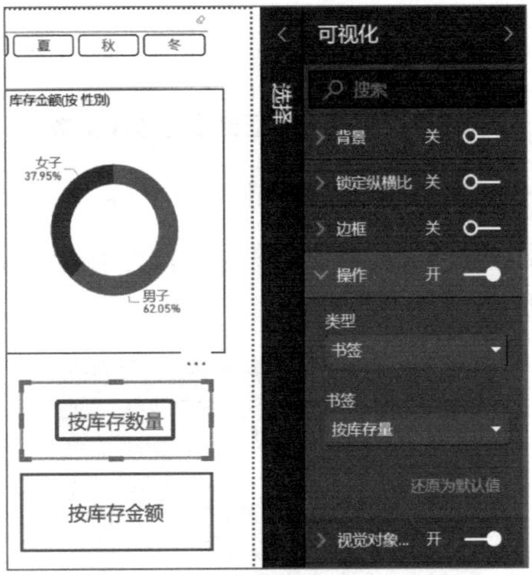

图 20.23　为按钮设置操作类型

用 Ctrl+鼠标左键组合即可相应地进行局部图表切换。

20.2.2　整体切换按钮与书签

局部切换按钮与书签聚焦于当前页面的变化，整体切换聚焦于整个报告的变化。在第 10 章的存货分析中，有三个仪表盘，使用按钮与书签，可以快速切换到相应仪表盘，这在分页很多的情况下非常便利，图 20.24 所示页面相当于目录页，点击可跳转至相应仪表盘。

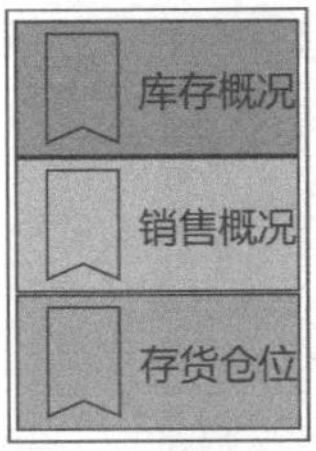

图 20.24　仪表盘目录

（1）新建三个书签式按钮，显示文本与三个仪表盘文本相同，如图 20.25 所示。

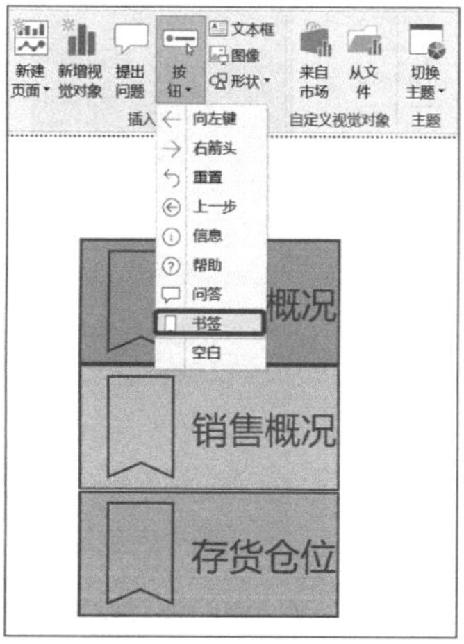

图 20.25　新建书签式按钮

（2）新建仪表盘对应书签

将界面切换到库存概况仪表盘，按图 20.26 所示添加为书签，其他两个仪表盘采用同样的操作。

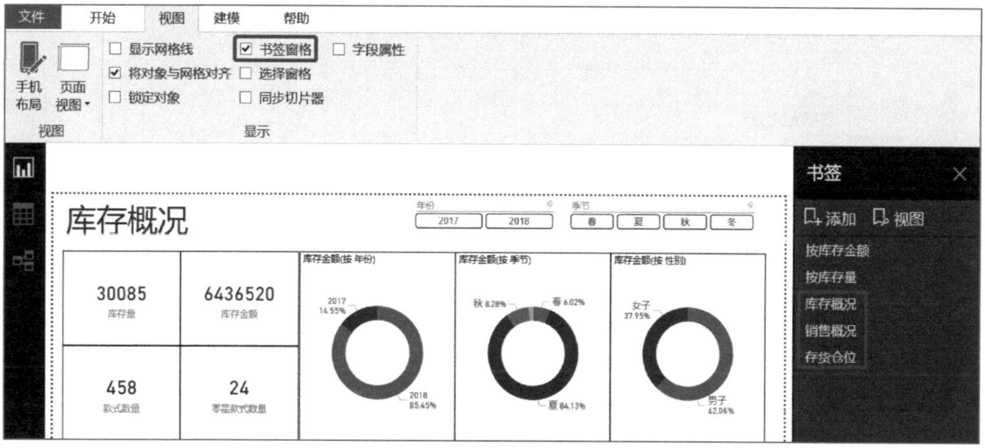

图 20.26　新建库存概况书签

（3）为三个按钮设置操作类型，此环节与局部设置时相同

通过以上操作即完成了目录设置，按需求点击将切换到任意界面。有两点需要注意的是，可以在仪表盘界面设置一个返回按钮，方便再次跳转回目录界面，如

图 20.27 所示。

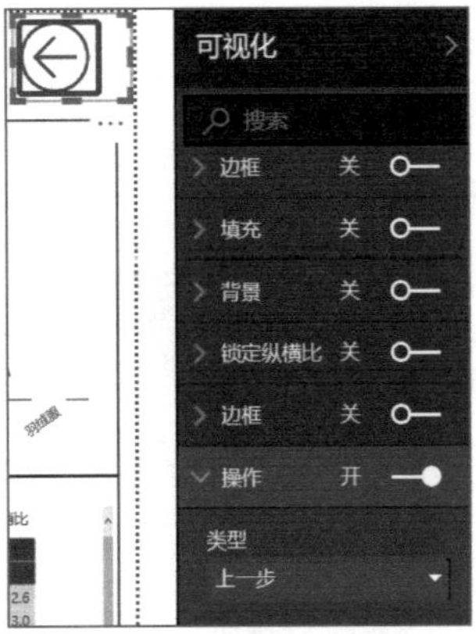

图 20.27　返回按钮设置

20.3　工具悬浮提示

工具悬浮提示可以在图表之上显示新的图表。以第 17 章的人员结构分析为例。在职人员分布条形图中，当鼠标指向销售一部时，会自动弹出销售一部的人员离职概况，如图 20.28 所示，这对于查看图表之外的相关信息非常便利。

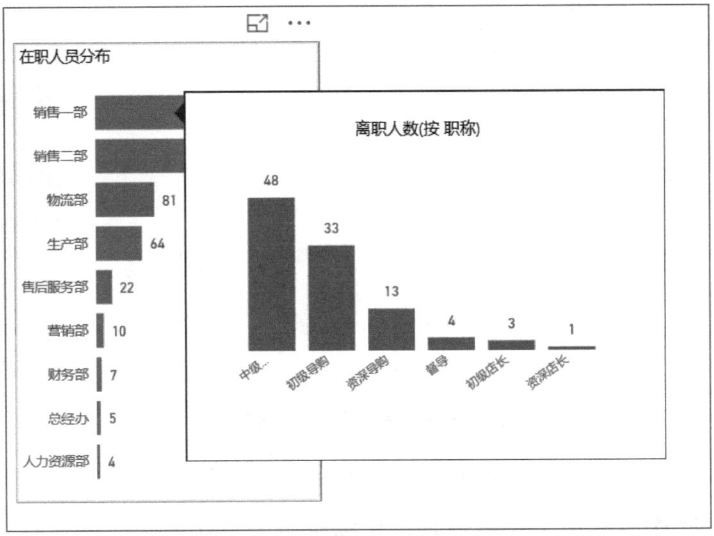

图 20.28　销售一部离职人数悬浮提示

（1）设置悬浮图表

新建空白页面，将离职人数按职称设置为柱形图，将工具提示打开，并将页面大小类型设置为“工具提示”，如图 20.29 所示。

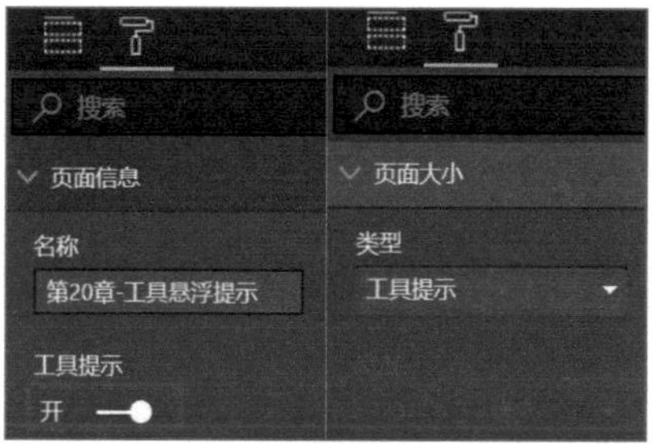

图 20.29　工具提示页面设置

（2）打开人员结构分析仪表盘，选中在职人员分布条形图，将工具提示页码设置为上一步添加的页面，即可开始使用，如图 20.30 所示。

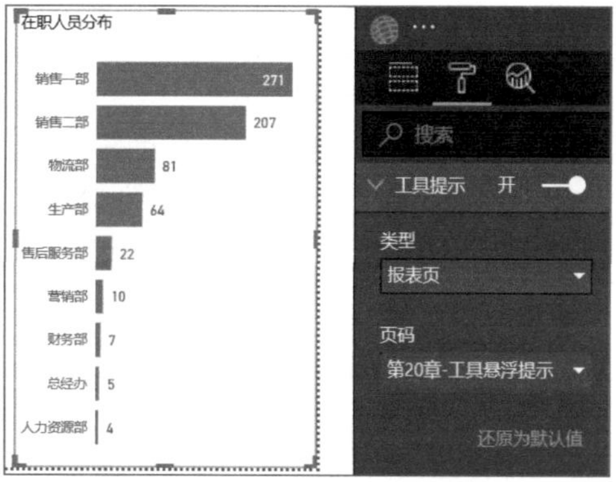

图 20.30　工具提示页码设置

20.4　页面钻取

页面钻取可以在保留当前筛选条件的前提下跳转到另一界面，可以用来显示该条件下更加详细的分析信息或其他层面的数据。以第 10 章的存货分析为例，在库存概况仪表盘中有各类别的库存金额，假设我们想查看短袖 T 恤的销售状况，在柱形图中，选中短袖单击鼠标右键，选择“钻取”，然后选择“销售概况”，如图 20.31 所示。

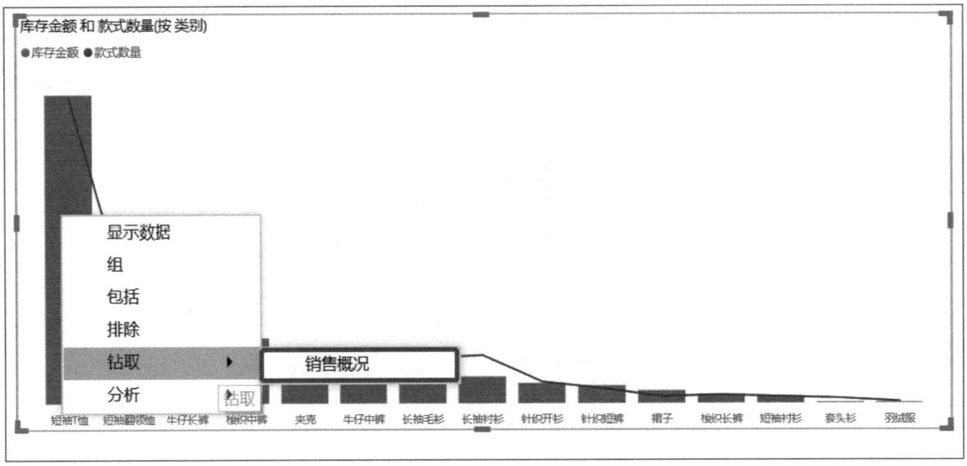

图 20.31　短袖 T 恤钻取到销售概况

Power BI 会自动跳转到销售概况仪表盘，并只显示短袖 T 恤相关的数据，如图 20.32 所示。

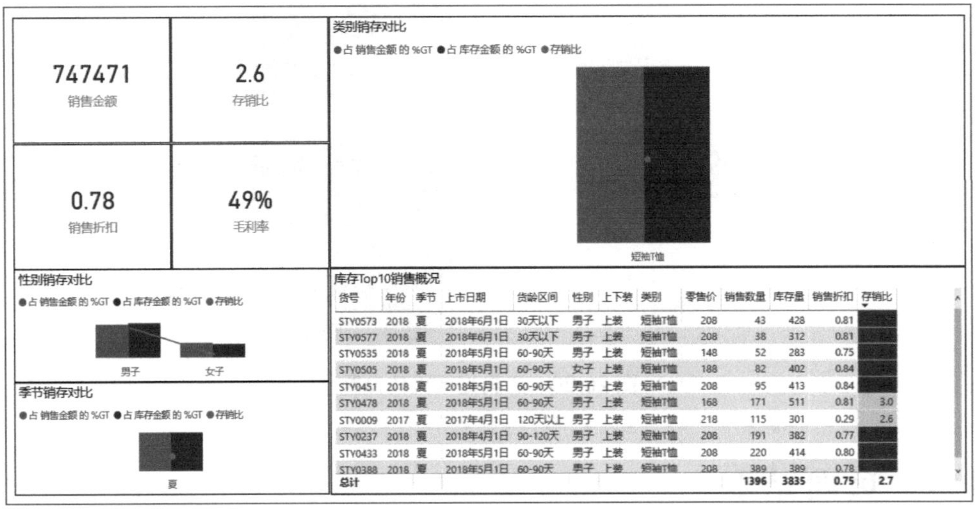

图 20.32　短袖销售概况仪表盘

该功能的实现只需一个步骤。将界面切换到销售状况仪表盘，将类别字段拖曳入“字段设置”中的“钻取”位置，如图 20.33 所示。

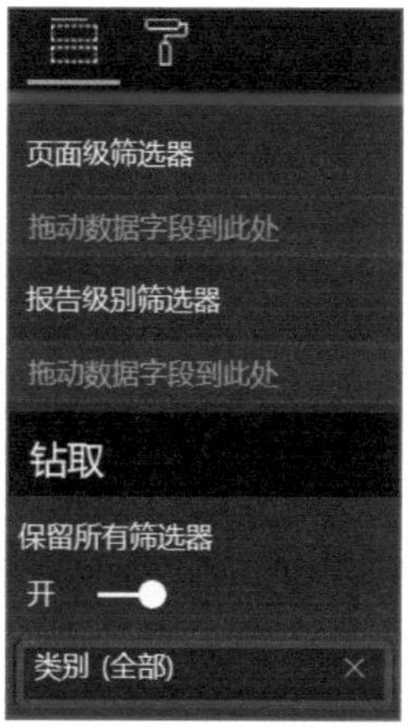

图 20.33　页面钻取字段设置

在库存界面的类别相关图表上，单击鼠标右键即可钻取到相应类别的销售界面，实现图 20.31 中的效果。当设置完成时，销售概况界面上方会自动出现一个返回按钮，单击可返回库存概况主界面，如图 20.34 所示。

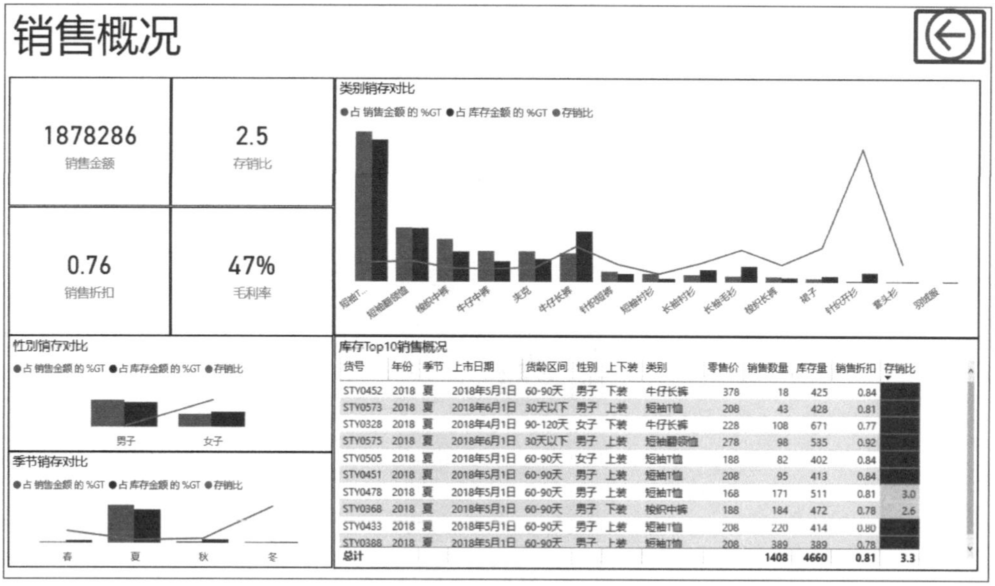

图 20.34　自动生成返回按钮

页面钻取有以下三个技巧，方便我们选择使用。

（1）钻取跳转的页面可以不止一个

假设对存货仓位仪表盘也进行相应设置，再次选取短袖 T 恤进行钻取，可以看到选项变为两个，不仅可查看销售，也可查看仓储库存位置，如图 20.35 所示。

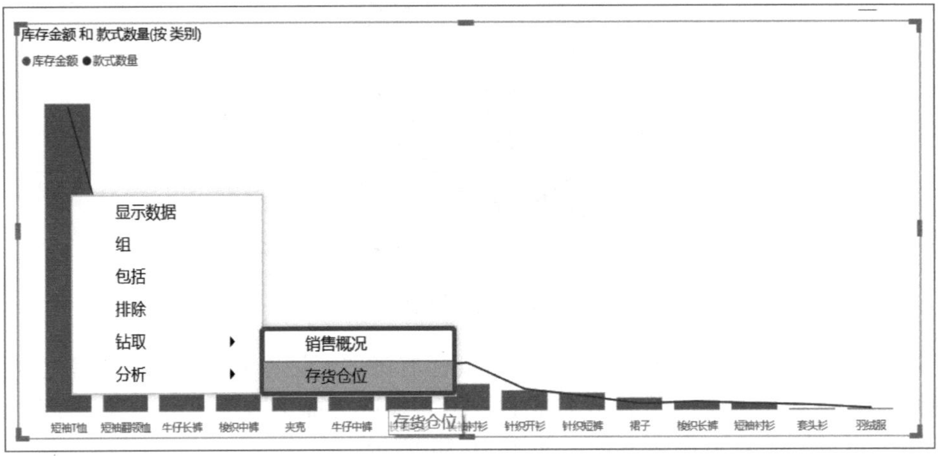

图 20.35　短袖 T 恤钻取到两个不同界面

（2）钻取设置可以不止一个字段

在存货仓位仪表盘中设置类别和货号两个字段，如图 20.36 所示。

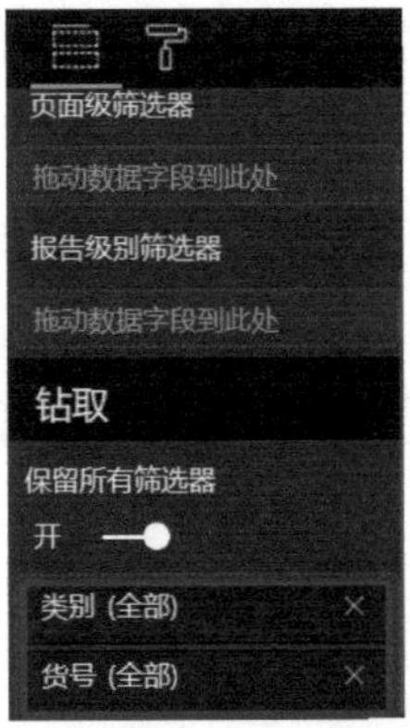

图 20.36　钻取设置两个字段

在销售概况表中，我们要看 STY0542 这款货品的存货位置，单击鼠标右键钻取之后，跳转到的存货仓位仪表盘只显示了该货品的仓储情况，如图 20.37 所示。

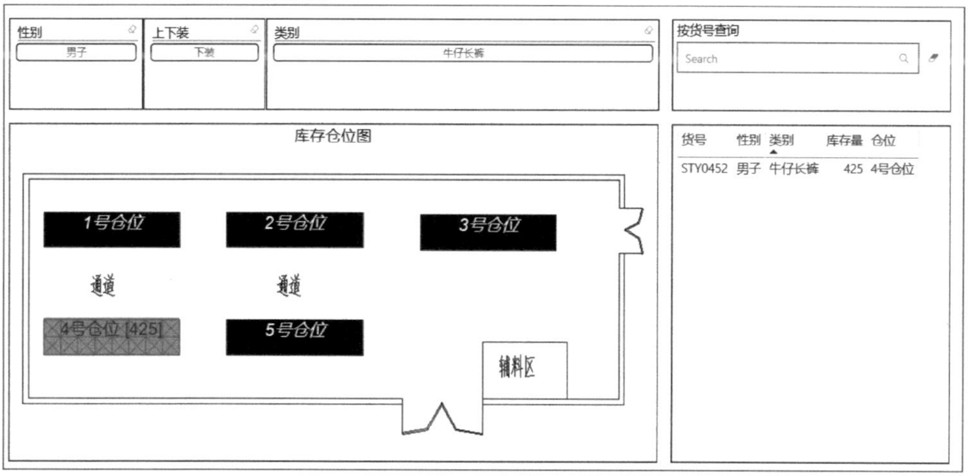

图 20.37　单款货号的钻取

（3）保留所有筛选器

在设置钻取字段时，默认“保留所有筛选器”为“开”，这意味着钻取的图表数据不仅受当前图表影响，也受整个页面筛选条件影响。

例如，我们在库存概况仪表盘切片器中选择 2018 年夏，当钻取牛仔长裤的销售概况时，销售概况仪表盘仅显示 2018 年夏的牛仔长裤数据，如图 20.38 所示。当“保留所有筛选器”设置为关闭时，销售概况仪表盘显示牛仔长裤各个季度的销售数据。

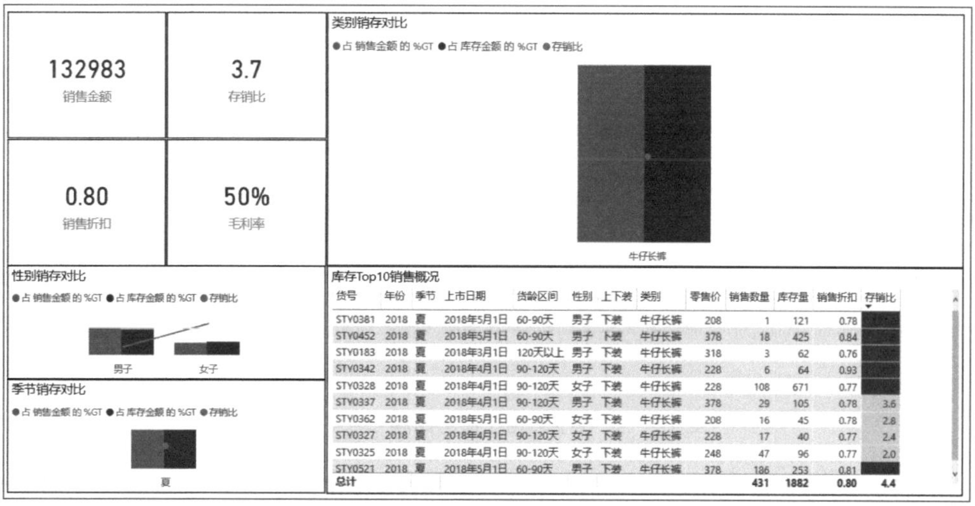

货号	年份	季节	上市日期	货龄区间	性别	上下装	类别	零售价	销售数量	库存量	销售折扣	存销比
STY0381	2018	夏	2018年5月1日	60-90天	男子	下装	牛仔长裤	208	1	121	0.78	
STY0452	2018	夏	2018年5月1日	60-90天	男子	下装	牛仔长裤	378	18	425	0.84	
STY0183	2018	夏	2018年3月1日	120天以上	男子	下装	牛仔长裤	318	3	62	0.76	
STY0342	2018	夏	2018年4月1日	90-120天	男子	下装	牛仔长裤	228	6	64	0.93	
STY0328	2018	夏	2018年4月1日	90-120天	女子	下装	牛仔长裤	228	108	671	0.77	
STY0337	2018	夏	2018年4月1日	90-120天	男子	下装	牛仔长裤	378	29	105	0.78	3.6
STY0362	2018	夏	2018年5月1日	60-90天	女子	下装	牛仔长裤	208	16	45	0.78	2.8
STY0327	2018	夏	2018年4月1日	90-120天	女子	下装	牛仔长裤	228	17	40	0.77	2.4
STY0325	2018	夏	2018年4月1日	90-120天	女子	下装	牛仔长裤	248	47	96	0.77	2.0
STY0521	2018	夏	2018年5月1日	60-90天	男子	下装	牛仔长裤	378	186	253	0.81	
总计									431	1882	0.80	4.4

图 20.38　2018 夏牛仔长裤销售数据

20.5 智能问答

前面讲述的图表均为人工固定设计的样式，但很多时候，报告阅读者临时有某方面的数据疑问，再返回报表设计者进行设计显然很低效，并且临时性的问题也不方便长期存放在仪表盘中。Power BI 的智能问答可以解决这一问题，根据阅读者提出的问题，系统自动生成相应图表，用完即关，无须占用太多空间。本节以第 7 章的业绩达成案例为蓝本，介绍两种智能问答表现形式及一些常用的问答技巧。

20.5.1 智能问答的形式

智能问答有两种形式，第一种为直接在开始选项卡下单击“提出问题”，如图 20.39 所示。在问题框中输入“销售业绩 按 销售员”，系统自动给出销售员的业绩排名条形图。注意到“销售业绩”与“销售员”下方有线条，代表 Power BI 识别到该词语为数据中的字段或者度量值。如果对图表不满意，则在可视化区域选择自己需要的图表进行替换即可。

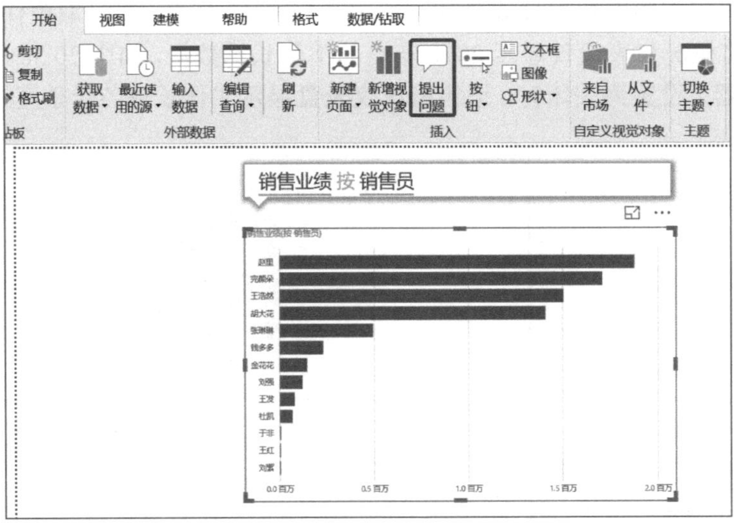

图 20.39 提出问题

这种方式的缺点是，如果当前报告已被各种图表占满空间，那么还需要多余位置展示信息（哪怕不储存）。第二种方式除了可以自由提问之外，还可以节省空间。

图 20.40 是该方式的设置方法，在报告页新建一个“智能问答”按钮，单击该按钮即可在新的界面进行提问。图 20.41 为单击按钮后弹出的新界面。

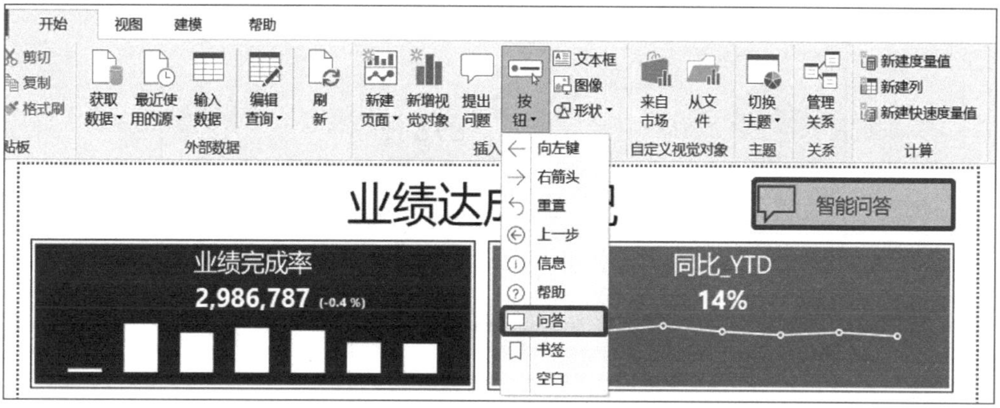

图 20.40　新建“智能问答”按钮

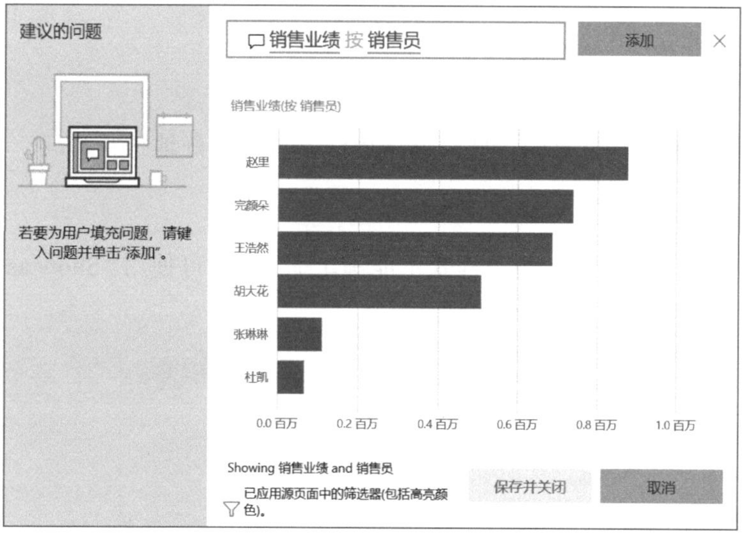

图 20.41　按钮式智能问答

按钮式智能问答的另一好处在于，常见的问题可以储存，方便报告阅读人调阅。图 20.42 保存了三个建议问题，阅读者可点击查看。

图 20.42　保存建议问题

20.5.2　智能问答操作技巧

本节总结智能问答常见的一些关键词用法，以便更好地进行提问。

1. 切换图表样式

当 Power BI 自动给出的图表样式不能满足需求时，可使用“Show as+图表类型”句式指定样式，如图 20.43 所示。

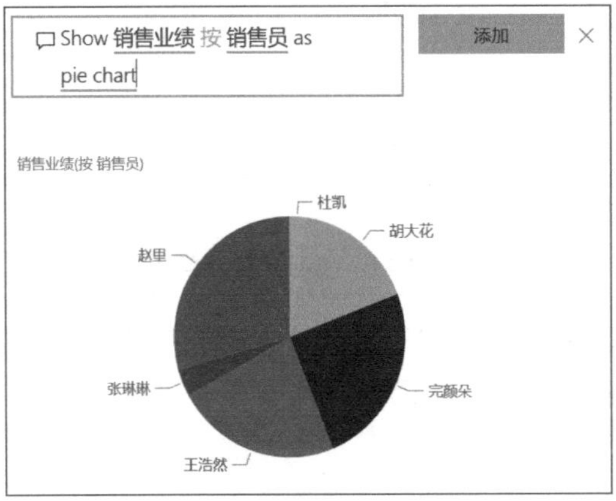

图 20.43　指定图表样式为饼图

2．排序——+sorted by

图 20.44 显示了货号按照销量进行降序排序，类似地，用 ascending 进行升序排序。

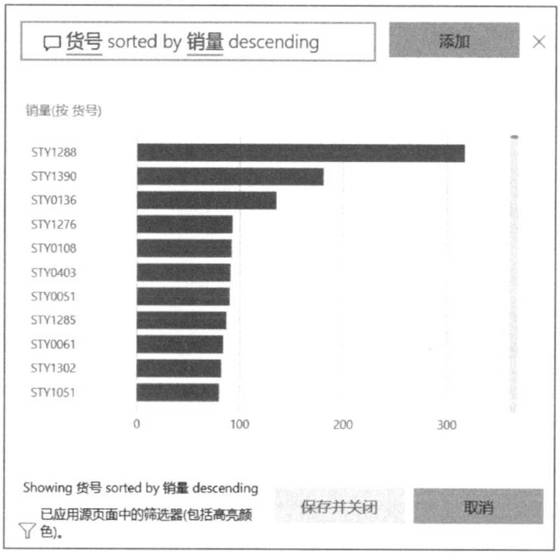

图 20.44　智能问答排序

3．筛选之间范围——between

图 20.45 显示销量介于 1～3 的表格明细。

图 20.45　智能问答筛选之间范围

4．日期前后——before 和 after

图 20.46 显示了 2018 年 7 月 30 日之后的数据。

图 20.46　智能问答筛选日期前后

5．定义同义词

使用默认的字段进行智能问答可能会有机械的感觉，不够人性化。另外，不同的人员可能对同样的字段有不同的叫法，导致问答时无法正常显示数据。例如，同样是业绩，有人把它叫作“销售额”。通过定义同义词可以避免这两种状况。

将界面切换到关系视图，选择“建模”选项卡下的“同义词”，即可进行同义词定义，如图 20.47 所示。

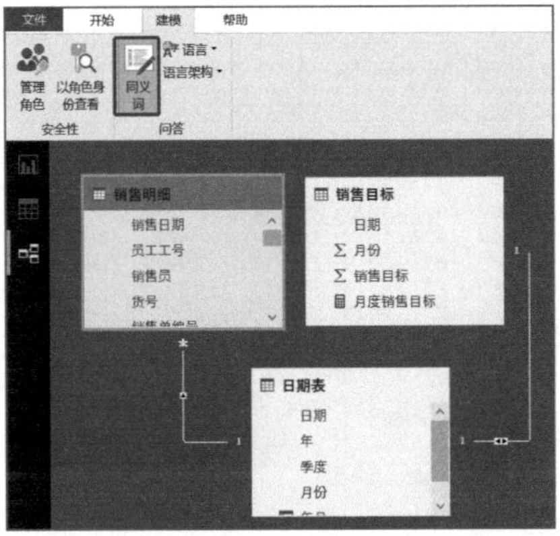

图 20.47　定义同义词的方法

比如，业绩_YTD 的同义词可能是累计业绩、累计销售额等，在图 20.48 中进行了定义举例。

图 20.48　同义词定义举例

数据源中有员工工号，我们将“工号”定义为同义词，在智能问答中问“赵里的工号是多少”时，就会出现正确的结果，如图 20.49 所示。

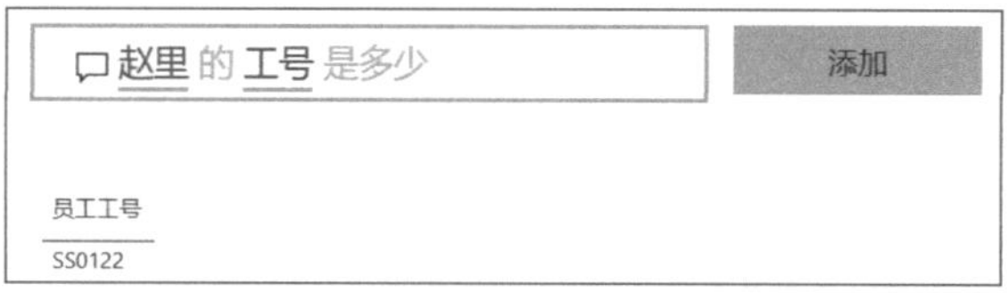

图 20.49　智能问答询问员工的工号

以上这些技巧并不是孤立存在的，可以按照实际需求组合应用。

20.6　延伸阅读：Power BI快速见解

我们手边常常有一堆销售数据，维度很多，想从数据中挖掘出一些有意思的东西来，有时千头万绪，无从下手；还有的时候，我们并不想费神做一份完整的销售报告，只是想快速浏览概况。此时，Power BI 的“快速见解”功能或许可以帮得上忙。它有以下优势：你无须安装任何软件，只需在 Power BI 网页版导入数据就可以了；无须多余操作，只需点几次鼠标，等待几秒钟（依据文件大小），各个维度的图表报告就自动出来了（背后有微软复杂的算法支持）。

（1）登录 Power BI 网页版（如果你没有账号，就注册一个，普通账号免费），单击“创建-数据集”。

（2）在“获取数据”界面，选择“文件-获取”，如图 20.50 所示。

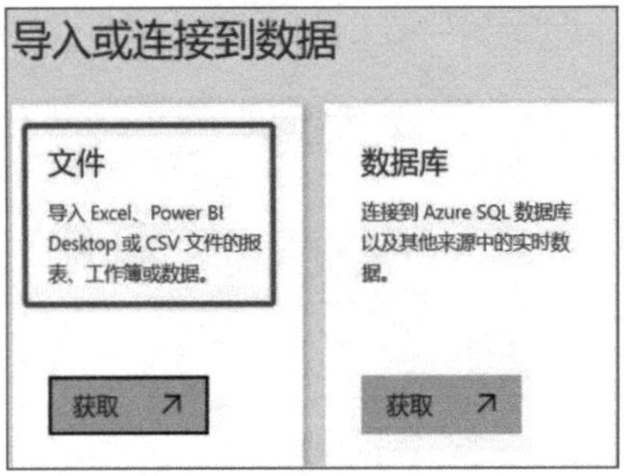

20.50　将 Excel 数据导入 Power BI 网页版

（3）在导入的数据文件右侧，单击省略号，选择“获得快速见解”，如图 20.51 所示。

图 20.51　获得快速见解

（4）等待几秒钟，网页显示“见解已就绪”，单击“查看数据分析”，如图 20.52 所示。

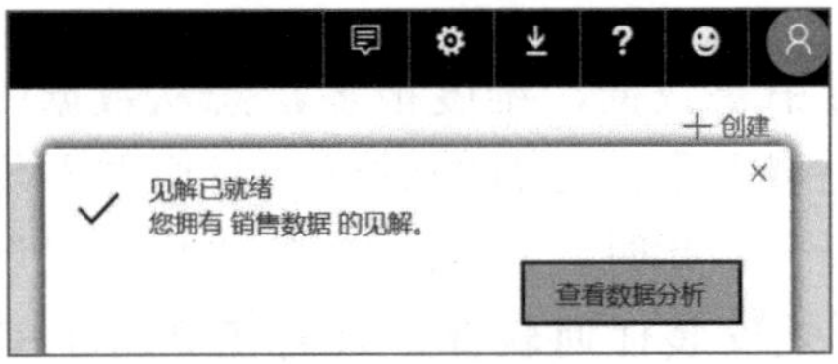

图 20.52　查看见解的分析结果

系统会自动生成图表报告，左侧是图表，右侧是对应的图表解读。图表数量依据数据复杂程度不等。

微软官网说明了背后算法的几种原理：

Category outliers (top/bottom)

Change points in a time series

Correlation

Low Variance

Majority (Major factors)

Overall trends in time series

Seasonality in time series

Steady share

Time series outliers

可以说，常规的分析方式，“Power BI 快速见解”都具备了，这项功能可以从维度上给我们更多灵感，也可以在想快速看到一些结果时节省大量时间。当然，毕竟这还只是处在初级的智能阶段，做一份完整的报告还需人脑的大力投入。

第 21 章

21

一页报告体现更多内容（下篇）

上一章讲解了在图形界面进行操作，使得一页报告具有更丰富内涵的 5 个方案。本章讲解如何通过后台操作达到同样的目的——即 Power Query 和 DAX 的处理方式。Power Query 方案只需要点击鼠标即可完成，DAX 建立动态度量值的方案需要使用少量公式，但也非常简便。

21.1 Power Query方案

本节主要使用 Power Query 的逆透视功能达到图表动态切换内容的目的。图 21.1 显示了某公司的库存金额排名，当上方切片器切换到年份季节时，图表内容自动变换为按年份季节的库存金额排名，如图 21.2 所示。本案例设置了三个切片内容，用一个柱形图即可全部进行内容展现。

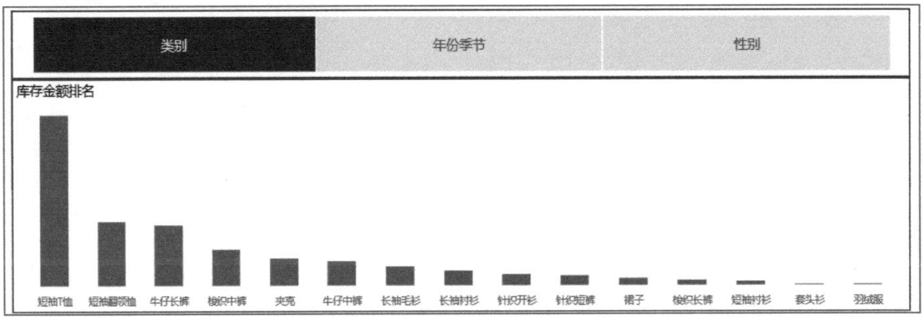

图 21.1　按类别的库存金额排名

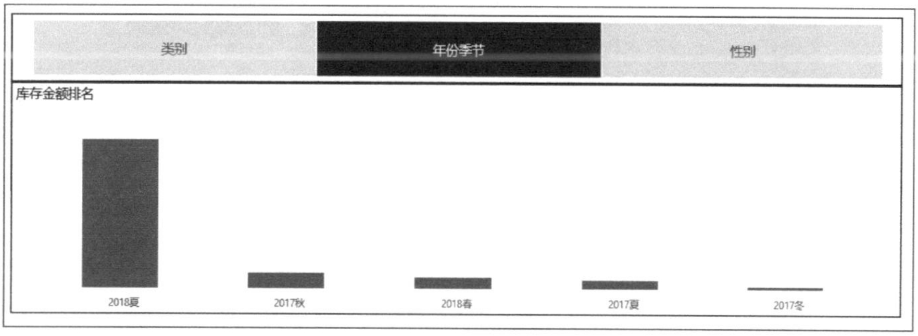

图 21.2　按年份季节的库存金额排名

（1）将明细数据在 Query 后台复制一份，并命名为“坐标轴切片器”，删除其他列数据，仅保留货号、年份季节、性别和类别，如图 21.3 所示。

图 21.3　复制的明细数据

（2）选中货号列，对其他列进行逆透视，如图 21.4 所示。

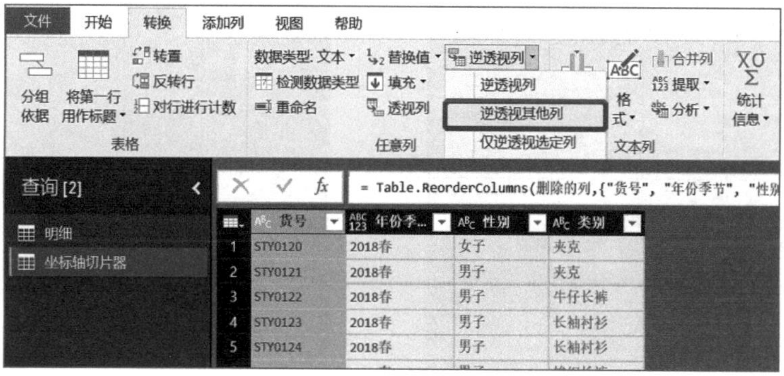

图 21.4　逆透视非货号列

（3）重命名逆透视后的列为“坐标轴类型”和“坐标轴值”，如图 21.5 所示，完成后关闭并应用。

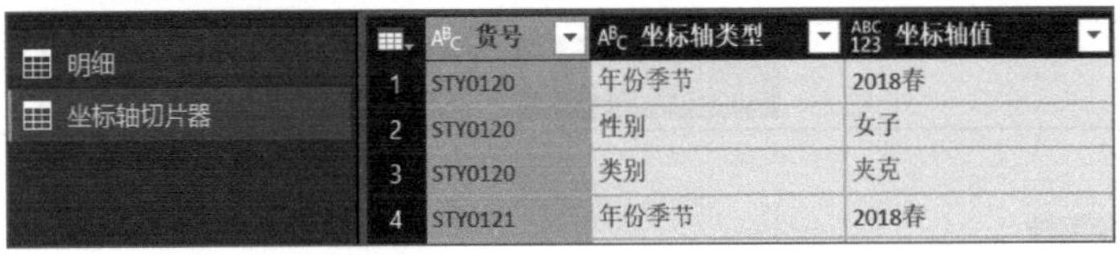

图 21.5　重命名逆透视后的列

（4）以货号为基准，在明细和坐标轴切片器之间建立双向关系，如图 21.6 所示。

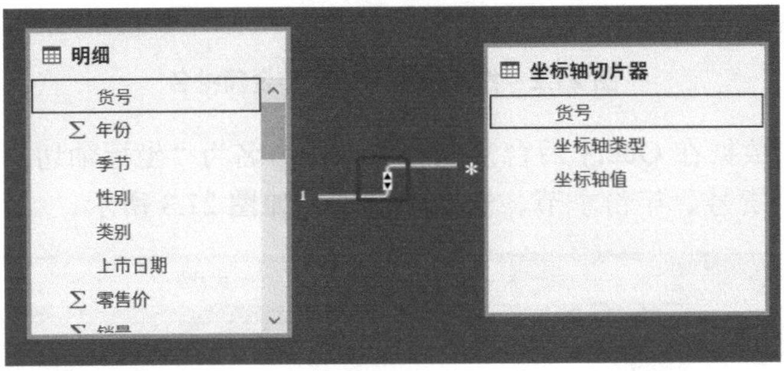

图 21.6　明细与坐标轴切片器之间建立双向关系

（5）新建切片器，字段为“坐标轴类型”，如图 21.7 所示。

（6）新建柱形图，轴为“坐标轴值”，值为“库存金额”，如图 21.8 所示。

图 21.7　字段为“坐标轴类型”的切片器设置

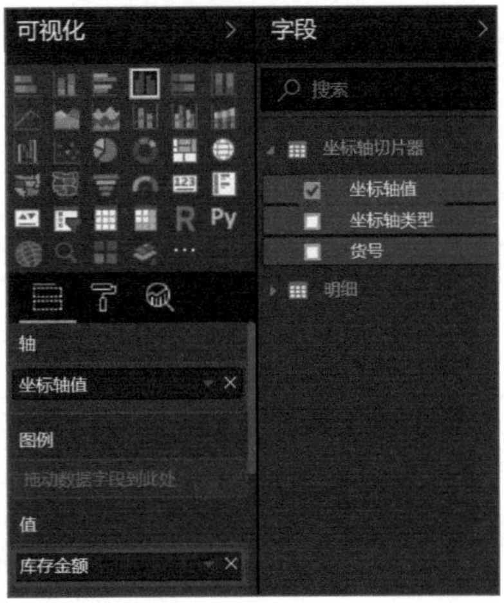

图 21.8　轴为“坐标轴值”的柱形图设置

通过以上操作，动态的库存排名柱形图即建立完成，通过切片器可以切换坐标轴的类型。

21.2　动态度量值方案

动态度量值通过动态切换数据而不是坐标轴维度达到一图多用的目的。图 21.9 通过切片器切换，可以在柱形图中分别显示各类别库存金额和库存量的排名。

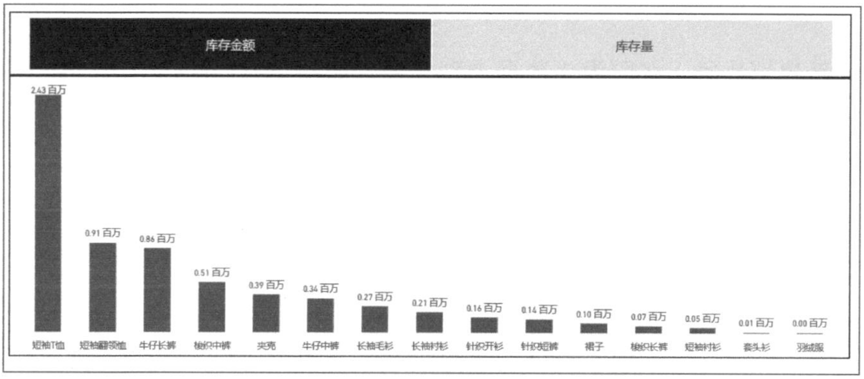

图 21.9　按库存金额或库存量显示各类别排名

（1）使用输入数据的方式建立一个表格，命名为“度量值切片器”，表格只有一列，显示数据类型“库存量”和“库存金额”，如图 21.10 所示。

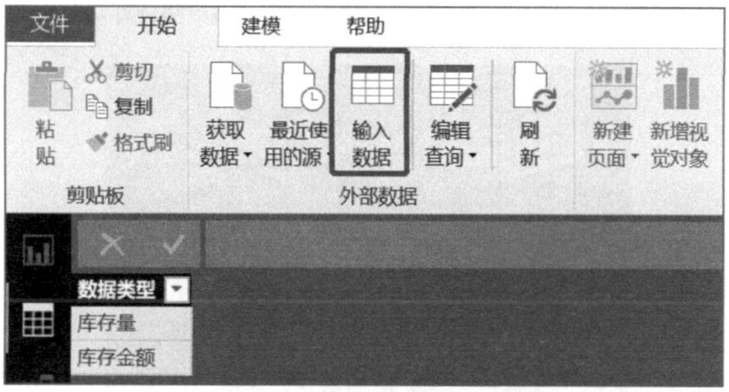

图 21.10　新建度量值切片器表

（2）新建动态度量值，用于度量值切换：

```
动态度量值 =
IF (
    HASONEVALUE ( '度量值切片器'[数据类型] ),
    SWITCH (
        TRUE (),
        VALUES ( '度量值切片器'[数据类型] ) = "库存量", [库存量],
```

```
        VALUES ( '度量值切片器'[数据类型] ) = "库存金额", [库存金额]
    ),
    BLANK ()
)
```

HASONEVALUE 表示当切片器不具有唯一值（即切片器不在切片状态）时返回空值。

（3）新建切片器，字段为“数据类型”列，如图 21.11 所示。

图 21.11　字段为“数据类型”的切片器设置

（4）新建柱形图，轴为“类别值为”态度量值，如图 21.12 所示。

图 21.12　值为“动态度量值”的柱形图设置

完成以上设置后，柱形图数据即可按切片器动态变化。

Power Query 和 DAX 动态度量值的方案可以糅合使用，从而有更强大的表现。图 21.13 展示了这种组合，一个图表可以表述更多内容。

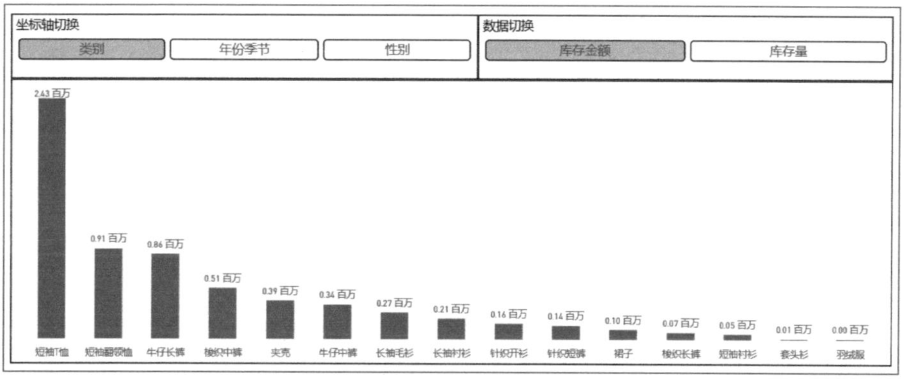

图 21.13　坐标轴和度量值同时变化